39492

MANUEL

DES

CONSEILS DE DISCIPLINE

DE LA GARDE NATIONALE.

ABRÉVIATIONS.

C. (suivi d'une date) signifie   Arrêt de la Cour de cassation du.....
Inst. min.,   Instruction ministérielle.
J. O. 185...., p....,   Journal officiel des gardes nationales, année
                                    183.., pag...
Loi, art.;   Loi du 22 mars 1831, article.....
Ord.,   Ordonnance.
Rec. d'arr.,   Recueil d'arrêts.

MANUEL

DES

CONSEILS DE DISCIPLINE

DE LA GARDE NATIONALE.

PARIS,

IMPRIMERIE ET LIBRAIRIE ADMINISTRATIVES

DE PAUL DUPONT,

Rue de Grenelle-Saint-Honoré, n° 55.

1849

AVERTISSEMENT.

Nous avons annoncé à nos lecteurs, dans les n⁰ˢ 4 et 5 du *Journal officiel des Gardes nationales* (année 1848), qu'une division de ce recueil serait consacrée à une analyse méthodique de la législation et de la jurisprudence sur la garde nationale, et nous leur avons offert, en même temps, un résumé succinct mais complet de tout ce qui a rapport à l'institution de la juridiction des conseils de discipline.

Quelques articles publiés dans les numéros suivants, sous les titres : *Amendes, Pourvoi, Citation*, ont déjà permis d'apprécier la forme de notre travail et son importance.

Mais ce n'est là qu'une bien faible partie des matériaux que nous avons rassemblés, et dans lesquels nous possédons les éléments d'un véritable *Manuel des Conseils de discipline*, présentant toutes les solutions que la loi du 22 mars 1831 a reçues depuis dix-huit années d'application.

L'utilité pratique d'un semblable ouvrage, dans lequel les juges des conseils de discipline trouveront les bases de leurs décisions et les justiciables les arguments de leur défense, n'a point échappé à nos abonnés, et un grand nombre de personnes nous ont demandé de disposer notre publication de manière à ce qu'on pût ultérieurement en rapprocher les diverses parties et en faire un volume qui devînt le *vade-mecum* indispensable du rapporteur, du membre d'un conseil de discipline, et du garde national lui-même.

Pour réaliser cette pensée, il nous a semblé qu'il suffirait de séparer complétement notre analyse de la jurisprudence disciplinaire du corps même du journal, de suivre dans la distribution des articles leur ordre alphabétique et d'adopter une pagination séparée. La collection de ces livraisons formera le *Manuel des Conseils de discipline*.

Ceux de nos lecteurs qui sont dans l'obligation de compulser les répertoires de jurisprudence par ordre alphabétique de matières ont souvent apprécié, par eux-mêmes, l'utilité de trouver instantanément dans ces recueils l'exposé des principes et l'analyse des arrêts qui peuvent guider dans une question de droit quelconque. Si bien faites que soient les tables des répertoires d'arrêts, suivant leur succession chronologique, avec quelque soin que l'annotateur ait rappelé à la suite de chaque arrêt les décisions antérieures, les recherches sont toujours pénibles et incomplètes. Or, cet inconvénient est surtout grave pour la plupart des personnes qui ont à s'occuper temporairement de la législation sur la garde nationale qu'elles n'ont point intérêt à approfondir dans son ensemble. Nous sommes convaincu qu'elles nous sauront gré de la publication que nous allons entreprendre.

D'ailleurs, comme dans l'application des lois il se présente toujours des espèces nouvelles, le Journal officiel continuera d'enregistrer les décisions qui s'y rapportent; et nos abonnés seront ainsi en possession des avantages incontestables que trouvent les légistes et dans les recueils par ordre alphabétique, et dans ceux qui ajoutent chaque jour une page à cet ouvrage, toujours inachevé, d'un code de jurisprudence.

En conséquence, à partir d'aujourd'hui, chaque livraison du *Journal officiel des Gardes nationales* se composera :

1° Des deux parties ordinaires de ce recueil :

    Arrêtés, circulaires, instructions, etc.;

    Jurisprudence administrative et disciplinaire;

2° D'une ou plusieurs feuilles du *Manuel des Conseils de discipline.*

LOI

SUR LA GARDE NATIONALE,

DU 22 MARS 1831.

TITRE Ier. — *Dispositions générales.*

Art. 1er. La garde nationale est instituée pour défendre la royauté constitutionnelle, la charte et les droits qu'elle a consacrés, pour maintenir l'obéissance aux lois, conserver ou rétablir l'ordre et la paix publique, seconder l'armée de ligne dans la défense des frontières et des côtes, assurer l'indépendance de la France et l'intégrité de son territoire.

Toute délibération prise par la garde nationale sur les affaires de l'état, du département et de la commune, est une atteinte à la liberté publique et un délit contre la chose publique et la constitution.

2. La garde nationale est composée de tous les Français ; sauf les exceptions ci-après.

3. Le service de la garde nationale consiste :

1° En service ordinaire dans l'intérieur de la commune ;

2° En service de détachement hors du territoire de la commune ;

3° En service de corps détachés pour seconder l'armée de ligne dans les limites fixées par l'art 1er.

4. Les gardes nationales seront organisées dans tout le royaume ; elles le seront par communes.

Les compagnies communales d'un canton seront formées en bataillons cantonnaux lorsqu'une ordonnance du roi l'aura prescrit.

5. Cette organisation sera permanente ; toutefois, le roi pourra suspendre ou dissoudre la garde nationale en des lieux déterminés.

Dans ces deux cas, la garde nationale sera remise en activité ou réorganisée dans l'année qui s'écoulera, à compter du jour de la suspension ou de la dissolution, s'il n'est pas intervenu une loi qui prolonge ce délai.

Dans le cas où la garde nationale résisterait aux réquisitions légales des autorités, ou bien s'immiscerait dans les actes des autorités municipales, administratives ou judiciaires, le préfet pourra provisoirement la suspendre.

Cette suspension n'aura d'effet que pendant deux mois, si pendant cet espace de temps elle n'est pas maintenue, ou si la dissolution n'est pas prononcée par le roi.

6. Les gardes nationales sont placées sous l'autorité des maires, des sous-préfets, des préfets et du ministre de l'intérieur.

Lorsque la garde nationale sera réunie, en tout ou en partie, au chef-lieu du canton, ou dans une autre commune que le chef-lieu du canton, elle sera sous l'autorité du maire de la commune où sa réunion aura lieu d'après les ordres du sous-préfet ou du préfet.

Sont exceptés les cas déterminés par les lois où les gardes nationales sont appelées à faire, dans leur commune ou leur canton, un service d'activité militaire, et sont mises, par l'autorité civile, sous les ordres de l'autorité militaire.

7. Les citoyens ne pourront ni prendre les armes, ni se rassembler en état de gardes nationales, sans l'ordre des chefs immédiats, ni ceux-ci donner cet ordre sans une réquisition de l'autorité civile, dont il sera donné communication à la tête de la troupe.

8. Aucun officier ou commandant de poste de la garde nationale ne pourra faire distribuer des cartouches aux citoyens armés si ce n'est en cas de réquisition précise ; autrement il demeurera responsable des événemens.

TITRE II.

Section Iʳᵉ. — *De l'obligation du service.*

9. Tous les Français, âgés de vingt à soixante ans, sont appelés au service de la garde nationale, dans le lieu de leur domicile réel. Ce service est obligatoire et personnel, sauf les exceptions qui seront établies ci-après.

10. Pourront être appelés à faire le service les étrangers admis à la jouissance des droits civils, conformément à l'article 13 du Code civil, lorsqu'ils auront acquis en France une propriété, ou qu'ils y auront formé un établissement.

11. Le service de la garde nationale est incompatible avec les fonctions des magistrats qui ont le droit de requérir la force publique.

12. Ne seront pas appelés à ce service :

1° Les ecclésiastiques engagés dans les ordres, les ministres des différens cultes, les élèves des grands séminaires et des facultés de théologie.

2° Les militaires des armées de terre et de mer en activité de service ; ceux qui auront reçu une destination des ministres de la guerre ou de la marine ; les administrateurs ou agens commissionnés des services de terre et de mer également en activité ; les ouvriers des ports, des arsenaux et des manufactures d'armes organisés militairement : ne sont pas compris dans cette dispense les commis et employés des bureaux de la marine au-dessous du grade de sous-commissaire;

3° Les officiers, sous-officiers et soldats des gardes municipales et autres corps soldés.

4° Les préposés des services actifs des douanes, des octrois, des administrations sanitaires, les gardes champêtres et forestiers.

13. Sont exceptés du service de la garde nationale les concierges des maisons d'arrêt ; les geôliers, les guichetiers et autres agens subalternes de justice ou de police.

Le service de la garde nationale est interdit aux individus privés de l'exercice des droits civils conformément aux lois.

Sont exclus de la garde nationale :

1° Les condamnés à des peines afflictives ou infamantes ;

2° Les condamnés en police correctionnelle pour vol, pour escroquerie, pour banqueroute simple, abus de confiance, pour soustraction commise par des dépositaires publics, et pour attentats aux mœurs, prévus par les art. 331 et 334 du Code pénal ;

3° Les vagabonds ou gens sans aveu déclarés tels par jugemens.

Section II. — *De l'inscription au registre matricule.*

14. Les Français appelés au service de la garde nationale seront inscrits sur un registre matricule établi dans chaque commune.

A cet effet, des listes de recensement seront dressées par le maire, et révisées par un conseil de recensement, comme il est dit ci-après.

Ces listes seront déposées au secrétariat de la mairie ; les citoyens seront avertis qu'ils peuvent en prendre connaissance.

15. Il y aura au moins un conseil de recensement par commune.

Dans les communes rurales et dans les villes qui ne forment pas plus d'un canton, le conseil municipal, présidé par le maire, remplira les fonctions de conseil de recensement.

Dans les villes qui renferment plusieurs cantons, le conseil municipal pourra s'adjoindre un certain nombre de personnes choisies à nombre égal, dans les divers quartiers, parmi les citoyens qui sont ou qui seront appelés à faire le service de la garde nationale.

Le conseil municipal et les membres adjoints pourront se subdiviser, suivant les besoins, en autant de conseils de recensement qu'il y aura d'arrondissemens.

Dans ce cas, l'un des conseils sera présidé par le maire : chacun des autres le sera par l'adjoint ou le membre du conseil municipal délégué par le maire.

Ces conseils seront composés de huit membres au moins.

A Paris, il y aura, par arrondissement, un conseil de recensement présidé par le maire de l'arrondissement, et composé de huit membres choisis par lui, comme il est dit au troisième paragraphe de cet article.

16. Le conseil de recensement procédera immédiatement à la révision de listes et à l'établissement du registre matricule.

17. Au mois de janvier de chaque année, le conseil de recensement inscrira au registre matricule les jeunes gens qui seront entrés dans leur vingtième année pendant le cours de l'année précédente, ainsi que les Français qui auront nouvellement acquis leur domicile dans la commune : il raiera dudit registre les Français qui seront entrés dans leur soixantième année pendant le cours de la même année, ceux qui auront changé de domicile et les décédés. Toutefois, le service ne sera pas exigé avant l'âge de 20 ans accomplis.

18. Dans le courant de chaque année, le maire notera, en marge du registre matricule, les mutations provenant : 1° des décès ; 2° des changemens de résidence, 3° des actes en vertu desquels les personnes désignées dans les articles 11, 12 et 13 auraient cessé d'être soumises au service de la garde nationale ou en seraient exclues.

Le conseil de recensement, sur le vu des pièces justificatives, prononcera, s'il y a lieu, la radiation.

Le registre matricule, déposé au secrétariat de la mairie, sera communiqué à tout habitant de la commune qui en fera la demande au maire.

TITRE III. — *Du service ordinaire.*

Section Ire. — *De l'inscription au contrôle du service ordinaire et de réserve.*

19. Après avoir établi le registre matricule, le conseil de recensement procédera à la formation du contrôle du service ordinaire et du contrôle de réserve.

Le contrôle du service ordinaire comprendra tous les citoyens que le conseil de recensement jugera pouvoir concourir au service habituel.

Néanmoins, parmi les Français inscrits sur le registre matricule, ne pourront être portés sur le contrôle du service ordinaire que ceux qui sont imposés à la contribution personnelle, et leurs enfans lorsqu'ils auront atteint l'âge fixé par la loi, ou les gardes nationaux non imposés à la contribution personnelle, mais qui, ayant fait le service postérieurement au 1er août dernier, voudront le continuer.

Le contrôle de réserve comprendra tous les citoyens pour lesquels le service habituel serait une charge trop onéreuse, et qui ne devront être requis que dans les circonstances extraordinaires.

20. Ne seront pas portés sur les contrôles du service ordinaire les domestiques attachés au service de la personne.

21. **Les** compagnies et subdivisions de compagnie sont formées sur les contrôles du service ordinaire. Les citoyens inscrits sur les contrôles de réserve seront répartis à la suite desdites compagnies ou subdivisions de compagnie, de manière à pouvoir y être incorporés au besoin.

22. Les inscriptions et les radiations à faire sur les contrôles, auront lieu d'après les règles suivies pour les inscriptions et radiations opérées sur les registres matricules.

23. Il sera formé, à la diligence du juge de paix, dans chaque canton, un jury de révision, composé du juge de paix président, et de douze jurés désignés par le sort, sur la liste de tous les officiers, sous-officiers, caporaux et gardes nationaux sachant lire et écrire, et âgés de plus de 25 ans.

Il sera dressé une liste par commune de tous les officiers, sous-officiers caporaux et gardes nationaux ainsi désignés ; le tirage définitif des jurés sera fait sur l'ensemble de ces listes pour tout le canton.

24. Le tirage des jurés sera fait par le juge de paix, en audience publique. Les fonctions de juré et celles de membre du conseil de recensement sont incompatibles.

Les jurés seront renouvelés tous les six mois.

25. Ce jury prononcera sur les réclamations relatives :

1° A l'inscription ou à la radiation sur les registres matricules, ainsi qu'il est dit art. 14 ;

2° A l'inscription ou à l'omission sur le contrôle du service ordinaire.

Seront admises les réclamations des tiers gardes nationaux, sur qui retomberait la charge du service.

Ce jury exercera en outre les attributions qui lui seront spécialement confiées par les dispositions subséquentes de la présente loi.

26. Le jury ne pourra prononcer qu'au nombre de sept membres au moins, y compris le président.

Ses décisions seront prises à la majorité absolue et ne seront susceptibles d'aucun recours.

SECTION II. — *Des remplacemens, des exemptions, des dispenses du service ordinaire.*

27. Le service de la garde nationale étant obligatoire et personnel, le remplacement est interdit pour le service ordinaire, si ce n'est entre les proches parens, savoir : du père par le fils, du frère par le frère, de l'oncle par le neveu, et réciproquement, ainsi qu'entre alliés aux mêmes degrés, à quelque compagnie ou bataillon qu'appartiennent les parens et les alliés.

Les gardes nationaux de la même compagnie qui ne sont ni parens ni alliés aux degrés ci-dessus désignés pourront seulement échanger leur tour de service.

28. Peuvent se dispenser du service de la garde nationale, nonobstant leur inscription :

1° Les membres des deux chambres ;

2° Les membres des cours et tribunaux ;

3° Les anciens militaires qui ont cinquante ans d'âge et vingt années de service ;

4° Les gardes nationaux ayant cinquante-cinq ans ;

5° Les facteurs de postes aux lettres, les agens des lignes télégraphiques, et les postillons de l'administration des postes reconnus nécessaires au service.

29. Sont dispensées du service ordinaire les personnes qu'une infirmité met hors d'état de faire le service.

Toutes ces dispenses et toutes les autres dispenses temporaires demandées pour cause d'un service public, seront prononcées par le conseil de recensement, sur le vu des pièces qui en constateront la nécessité.

Les absences constatées seront un motif de dispense temporaire.

En cas d'appel, le jury de révision statuera.

SECTION III. — *Formation de la garde nationale, composition des cadres.*

3o. La garde nationale sera formée, dans chaque commune, par subdivisions de compagnie, par compagnies, par bataillons et par légions.

La cavalerie de la garde nationale sera formée, dans chaque commune ou dans le canton, par subdivision d'escadron et par escadron.

Chaque bataillon aura son drapeau et chaque escadron son étendard.

31. Dans chaque commune, la formation en compagnies se fera de la manière suivante :

Dans les villes, chaque compagnie sera composée, autant que possible, des gardes nationaux du même quartier. Dans les communes rurales, les gardes nationaux de la même commune forment une ou plusieurs compagnies ou une subdivision de compagnie.

32. La répartition en compagnie ou subdivisions de compagnie des gardes nationaux inscrits sur le contrôle du service ordinaire, sera faite par le conseil de recensement.

§ Ier. *Formation des compagnies.*

33. Il y aura par subdivision de compagnie de gardes nationaux à pied de toutes armes :

NOMBRE TOTAL D'HOMMES.

	jusqu'à 14	de 15 à 20.	de 20 à 30.	de 30 à 40	de 40 à 50
Lieutenant..............				1	1
Sous-lieutenant.........		1	1	1	1
Sergens................	1	1	2	2	3
Caporaux..............	1	2	4	4	6
Tambour...............				1	1

34. La force ordinaire des compagnies sera de 6o à 2oo hommes; néanmoins, la commune qui n'aura que 5o à 6o gardes nationaux formera une compagnie.

35. Il y aura par compagnie de garde nationale à pied de toutes armes :

NOMBRE TOTAL D'HOMMES.

	de 5o à 80.	de 80 à 100.	de 100 à 140.	de 140 à 200.
Capitaine en premier.....	1	1	1	1
Capitaine en second......				1
Lieutenans	1	1	2	2
Sous-lieutenans..........	1	2	2	2
Sergent-major..........	1	1	1	1
Sergent-fourrier.	1	1	1	1
Sergens	4	6	6	8
Caporaux.............	8	12	12	16
Tambours.............	1	2	2	2

36. Il pourra être formé une garde à cheval dans les cantons ou communes où cette formation serait jugée utile au service, et où se trouveraient au moins dix gardes nationaux qui s'engageraient à s'équiper à leurs frais et à entretenir chacun un cheval.

37. Il y aura par subdivision d'escadron et par escadron :

(x)

NOMBRE TOTAL D'HOMMES.

	Jusqu'à 17.	De 17 à 30.	De 30 à 40.	De 50 à 70.	De 70 à 100.	De 100 à 120 et au-dessus.
Capitaine en premier.........					1	1
Capitaine en second..........						1
Lieutenans...............			1	1	2	2
Sous-lieutenans		1	1	2	2	2
Maréchal-des-logis-chef.......					1	1
Fourrier					1	1
Maréchaux-des-logis..........	1	2	2	4	4	8
Brigadiers...............	2	4	4	8	8	16
Trompettes..............			1	1	1	2

38. Dans toutes les places de guerre et dans les cantons voisins des côtes, il sera formé des compagnies ou des subdivisions de compagnie d'artillerie. A Paris, et dans les autres villes, une ordonnance du roi pourra prescrire la formation et l'armement de compagnies ou de subdivisions de compagnie d'artillerie. L'ordonnance réglera l'organisation, la réunion ou la répartition des compagnies.

39. Les artilleurs seront choisis, par le conseil de recensement, parmi les gardes nationaux qui se présenteraient volontairement, et qui réuniraient, autant que possible, les qualités exigées pour entrer dans l'artillerie.

40. Partout où il n'existe pas de corps soldés de sapeurs pompiers, il sera, autant que possible, formé par le conseil de recensement des compagnies ou des subdivisions de compagnie de sapeurs-pompiers volontaires, faisant partie de la garde nationale. Elles seront composées principalement d'anciens officiers et soldats du génie militaire, d'officiers et agens des ponts et chaussées et des mines, et d'ouvriers d'art.

41. Dans les ports de commerce et dans les cantons maritimes, il pourra être formé des compagnies spéciales de marins et d'ouvriers marins, ayant pour service ordinaire la protection des navires et du matériel maritime situé sur les côtes et dans les ports.

42. Toutes les compagnies spéciales concourront par armes et suivant leur force numérique au service ordinaire de la garde nationale.

§ II. — *Formation des bataillons.*

43. Le bataillon sera formé de quatre compagnies au moins et de huit au plus.

44. L'état-major du bataillon sera composé :

D'un chef de bataillon, d'un adjudant-major capitaine, d'un porte-drapeau sous-lieutenant, d'un chirurgien-aide-major, d'un adjudant-sous-officier, d'un tambour-maître.

A Paris, lorsque la force effective d'un bataillon sera de mille hommes et plus, il pourra y avoir un chef de bataillon en second et un deuxième adjudant-sous-officier.

45. Dans toutes les communes où le nombre des gardes nationaux inscrits sur le contrôle du service ordinaire s'élèvera à plus de 500 hommes, la garde nationale sera formée par bataillons.

Lorsque, dans le cas prévu par l'art. 4, une ordonnance du roi aura prescrit la formation en bataillons des gardes nationales de plusieurs communes, cette ordonnance indiquera les communes dont les gardes nationales doivent participer à la formation du même bataillon.

La compagnie ou les compagnies d'une commune ne pourront jamais être réparties dans des bataillons différens.

46. Les bataillons formés par les gardes nationales d'une même commune pourront seuls avoir chacun une compagnie de grenadiers et une de voltigeurs.

47. Les compagnies de sapeurs-pompiers et de canonniers volontaires ne seront pas comprises dans la formation des bataillons de la garde nationale ; elles seront cependant, ainsi que les compagnies de cavalerie, sous les ordres du commandant de la garde communale ou cantonale.

§ III. — *Formation des légions.*

48. Dans les cantons et dans les villes où la garde nationale présente au moins deux bataillons de 500 hommes chacun, elle pourra, d'après une ordonnance du roi, être réunie par légions.

Dans aucun cas, la garde nationale ne pourra être formée par département ni par arrondissement de sous-préfecture.

49. L'état-major d'une légion sera composé :

D'un chef de légion colonel, d'un lieutenant-colonel, d'un major chef de bataillon, d'un chirurgien-major, d'un tambour-major.

A Paris, et dans les villes où la nécessité en sera reconnue, il pourra y avoir près des légions un officier-payeur et un capitaine d'armement.

Section IV. — *De la nomination aux grades.*

50. Dans chaque commune, les gardes nationaux appelés à former une compagnie ou subdivision de compagnie, se réuniront sans armes et sans uniforme pour procéder, en présence du président du conseil de recensement, assisté par les deux membres les plus âgés de ce conseil, à la nomination de leurs officiers, sous-officiers et caporaux, suivant les tableaux des articles 33, 35 et 37.

Si plusieurs communes sont appelées à former une compagnie, les gardes nationaux de ces communes se réuniront dans la commune la plus populeuse pour nommer leur capitaine, leur sergent-major et leur fourrier.

51. L'élection des officiers aura lieu pour chaque grade successivement, en commençant par le plus élevé, au scrutin individuel et secret, à la majorité absolue des suffrages.

Les sous-officiers et caporaux seront nommés à la majorité relative :

Le scrutin sera dépouillé par le président du conseil de recensement, assisté, comme il est dit dans l'article précédent, par au moins deux membres de ce conseil, lesquels rempliront les fonctions de scrutateurs.

52. Dans les villes et communes qui ont plus d'une compagnie, chaque compagnie sera appelée séparément et tour à tour pour procéder à ses élections.

53. Pour nommer le chef de bataillon et le porte-drapeau, tous les officiers du bataillon, réunis à pareil nombre de sous-officiers, caporaux ou gardes nationaux, formeront une assemblée convoquée et présidée par le maire de la commune, si le bataillon est communal, et par le maire délégué du sous-préfet si le bataillon est cantonal.

Les sous-officiers, caporaux et gardes nationaux chargés de concourir à l'élection, seront nommés dans chaque compagnie.

Tous les scrutins de l'élection seront individuels et secrets ; il faudra la majorité absolue des suffrages.

54. Les réclamations élevées relativement à l'inobservation des formes prescrites pour l'élection des officiers et sous-officiers, seront portées devant le jury de révision qui décidera sans recours.

55. Si les officiers de tous grades, élus conformément à la loi, ne sont pas, au bout de deux mois, complètement armés, équipés et habillés suivant l'uniforme, ils seront considérés comme démissionnaires et remplacés sans délai.

56. Les chefs de légion et lieutenans-colonels seront choisis par le Roi, sur une liste de dix candidats, présentés à la majorité relative, par la réunion : 1° de tous les officiers de la légion ; 2° de tous les sous-officiers, caporaux et

gardes nationaux désignés dans chacun des bataillons de la légion pour concourir au choix du chef de bataillon, comme il est dit art. 53.

57. Les majors, les adjudans-majors, chirurgiens-majors et aides-majors seront nommés par le Roi.

L'adjudant sous-officier sera nommé par le chef de légion ou de bataillon.

Le capitaine d'armement et l'officier payeur seront nommés par le commandant supérieur ou le préfet, sur la présentation du chef de légion.

58. Il sera nommé aux emplois autres que ceux désignés ci-dessus, sur la présentation du chef de corps, savoir :

Par le maire, lorsque la garde nationale sera communale,

Et par le sous-préfet, pour les bataillons cantonnaux.

59. Dans chaque commune, le maire fera reconnaître à la garde nationale assemblée sous les armes le commandant de cette garde. Celui-ci, en présence du maire, fera reconnaître les officiers.

Les fonctions du maire seront remplies, à Paris, par le préfet.

Pour les compagnies et bataillons qui comprennent plusieurs communes, le sous-préfet ou son délégué fera reconnaître l'officier commandant, en présence de la compagnie ou du bataillon assemblé.

Dans le mois de la promulgation de la loi, les officiers de tout grade, actuellement en fonctions, et à l'avenir ceux nouvellement élus, au moment où ils seront reconnus, prêteront serment de fidélité au roi des Français et d'obéissance à la Charte constitutionnelle et aux lois du royaume.

60. Les officiers, sous-officiers et caporaux seront élus pour trois ans. Ils pourront être réélus.

61. Sur l'avis du maire et du sous-préfet, tout officier de la garde nationale pourra être suspendu de ses fonctions pendant deux mois, par arrêté motivé du préfet pris en conseil de préfecture, l'officier préalablement entendu dans ses observations.

L'arrêté du préfet sera transmis immédiatement par lui au ministre de l'intérieur.

Sur le rapport du ministre, la suspension pourra être prolongée par une ordonnance du Roi.

Si, dans le cours d'une année, ledit officier n'a pas été rendu à ses fonctions, il sera procédé à une nouvelle élection.

62. Aussitôt qu'un emploi quelconque deviendra vacant, il sera pourvu au remplacement, suivant les formes établies par la présente loi.

63. Les corps spéciaux suivront, pour leur formation et pour l'élection de leurs officiers, sous-officiers et caporaux, les règles prescrites par les articles 33 et suivans.

64. Dans les communes où la garde nationale formera plusieurs légions, le Roi pourra nommer un commandant supérieur.

Il ne pourra être nommé de commandant supérieur des gardes nationales de tout un département, ou d'un même arrondissement de sous-préfecture.

Cette disposition n'est pas applicable au département de la Seine.

65. Lorsque le Roi aura jugé à propos de nommer dans une commune un commandant supérieur, l'état-major sera fixé, quant au nombre et aux grades des officiers qui devront le composer, par une ordonnance du Roi.

Les officiers d'état-major seront nommés par le Roi, sur la présentation du commandant supérieur, qui ne pourra choisir les candidats que parmi les gardes nationaux de la commune.

66. Il ne pourra y avoir dans la garde nationale aucun grade sans emploi.

67. Aucun officier exerçant un emploi actif dans les armées de terre ou de mer, ne pourra être nommé officier ni commandant supérieur des gardes nationales en service ordinaire.

Section V. — *De l'uniforme, des armes et des préséances.*

68. L'uniforme des gardes nationales sera déterminé par une ordonnance du Roi : les signes distinctifs des grades seront les mêmes que ceux de l'armée.

69. Lorsque le gouvernement jugera nécessaire de délivrer des armes de guerre aux gardes nationales, le nombre d'armes reçues sera constaté dans chaque municipalité, au moyen d'états émargés par les gardes nationaux, à l'instant où les armes leur seront délivrées.

L'entretien de l'armement est à la charge du garde national, et les réparations, en cas d'accident causé par le service, sont à la charge de la commune.

Les gardes nationaux et les communes sont responsables des armes qui leur auront été délivrées ; ces armes restent la propriété de l'Etat.

Les armes seront poinçonnées et numérotées.

70. Les diverses armes dont se compose la garde nationale sont assimilées, pour le rang à conserver entre elles, aux armes correspondantes des forces régulières.

71. Toutes les fois que la garde nationale sera réunie, les différens corps prendront la place qui leur sera assignée par le commandant supérieur.

72. Dans tous les cas où les gardes nationales serviront avec les corps soldés, elles prendront le rang sur eux.

Le commandement dans les fêtes ou cérémonies civiles appartiendra à celui des officiers des divers corps qui aura la supériorité du grade, ou, à grade égal, à celui qui sera le plus ancien.

Section VI. — *Ordre du service ordinaire.*

73. Le réglement relatif au service ordinaire, aux revues et aux exercices, sera arrêté par le maire, sur la proposition du commandant de la garde nationale, et approuvé par le sous-préfet.

Les chefs pourront, en se conformant à ce réglement et sans réquisition particulière, mais après en avoir prévenu l'autorité municipale, faire toutes les dispositions et donner tous les ordres relatifs au service ordinaire, aux revues et aux exercices.

Dans les villes de guerre, la garde nationale ne pourra prendre les armes, ni sortir des barrières, qu'après que le maire en aura informé par écrit le commandant de la place.

74. Lorsque la garde nationale des communes sera organisée en bataillons cantonnaux, le réglement sur les exercices et revues sera arrêté par le sous-préfet, sur la proposition de l'officier le plus élevé en grade du canton, et sur l'avis des maires des communes.

75. Le préfet pourra suspendre les revues et exercices dans les communes et dans les cantons de son département, à la charge d'en rendre immédiatement compte au ministre de l'intérieur.

76. Pour l'ordre du service, il sera dressé par les sergens-majors un contrôle de chaque compagnie, signé du capitaine, et indiquant les jours où chaque garde national aura fait un service.

77. Dans les communes où la garde nationale est organisée par bataillons, l'adjudant-major tiendra un état, par compagnie, des hommes commandés chaque jour dans son bataillon.

Cet état servira à contrôler le rôle de chaque compagnie.

78. Tout garde national commandé pour le service devra obéir, sauf à réclamer, s'il s'y croit fondé, devant le chef du corps.

Section VII. — *De l'administration.*

79. La garde nationale est placée, pour son administration et sa comptabilité, sous l'autorité administrative et municipale.

Les dépenses de la garde nationale sont votées, réglées et surveillées comme toutes les autres dépenses municipales.

80. Il y aura dans chaque légion ou dans chaque bataillon formé par les gardes nationaux d'une même commune, un conseil d'administration chargé de présenter annuellement au maire l'état des dépenses nécessaires, et de viser les pièces justificatives de l'emploi fait des fonds.

Le conseil sera composé du commandant de la garde nationale, qui présidera, et de six membres choisis parmi les officiers, sous-officiers et gardes nationaux.

Il y aura également, par bataillon cantonnal, un conseil d'administration chargé des mêmes fonctions, et qui devra présenter au sous-préfet l'état des dépenses résultant de la formation du bataillon.

Les membres du conseil d'administration seront nommés par le préfet, sur une liste triple de candidats présentés par le chef de légion ou par le chef de bataillon dans les communes où il n'est pas formé de légion.

Dans les communes où la garde nationale comprendra une ou plusieurs compagnies non réunies en bataillon, l'état des dépenses sera soumis au maire par le commandant de la garde nationale.

81. Les dépenses ordinaires de la garde nationale sont.

1° Les frais d'achat des drapeaux, des tambours et des trompettes;

2° La partie d'entretien des armes qui ne sera pas à la charge individuelle des gardes nationaux;

3° Les frais de registres, papiers, contrôles, billets de garde, et tous les menus frais de bureau qu'exigera le service de la garde nationale.

Les dépenses extraordinaires sont:

1° Dans les villes qui, d'après l'article 64, recevront un commandant supérieur, les frais d'indemnités pour dépenses indispensables de ce commandant et de son état-major;

2° Dans les communes et les cantons où seront formés des bataillons ou légions, les appointemens des majors, adjudans-majors et adjudans sous-officiers, si ces fonctions ne peuvent pas être exercées gratuitement;

3° L'habillement et la solde des tambours et trompettes.

Les conseils municipaux jugeront de la nécessité de ces dépenses.

Lorsqu'il sera créé des bataillons cantonnaux, la répartition de la portion afférente à chaque commune du canton, dans les dépenses du bataillon, autres que celles des compagnies, sera faite par le préfet en conseil de préfecture, après avoir pris l'avis des conseils municipaux.

SECTION VIII. — § Ier. *Des peines.*

82. Les chefs de poste pourront employer contre les gardes nationaux de service les moyens de répression qui suivent:

1° Une faction hors de tour contre tout garde national qui aura manqué à l'appel ou se sera absenté du poste sans autorisation:

2° La détention dans la prison du poste, jusqu'à la relevée de la garde, contre tout garde national de service en état d'ivresse, ou qui se sera rendu coupable de bruit, tapage, voies de fait, ou de provocation au désordre ou à la violence, sans préjudice du renvoi au conseil de discipline, si la faute emporte une punition plus grave.

83. Sur l'ordre du chef du corps, indépendamment du service régulièrement commandé, et que le garde national, le caporal ou le sous-officier doit accomplir, il sera tenu de monter une garde hors de tour lorsqu'il aura manqué pour la première fois au service.

84. Les conseils de discipline pourront, dans les cas énumérés ci-après, infliger les peines suivantes:

1° La réprimande;

2° Les arrêts pour trois jours au plus;

3° La réprimande avec mise à l'ordre;

4° La prison pour trois jours au plus;

5° La privation du grade;

Si, dans les communes où s'étend la juridiction du conseil de discipline, il n'existe ni prison, ni local pouvant en tenir lieu, ce conseil pourra commuer la peine de prison en une amende d'une journée à dix journées de travail.

85. Sera puni de la réprimande l'officier qui aura commis une infraction, même légère, aux règles du service.

86. Sera puni de la réprimande, avec mise à l'ordre, l'officier à, étant de service ou en uniforme, tiendra une conduite propre à porter atteinte à la discipline de la garde nationale ou à l'ordre public.

87. Sera puni des arrêts ou de la prison, suivant la gravité des cas, tout officier qui, étant de service, se sera rendu coupable des fautes suivantes ;

1° La désobéissance et l'insubordination ;

2° Le manque de respect, les propos offensans et les insultes envers des officiers d'un grade supérieur ;

3° Tout propos outrageant envers un subordonné, et tout abus d'autorité ;

4° Tout manquement à un service commandé ;

5° Toute infraction aux règles de service.

88. Les peines énoncées dans les art. 85 et 86 pourront, dans les mêmes cas, et suivant les circonstances, être appliquées aux sous-officiers, caporaux et gardes nationaux.

89. Pourra être puni de la prison, pendant un temps qui ne pourra excéder deux jours, et, en cas de récidive, trois jours ;

1° Tout sous-officier, caporal et garde national coupable de désobéissance et d'insubordination, ou qui aura refusé, pour la seconde fois, un service d'ordre et de sûreté ;

2° Tout sous-officier, caporal et garde national qui, étant de service, sera dans un état d'ivresse ou tiendra une conduite qui porte atteinte à la discipline de la garde nationale ou à l'ordre public ;

3° Tout garde national qui, étant de service, aura abandonné ses armes ou son poste avant qu'il ne soit relevé.

90. Sera privé de son grade tout officier, sous-officier ou caporal, qui, après avoir subi une condamnation du conseil de discipline, se rendra coupable d'une faute qui entraîne l'emprisonnement, s'il s'est écoulé moins d'un an depuis la première condamnation. Pourra également être privé de son grade tout officier, sous-officier et caporal qui aura abandonné son poste avant qu'il ne soit relevé.

Tout officier, sous-officier et caporal privé de son grade par jugement ne pourra être réélu qu'aux élections générales.

91. Le garde national prévenu d'avoir vendu à son profit les armes de guerre ou les effets d'équipement qui lui ont été confiés par l'Etat ou par les communes, sera renvoyé devant le tribunal de police correctionnelle, pour y être poursuivi à la diligence du ministère public, et puni, s'il y a lieu, de la peine portée en l'art. 408 du Code pénal, sauf l'application, le cas échéant, de l'article 463 dudit Code. Le jugement de condamnation prononcera la restitution, au profit de l'Etat ou de la commune, du prix des armes ou effets vendus.

92. Tout garde national qui, dans l'espace d'une année, aura subi deux condamnations du conseil de discipline pour refus de service, sera, pour la troisième fois, traduit devant les tribunaux de police correctionnelle, et condamné à un emprisonnement qui ne pourra être moindre de cinq jours, ni excéder dix jours.

En cas de récidive, l'emprisonnement ne pourra être moindre de 10 jours, ni excéder 20 jours.

Il sera, en outre, condamné aux frais et à une amende qui ne pourra être moindre de 5 fr., ni excéder 15 fr., dans le premier cas ; et dans le deuxième, être moindre de 15 fr., ni excéder 50 fr.

93. Tout chef de corps, poste ou détachement de la garde nationale qui refusera d'obtempérer à une réquisition des magistrats ou fonctionnaires investis du droit de requérir la force publique, ou qui aura agi sans réquisition et hors des cas prévus par la loi, sera poursuivi devant les tribunaux, et puni conformément aux art. 234 et 258 du Code pénal.

La poursuite entraînera la suspension, et, s'il y a condamnation, la perte du grade.

§ II. — *Des conseils de discipline.*

94. Il y aura un conseil de discipline.

1° Par bataillon communal ou cantonnal ;

2° Par commune ayant une ou plusieurs compagnies non réunies en ba taillon ;

3° Par compagnie formée de gardes nationaux de plusieurs communes.

95. Dans les villes qui comprendront une ou plusieurs légions, il y aura un conseil de discipline pour juger les officiers supérieurs de légion et officiers d'état-major non justiciables des conseils de discipline ci-dessus.

96. Le conseil de discipline de la garde nationale d'une commune ayant une ou plusieurs compagnies non réunies en bataillon, et celui d'une compagnie formée de gardes nationaux de plusieurs communes, seront composés de cinq juges, savoir :

Un capitaine président, un lieutenant ou un sous-lieutenant, un sergent, un caporal et un garde national.

97. Le conseil de discipline du bataillon sera composé de sept juges, savoir: le chef de bataillon président, un capitaine, un lieutenant ou un sous- lieutenant, un sergent, un caporal et deux gardes nationaux.

98. Le conseil de discipline, pour juger les officiers supérieurs et officiers d'état-major, sera composé de sept juges, savoir : d'un chef de légion président, de deux chefs de bataillon, deux capitaines et deux lieutenans ou sous-lieutenans.

99. Lorsqu'une compagnie sera formée des gardes nationaux de plusieurs communes, le conseil de discipline siégera dans la commune la plus populeuse.

100. Dans le cas où le prévenu serait officier, deux officiers du grade du prévenu entreront dans le conseil de discipline, et remplaceront les deux derniers membres.

S'il n'y a pas dans la commune deux officiers du grade du prévenu, le sous-préfet les désignera par la voie du sort parmi ceux du canton ; et s'il ne s'en trouve pas dans le canton, parmi ceux de l'arrondissement.

S'il s'agit de juger un chef de bataillon, le préfet désignera par la voie du sort deux chefs de bataillon des cantons ou des arrondissemens circonvoisins.

101. Il y aura, par conseil de discipline de bataillon ou de légion, un rapporteur ayant rang de capitaine ou de lieutenant, et un secrétaire ayant rang de lieutenant ou de sous-lieutenant.

Dans les villes où il se trouvera plusieurs légions, il y aura par conseil de discipline, un rapporteur adjoint et un secrétaire adjoint, du grade inférieur à celui du rapporteur et du secrétaire.

102. Lorsque la garde nationale d'une commune ne formera qu'une ou plusieurs compagnies non réunies en bataillon, un officier ou un sous-officier remplira les fonctions de rapporteur, et un sous-officier celles de secrétaire du conseil de discipline.

103. Le sous-préfet choisira l'officier ou les sous-officiers rapporteurs et secrétaires du conseil de discipline, sur des listes de trois candidats désignés par le chef de légion, ou, s'il n'y a pas de légion, par le chef de bataillon.

Dans les communes où il n'y a pas de bataillon, des listes de candidats seront dressées par le plus ancien capitaine.

Les rapporteurs, rapporteurs-adjoints, secrétaires et secrétaires-adjoints, seront nommés pour trois ans; ils pourront être réélus.

Le préfet, sur le rapport des maires et des chefs de corps, pourra les révoquer; il sera, dans ce cas, procédé immédiatement à leur remplacement par le mode de nomination ci-dessus indiqué.

104. Les conseils de discipline seront permanens; ils ne pourront juger que lorsque cinq membres au moins seront présens dans les conseils de bataillon et de légion, et trois membres au moins dans les conseils de compagnie. Les juges

seront renouvelés tous les quatre mois. Néaumoins, lorsqu'il n'y aura pas d'of
ciers du même grade que le président ou les juges du conseil de discipline,
ceux-ci ne seront pas remplacés.

105. Le président du conseil de recensement, assisté du chef de bataillon,
ou du capitaine commandant, si les compagnies ne sont pas réunies en bataillon, formera, d'après le contrôle du service ordinaire, un tableau général,
par grade et par rang d'âge, de tous les officiers, sous-officiers et caporaux,
et d'un nombre double de gardes nationaux de chaque bataillon, ou des compagnies de la commune, ou de la compagnie formée de plusieurs communes.

Ils déposeront ce tableau, signé par eux, au lieu des séances des conseils de
discipline, où chaque garde national pourra en prendre connaissance.

106. Lorsque la garde nationale d'une commune ou d'un canton n'aura
qu'un seul conseil de discipline, les gardes nationaux faisant partie des corps
d'artillerie, de sapeurs-pompiers et de cavalerie, seront justiciables de ce
conseil.

S'il y a plusieurs bataillons dans le même canton, les gardes nationaux ci-
dessus désignés seront justiciables du même conseil de discipline que les
compagnies de leur commune.

S'il y a plusieurs bataillons dans la même commune, le préfet déterminera
de quels conseils de discipline les mêmes gardes nationaux seront justiciables.

Dans ces trois cas, les officiers, sous-officiers, caporaux et gardes nationaux des corps ci-dessus désignés concourront pour la formation du tableau
du conseil de discipline.

Lorsqu'en vertu d'une ordonnance du Roi les corps d'artillerie et de cavalerie
seront réunis en légion, ils auront un conseil de discipline particulier.

107. Les juges de chaque grade ou gardes nationaux, seront pris successivement d'après l'ordre de leur inscription au tableau.

108. Tout garde national qui aura été condamné trois fois par le conseil de
discipline, ou une fois par le tribunal de police correctionnelle, sera rayé,
pour une année, du tableau servant à former le conseil de discipline.

109. Toute réclamation pour être réintégré sur le tableau, ou pour en
faire rayer un garde national, sera portée devant le jury de révision.

§ III. — *De l'instruction et des jugemens.*

110. Le conseil de discipline sera saisi, par le renvoi que lui fera le chef
de corps, de tous les rapports, ou procès-verbaux, ou plaintes constatant les
faits qui peuvent donner lieu au jugement de ce conseil.

111. Les plaintes, rapports et procès-verbaux seront adressés à l'officier rapporteur, qui fera citer le prévenu à la plus prochaine des séances
du conseil.

Le secrétaire enregistrera les pièces ci-dessus.

La citation sera portée à domicile par un agent de la force publique.

112. Les rapports, procès-verbaux ou plaintes constatant des faits qui donneraient lieu à la mise en jugement devant le conseil de discipline du commandant de la garde nationale d'une commune, seront adressés au maire, qui
en référera au sous-préfet. Celui-ci procédera à la composition du conseil de
discipline, conformément à l'art. 100.

113. Le président du conseil convoquera les membres sur la réquisition de
l'officier rapporteur, toutes les fois que le nombre et l'urgence des affaires lu
paraîtront l'exiger.

114. En cas d'absence, tout membre du conseil de discipline non valablement excusé sera condamné à une amende de 5 fr. par le conseil de discipline,
et il sera remplacé par l'officier, sous-officier, caporal ou garde national qui
devra être appelé immédiatement après lui.

Dans les conseils de discipline des bataillons cantonnaux, le juge absent sera
remplacé par l'officier, sous-officier, caporal ou garde national du lieu où siége
le conseil, qui devra être appelé d'après l'ordre du tableau.

115. Le garde national cité comparaîtra en personne ou par un fondé de pouvoirs.

Il pourra être assisté d'un conseil.

116. Si le prévenu ne comparaît pas au jour et à l'heure fixés par la citation, il sera jugé par défaut.

L'opposition au jugement par défaut devra être formée dans le délai de trois jours, à compter de la notification du jugement. Cette opposition pourra être faite par déclaration au bas de la signification. L'opposant sera cité pour comparaître à la plus prochaine séance du conseil de discipline.

S'il n'y a pas opposition, ou si l'opposant ne comparaît pas à la séance indiquée, le jugement par défaut sera définitif.

117. L'instruction de chaque affaire devant le conseil sera publique, à peine de nullité.

La police de l'audience appartiendra au président qui pourra faire expulser ou arrêter quiconque troublerait l'ordre.

Si le trouble est causé par un délit, il en sera dressé procès-verbal.

L'auteur du trouble sera jugé de suite par le conseil, si c'est un garde national, et si la faute n'emporte qu'une peine que le conseil puisse prononcer.

Dans tout autre cas, le prévenu sera renvoyé, et le procès-verbal transmis au procureur du Roi.

118. Les débats devant le conseil auront lieu dans l'ordre suivant :

Le secrétaire appellera l'affaire.

En cas de récusation, le conseil statuera. Si la récusation est admise, le président appellera, dans les formes indiquées par l'art. 114, les juges suppléans nécessaires pour compléter le conseil.

Si le prévenu décline la juridiction du conseil de discipline, le conseil statuera d'abord sur sa compétence ; s'il se déclare incompétent, l'affaire sera renvoyée devant qui de droit.

Le secrétaire lira le rapport, le procès-verbal ou la plainte, et les pièces à l'appui.

Les témoins, s'il en a été appelé par le rapporteur et le prévenu, seront entendus.

Le prévenu ou son conseil sera entendu.

Le rapporteur résumera l'affaire et donnera ses conclusions.

L'inculpé ou son fondé de pouvoirs et son conseil pourront proposer leurs observations.

Ensuite le conseil délibérera en secret et hors de la présence du rapporteur, et le président prononcera le jugement.

119. Les mandats d'exécution de jugement des conseils de discipline seront délivrés dans la même forme que ceux des tribunaux de simple police.

120. Il n'y aura de recours contre les jugemens définitifs des conseils de discipline que devant la Cour de cassation, pour incompétence ou excès de pouvoirs, ou contravention à la loi.

Le pourvoi en cassation ne sera suspensif qu'à l'égard des jugemens prononçant emprisonnement, et sera dispensé de la mise en état.

Dans tous les cas, ce recours ne sera assujéti qu'au quart de l'amende établie par la loi.

121. Tous actes de poursuite devant les conseils de discipline, tous jugemens, recours et arrêts rendus en vertu de la présente loi, seront dispensés du timbre et enregistrés gratis.

122. Le garde national condamné aura trois jours francs, à partir du jour de la notification, pour se pourvoir en cassation.

TITRE IV. *Mesures exceptionnelles et transitoires pour la garde nationale en service ordinaire.*

123. Dans les trois mois qui suivront la promulgation de la présente loi, il

sera procédé à une nouvelle élection d'officiers, sous-officiers et caporaux dans tous les corps de la garde nationale.

Néanmoins, le gouvernement pourra suspendre pendant un an la réélection des officiers dans les localités où il le jugera convenable.

124. Le Roi pourra suspendre l'organisation de la garde nationale pour une année dans les communes qui forment un ou plusieurs cantons, et dans les communes rurales pour un temps qui ne pourra excéder trois ans.

Les délais ne pourront être prorogés qu'en vertu d'une loi.

125. Les organisations actuelles de la garde nationale par compagnies, par bataillons et par légions qui ne se trouveraient pas conformes aux dispositions de la présente loi, pourront être provisoirement maintenues par une ordonnance du Roi, sans toutefois que cette autorisation puisse dépasser l'époque du 1ᵉʳ janvier 1832.

126. Les compagnies qui dépassent le maximum fixé par la présente loi ne recevront pas de nouvelles incorporations jusqu'à ce qu'elles soient rentrées dans les limites voulues par cette loi, à moins que toutes les compagnies du bataillon ne soient au complet.

TITRE V. — *Des détachemens de la garde nationale.*

SECTION Iʳᵉ. — *Appel et service des détachemens.*

127. La garde nationale doit fournir des détachemens dans les cas suivans :

1° Fournir par détachemens, en cas d'insuffisance de la gendarmerie et de la troupe de ligne, le nombre d'hommes nécessaire pour escorter d'une ville à l'autre les convois de fonds ou d'effets appartenant à l'État, et pour la conduite des accusés, des condamnés et autres prisonniers.

2° Fournir des détachemens pour porter secours aux communes, arrondissemens et départemens voisins qui seraient troublés ou menacés par des émeutes ou des séditions, ou par l'incursion de voleurs, brigands et autres malfaiteurs.

128. Lorsqu'il faudra porter secours d'un lieu dans un autre pour le maintien ou le rétablissement de l'ordre et de la paix publique, des détachemens de la garde nationale, en service ordinaire, seront fournis afin d'agir dans toute l'étendue de l'arrondissement, sur la réquisition du sous-préfet; dans toute l'étendue du département, sur la réquisition du préfet; enfin, s'il faut agir hors du département, en vertu d'une ordonnance du Roi.

En cas d'urgence et sur la demande écrite du maire d'une commune en danger, les maires des communes limitrophes, sans distinction de département, pourront néanmoins requérir un détachement de la garde nationale de marcher immédiatement sur le point menacé, sauf à rendre compte, dans le plus bref délai, du mouvement et des motifs à l'autorité supérieure.

Dans tous ces cas, les détachemens de la garde nationale ne cesseront pas d'être sous l'autorité civile. L'autorité militaire ne prendra le commandement des détachemens de la garde nationale pour le maintien de la paix publique que sur la réquisition de l'autorité administrative.

129. L'acte en vertu duquel, dans les cas déterminés par les deux articles précédens, la garde nationale est appelée à faire un service de détachement, fixera le nombre des hommes requis.

130. Lors de l'appel fait conformément aux articles précédens, le maire, assisté du commandant de la garde nationale de chaque commune, formera les détachemens parmi les hommes inscrits sur le contrôle du service ordinaire, en commençant par les célibataires et les moins âgés.

131. Lorsque les détachemens des gardes nationales s'éloigneront de leur commune pendant plus de vingt-quatre heures, ils seront assimilés à la troupe de ligne pour la solde, l'indemnité de route et les prestations en nature.

132. Les détachemens à l'intérieur ne pourront être requis de faire un service, hors de leurs foyers, de plus de dix jours, sur la réquisition du sous-

préfet ; de plus de vingt jours, sur la réquisition du préfet ; et de plus de soixante jours , en vertu d'une ordonnance du Roi.

SECTION II. — *Discipline.*

133. Lorsque, conformément à l'article 127, la garde nationale devra fournir des détachemens en service ordinaire , sur la réquisition du sous-préfet, du préfet , ou en vertu d'une ordonnance du Roi, les peines de discipline seront fixées ainsi qu'il suit :

Pour les officiers : 1° Les arrêts simples pour dix jours au plus; 2° La réprimande avec mise à l'ordre ; 3° Les arrêts de rigueur pour six jours au plus ; 4° La prison pour trois jours au plus. Pour les sous-officiers, caporaux et soldats : 1° La consigne pour dix jours au plus : 2° La réprimande avec mise à l'ordre ; 3° La salle de discipline pour six jours au plus ; 4° La prison pour quatre jours au plus.

134. Les peines des arrêts de rigueur, de la prison et de la réprimande avec mise à l'ordre , ne pourront être infligées que par le chef du corps ; les autres peines pourront l'être par tout supérieur à son inférieur, à la charge d'en rendre compte dans les vingt-quatre heures, en observant la hiérarchie des grades.

135. La privation du grade pour les causes énoncées dans les art. 90 et 93, sera prononcée par un conseil de discipline, composé ainsi qu'il est dit à la section 8 du titre III.

Il n'y aura qu'un seul conseil de discipline pour tous les détachemens formés d'un même arrondissement de sous-préfecture.

136. Tout garde national désigné pour faire partie d'un détachement, qui refusera d'obtempérer à la réquisition, ou qui quittera le détachement sans autorisation, sera traduit en police correctionnelle , et puni d'un emprisonnement qui ne pourra excéder un mois; s'il est officier, sous-officier ou caporal , il sera en outre privé de son grade.

Disposition commune aux deux titres précédens.

137. Les gardes nationaux blessés pour cause de service auront droit aux secours, pensions et récompenses que la loi accorde aux militaires en activité de service.

TITRE VI. — *Des corps détachés de la garde nationale pour le service de guerre.*

SECTION Ire. *Appel et service des corps détachés.*

138. La garde nationale doit fournir des corps détachés pour la défense des places fortes, des côtes et des frontières du royaume , comme auxiliaires de l'armée active.

Le service de guerre des corps détachés de la garde nationale, comme auxiliaires de l'armée , ne pourra pas durer plus d'une année.

139. Les corps détachés ne pourront être tirés de la garde nationale qu'en vertu d'une loi spéciale, ou, pendant l'absence des chambres, par une ordonnance du Roi, qui sera convertie en loi lors de la première session.

140. L'acte en vertu duquel la garde nationale est appelée à fournir des corps détachés pour le service de guerre, fixera le nombre des hommes requis.

SECTION II. — *Désignation des gardes nationaux pour la formation des corps détachés.*

141. Lors de l'appel fait en vertu d'une loi ou d'une ordonnance, conformément à l'art. 139, les corps détachés de la garde nationale se composeront :

1° Des gardes nationaux qui se présenteront volontairement , et qui seront trouvés propres au service actif ;

2° Des jeunes gens de dix-huit à vingt ans qui se présenteront volontairement et qui seront également reconnus propres au service actif ;

3° Si ces enrôlemens ne suffisaient pas pour compléter le contingent demandé, les hommes seront désignés dans l'ordre spécifié dans l'art. 143 ci-après.

142. Les jeunes gens de 18 à 20 ans, enrôlés volontaires ou remplaçans dans les corps détachés de la garde nationale, resteront soumis à la loi de recrutement.

Mais le temps que les volontaires auront servi dans les corps détachés de la garde nationale leur comptera en déduction de leur service dans l'armée régulière, si plus tard ils y sont appelés.

143. Les désignations des gardes nationaux pour les corps détachés seront faites par le conseil de recensement de chaque commune parmi tous les inscrits sur le contrôle du service ordinaire, et sur celui du service extraordinaire dans l'ordre qui suit :

Première classe, les célibataires.

Seront considérés comme célibataires tous ceux qui, postérieurement à la promulgation de la présente loi, se marieraient avant d'avoir atteint l'âge de 23 ans;

2° Les veufs sans enfans; 3° les mariés sans enfans ; 4° les mariés avec enfans.

144. Pour la classe des célibataires, les contingens seront répartis proportionnellement au nombre d'hommes appartenant à chaque année, depuis vingt jusqu'à trente-cinq ans.

Dans chaque année, la désignation se fera d'après l'âge.

Pour chaque année depuis 20 ans jusqu'à 23, les veufs et mariés seront considérés comme plus âgés que les célibataires de cette année, auxquels ils sont assimilés par l'art. 143, § 1er.

Dans chacune des autres classes successives, les appels seront toujours faits en commençant par les moins âgés, jusqu'à l'âge de trente ans.

145. L'aîné d'orphelins mineurs de père et de mère, le fils unique ou l'aîné des fils, ou, à défaut de fils, le petit-fils ou l'aîné des petits-fils d'une femme actuellement veuve, d'un père aveugle ou d'un vieillard septuagénaire, prendront rang dans l'appel au service des corps détachés entre les mariés sans enfans et les mariés avec enfans.

146. En cas de réclamations pour les désignations faites par le conseil de recensement, il sera statué par le jury de révision.

147. Ne sont point aptes au service des corps détachés :

1° Les gardes nationaux qui n'auront pas la taille fixée par la loi du recrutement (1);

2° Ceux que des infirmités constatées rendront impropres au service militaire.

148. L'aptitude au service sera jugée par un conseil de révision, qui se réunira dans le lieu où devra se former le bataillon.

Le conseil se composera de sept membres, savoir :

Le préfet, président, et à son défaut le conseiller de préfecture qu'il aura délégué ;

Trois membres du conseil de recensement, désignés par le préfet parmi les membres des conseils de recensement des communes qui concourront à la formation du bataillon ;

Le chef de bataillon ;

Et deux des capitaines dudit bataillon, nommés par le général commandant la subdivision militaire ou le département.

149. Les conseils de révision apprécieront les motifs d'exemption relatifs au nombre des enfans.

150. Les gardes nationaux qui ont des remplaçans à l'armée ne sont pas dispensés du service de la garde nationale dans les corps détachés; toutefois ils ne prendront rang dans l'appel qu'après les veufs sans enfans.

151. Le garde national désigné pour faire partie d'un corps détaché pourra se faire remplacer par un Français âgé de 18 ans à 40 ans.

Le remplaçant devra être agréé par le conseil de révision.

152. Si le remplaçant est appelé à servir pour son compte dans un corps détaché de la garde nationale, le remplacé sera tenu d'en fournir un autre ou de marcher lui-même.

---

(1) 1 mètre 54 centimètres (4 pieds 9 pouces).

153. Le remplacé sera, pour le cas de désertion, responsable de son remplaçant.

154. Lorsqu'un garde national porté sur le rôle du service ordinaire se sera fait remplacer dans un corps détaché de la garde nationale, il ne cessera pas pour cela de concourir au service ordinaire de la garde nationale.

SECTION III. — *Formation, nomination aux emplois, et administration des corps détachés de la garde nationale.*

155. Les corps détachés de la garde nationale, en vertu des articles 138 et 139. seront organisés par bataillon d'infanterie, et par escadron ou compagnie pour les autres armes. Le Roi pourra ordonner la réunion de ces bataillons ou escadrons en légions.

156. Des ordonnances du Roi détermineront l'organisation des bataillons, escadrons et compagnies; le nombre, le grade des officiers; la composition et l'installation des conseils d'administration.

157. Pour la première organisation, les caporaux et sous-officiers, les sous-lieutenans et lieutenans seront élus par les gardes nationaux. Néanmoins, les fourriers, sergens-majors, maréchaux-des-logis-chefs, et adjudans sous-officiers, seront désignés par les capitaines et nommés par les chefs de corps.

Les officiers comptables, les adjudans-majors, les capitaines et les officiers supérieurs seront à la nomination du Roi.

158. Les officiers à la nomination du Roi pourront être pris indistinctement dans la garde nationale, dans l'armée ou parmi les militaires en retraite.

159. Les corps détachés de la garde nationale, comme auxiliaires de l'armée, sont assimilés, pour la solde et les prestations en nature, à la troupe de ligne.

Une ordonnance du Roi déterminera les premières mises, les masses et les accessoires de la solde.

Les officiers, sous-officiers et soldats jouissant d'une pension de retraite, cumuleront, pendant la durée du service, avec la solde d'activité des grades qu'ils auront obtenus dans les corps détachés de la garde nationale.

160. L'uniforme et les marques distinctives des corps détachés seront les mêmes que ceux de la garde nationale en service ordinaire.

Le gouvernement fournira l'habillement, l'armement et l'équipement aux gardes nationaux qui n'en seraient pas pourvus, ou qui n'auraient pas le moyen de s'équiper et de s'armer à leurs frais.

SECTION IV. — *Discipline des corps détachés.*

161. Lorsque les corps détachés de la garde nationale seront organisés, ils seront soumis à la discipline militaire.

Néanmoins, lorsque les gardes nationaux refuseront d'obtempérer à la réquisition, ils seront punis d'un emprisonnement qui ne pourra excéder deux ans; et lorsqu'ils quitteront leur corps sans autorisation, hors de la présence de l'ennemi, ils seront punis d'un emprisonnement qui ne pourra excéder trois ans.

Dispositions générales.

162. Sont et demeurent abrogées toutes les dispositions des lois, décrets et ordonnances, relatives à l'organisation et à la discipline des gardes nationales.

Sont et demeurent abrogées les dispositions relatives au service et à l'administration des gardes nationales, qui seraient contraires à la présente loi.

LOI

DU 30 AVRIL 1846

Qui modifie les articles 17, 35, 37 et 101 de la loi du 22 mars 1831, sur la garde nationale.

———

NOTA. Les paragraphes imprimés en lettres italiques indiquent les modifications ou plutôt es additions apportées par la loi du 30 avril 1846 au texte des articles 17, 35 37 et 101 de la loi générale du 22 mars 1831.

Les articles 17, 35, 37 et 101 de la loi du 22 mars 1831 sont modifiés ainsi qu'il suit :

Art. 17. Au mois de janvier de chaque année, le conseil de recensement inscrira au registre matricule les jeunes gens qui seront entrés dans leur vingtième année pendant le cours de l'année précédente, ainsi que les Français qui auront nouvellement acquis leur domicile dans la commune ; il rayera dudit registre les Français qui seront entrés dans leur soixantième année pendant le cours de la même année, *et qui en feront la demande formelle* (1), ceux qui auront changé de domicile et les décédés.

Toutefois, le service ne sera pas exigé avant l'âge de vingt ans accomplis.

Art. 35. Il y aura par compagnie de garde nationale à pied de toutes armes :

	NOMBRE TOTAL D'HOMMES.			
	De 50 à 80.	De 80 à 100.	De 100 à 140.	De 140 à 200.
Capitaine en premier............ ..	1	1	1	1
Capitaine en second..........	»	»	»	1
Lieutenants.................	1	1	2	2
Sous-lieutenants...............	1	2	2	2
Sergent-major................	1	1	1	1
Sergent-fourrier..............	1	1	1	1
Sergents...................	4	6	6	8
Caporaux..................	8	12	12	16
Tambours.................	1	2	2	2

(1) générale pour toute la France.

Dans le département de la Seine, lorsque l'effectif d'une compagnie dépassera deux cents hommes définitivement inscrits sur le contrôle, il y aura, par chaque cinquante hommes d'excédant, un lieutenant ou un sous-lieutenant, deux sergents et quatre caporaux.

Art. 37. Il y aura par subdivision d'escadron et par escadron :

	NOMBRE TOTAL D'HOMMES.						
	Jusqu'à 17.	De 17 à 30.	De 30 à 40	De 40 à 50.	De 50 à 70.	De 70 à 100.	De 100 à 120 et au-dessus.
Capitaine en premier..	»	»	»	»	»	1	1
Capitaine en second...	»	»	»	»	»	»	1
Lieutenants..........	»	»	1	1	1	2	2
Sous-lieutenants.....	»	1	1	1	2	2	2
Maréchal des logis chef	»	»	»	»	»	1	1
Fourrier...........	»	»	»	»	»	1	1
Maréchaux des logis..	1	2	2	3	4	4	8
Brigadiers.......3..	2	4	4	6	8	8	16
Trompettes..........	»	»	1	1	1	1	2

Dans le département de la Seine, lorsque l'effectif atteindra deux cents hommes, définitivement inscrits sur le contrôle, le cadre des officiers sera augmenté d'un sous-lieutenant.

Art. 101. Il y aura, par conseil de discipline de bataillon ou de légion, un rapporteur ayant rang de capitaine ou de lieutenant, et un secrétaire ayant rang de lieutenant ou de sous-lieutenant.

Dans les villes où il se trouvera plusieurs légions, il y aura, par conseil de discipline, un rapporteur adjoint et un secrétaire adjoint, du grade inférieur à celui du rapporteur et du secrétaire.

Cette dernière disposition sera appliquée, de droit, à tous les conseils de discipline des légions du département de la Seine.

MANUEL

DES

CONSEILS DE DISCIPLINE.

PREMIÈRE PARTIE.

CONSEILS DE DISCIPLINE.

TITRE Ier.

DE L'INSTITUTION DES CONSEILS DE DISCIPLINE ET DU RESSORT DE LEUR JURIDICTION.

I. Il y a un conseil de discipline :

1° Par bataillon isolé communal ou cantonal et par chacun des bataillons compris dans une légion ;

2° Par commune ayant une ou plusieurs compagnies non réunies en bataillon ;

3° Par compagnie formée de gardes nationaux de plusieurs communes, et non comprise dans un bataillon (*Loi du 22 mars, art.* 94) ;

4° Par légion de cavalerie ou d'artillerie (*Loi, art.* 106).

II. Dans les villes qui comprennent une ou plusieurs légions, il peut y avoir un conseil de discipline pour juger les officiers supérieurs de légion et officiers d'état-major non justiciables des conseils de discipline ci-dessus. (*Loi, art.* 95.)

III. Lorsque la garde nationale d'une commune ou d'un canton n'a qu'un seul conseil de discipline, les gardes nationaux faisant partie des corps d'artillerie, de sapeurs-pompiers et de cavalerie, sont justiciables de ce conseil.

S'il y a plusieurs bataillons dans le même canton, les gardes nationaux ci-dessus désignés sont justiciables du même conseil de discipline que les compagnies de leur commune.

S'il y a plusieurs bataillons dans la même commune, le préfet détermine de quels conseils de discipline les mêmes gardes nationaux sont justiciables.

Dans ces trois cas, les officiers, sous-officiers, caporaux et gardes nationaux des corps ci-dessus désignés concourent pour la formation du tableau du conseil de discipline dont il sera parlé ci-après titre IV.

Lorsque, en vertu d'une ordonnance, les corps d'artillerie et de cavalerie sont réunis en légion, ils ont un conseil de discipline particulier. (*Loi, art.* 106.)

TITRE II.

SIÉGE DES CONSEILS DE DISCIPLINE.

IV. Les conseils de discipline des gardes nationales dont l'organisation est purement communale siégent dans la commune qui forme le ressort de leur juridiction.

Les conseils de discipline des bataillons cantonaux siégent dans la commune que l'ordonnance d'organisation ou un arrêté du ministre de l'intérieur a désignée comme devant être le point central de réunion des com-

pagnies, le siége administratif et disciplinaire du bataillon. (*Instr. min.* et *ord.*; *J. O.* 1831, p. 76; 1832, p. 81.)

Le conseil de discipline d'une compagnie formée de
gardes nationaux de plusieurs communes siége dans la
commune la plus populeuse. (*Loi, art.* 99.)

TITRE III.

DE LA COMPOSITION DES CONSEILS DE DISCIPLINE; DU PRÉSIDENT ET DU
NOMBRE DES JUGES.

V. Le conseil de discipline de la garde nationale
d'une commune ayant une ou plusieurs compagnies non
réunies en bataillon, et celui d'une compagnie formée de
gardes nationaux de plusieurs communes, sont compo-
sés de cinq juges, savoir :
  Un capitaine, président,
  Un lieutenant ou un sous-lieutenant,
  Un sergent,
  Un caporal,
  Un garde national. (*Loi, art.* 96.)

VI. Le conseil de discipline du bataillon est composé
de sept juges, savoir :
  Le chef de bataillon, président,
  Un capitaine,
  Un lieutenant ou un sous-lieutenant,
  Un sergent,
  Un caporal,
  Deux gardes nationaux. (*Loi, art.* 97.)

VII. Outre les membres du conseil appelés à remplir
les fonctions de juges, il est attaché à chaque conseil un
rapporteur et un secrétaire. (*Loi, art.* 101 et 102 ; voir
ci-après titre V.)

VIII. Aux termes de l'article 97 de la loi, les officiers appelés à composer le conseil de discipline de bataillon sont : le chef de bataillon, un capitaine, un lieutenant *ou* un sous-lieutenant.

Il y aurait composition illégale du conseil dans lequel auraient siégé un lieutenant *et* un sous-lieutenant, et le jugement que ledit conseil aurait prononcé serait nul, comme ayant été rendu par un juge incompétent.

Une nullité de cette nature est d'ordre public, et doit être relevée, bien qu'elle n'ait pas été proposée par le prévenu. (*C.* 23 *avril* 1841 ; *J. O.* 1841.)

IX. Dans le cas où le prévenu est officier, deux officiers du grade du prévenu entrent dans le conseil de discipline, et remplacent les deux derniers membres.

S'il n'y a pas dans la commune deux officiers du grade du prévenu, le sous-préfet les désigne par la voie du sort parmi ceux du canton ; et, s'il ne s'en trouve pas dans le canton, parmi ceux de l'arrondissement.

S'il s'agit de juger un chef de bataillon, le préfet désigne par la voie du sort deux chefs de bataillon des cantons ou des arrondissements circonvoisins. (*Loi, art.* 100.)

X. Le conseil de discipline, pour juger les officiers supérieurs et officiers de l'état-major de légion, est composé de sept juges, savoir :

Un chef de légion, président,
Deux chefs de bataillon,
Deux capitaines,
Deux lieutenants ou sous-lieutenants. (*Loi, art.* 98.)

XI. L'article 98, qui détermine la composition du conseil de discipline où doivent comparaître les officiers supérieurs et les officiers d'état-major, n'est applicable qu'aux villes qui comprennent une ou plusieurs légions. (*C.* 18 *février* 1833; *J. O.* 1833, p. 205.)

XII. Les conseils de discipline sont permanents; ils ne peuvent juger que lorsque cinq membres au moins sont présents dans les conseils de bataillon et de légion, et trois membres au moins dans les conseils de compagnie. Les juges sont renouvelés tous les quatre mois. Néanmoins, lorsqu'il n'y a pas d'officiers du même grade que le président et les juges du conseil de discipline, ceux-ci ne sont pas remplacés. (*Loi, art.* 104.)

Cette impossibilité de renouveler intégralement le conseil ne peut se présenter que pour le conseil de discipline formé près d'une seule compagnie, en exécution de l'article 94, §§ 2 et 3.

XIII. L'assistance de cinq membres, au lieu de sept, dans un conseil de discipline de bataillon, suffit pour rendre le jugement valable.

Dans ce cas, la détermination des grades et qualités, énoncés en l'article 97, ne constitue pas une forme substantielle, et l'absence de deux gardes nationaux dans le conseil appelé à juger un simple garde national ne vicie pas le jugement. Ce n'est que lorsque le prévenu est officier, que l'entrée de deux officiers du même grade dans le conseil est indispensable. (*C.* 30 *mai* 1833; *J. O.* 1833, p. 260.)

XIV. En cas d'absence, tout membre du conseil de discipline non valablement excusé est condamné à une amende de 5 francs par le conseil de discipline, et il est remplacé par l'officier, sous-officier, caporal ou garde national qui devra être appelé immédiatement après lui.

Dans les conseils de discipline des bataillons cantonaux, le juge absent est remplacé par l'officier, sous-officier, caporal ou garde national du lieu où siége le conseil, qui doit être appelé d'après l'ordre du tableau. (*Loi, art.* 114.)

TITRE IV.

DÉSIGNATION DES JUGES. — TABLEAU DES MEMBRES DU CONSEIL DE DISCIPLINE.

XV. Le président du conseil de recensement, assisté du chef de bataillon, ou du capitaine commandant, si les compagnies ne sont pas réunies en bataillon, forme, d'après le contrôle du service ordinaire, un tableau général, par grade et par rang d'âge, de tous les officiers, sous-officiers et caporaux et d'un nombre double de gardes nationaux de chaque bataillon, ou des compagnies de la commune, ou de la compagnie formée de plusieurs communes. (*Voir* ci-après, n° XVII.)

Ils déposent ce tableau, signé par eux, au lieu des séances des conseils de discipline. (*Loi, art.* 105.)

XVI. Lorsque le conseil de discipline est établi pour une compagnie ou pour un bataillon formés des gardes nationales de plusieurs communes, les diverses gardes nationales concourent pour sa composition proportionnellement à leur force numérique.

Le président du conseil de recensement de chacune des communes dont les gardes nationales sont justiciables d'un même conseil de discipline doit, en se faisant assister du commandant de la garde communale, dresser un tableau de tous les officiers, sous-officiers et caporaux de la localité, et d'un nombre double de gardes nationaux.

Le tableau de chaque commune, signé du maire et du commandant qui l'aura assisté, est transmis au sous-préfet, qui doit fondre tous ces tableaux en un tableau général, par conseil, et y classer, par rang de grade et d'âge, tous les officiers, sous-officiers, caporaux et gardes compris dans les tableaux partiels.

Les signatures du sous-préfet et du chef de corps doivent être apposées au bas du tableau général. (*Instr. min.* 25 *juillet* 1831 ; *J. O.* 1831, p. 209.)

XVII. Dans le département de la Seine, le tableau des membres du conseil de discipline est formé des officiers, de la moitié des sous-officiers, du quart des caporaux et de pareil nombre de gardes nationaux désignés par le maire en nombre égal dans chaque compagnie.

Il est complété tous les ans, en conservant le rang des premiers inscrits. (*Loi du* 14 *juillet* 1837, *art.* 24.)

XVIII. Le tableau est affiché dans la salle des séances du conseil, afin que chaque garde national en puisse prendre connaissance. (*Loi, art.* 105.)

Le président du conseil de recensement, ou le sous-préfet qui a dressé le tableau, doit faire connaître, par lettre, à chacun de ceux qui y sont portés, qu'il est inscrit sur le tableau des juges, à la colonne de tel grade, et à tel rang.

Ceux qui doivent les premiers faire partie du conseil sont avertis, aussi par lettre, qu'ils sont appelés à y siéger, en qualité de président ou de juges, pendant quatre mois, à dater de telle époque. (*Instr. min.* 25 *juillet* 1831; *J. O.* 1831, p. 210.)

XIX. Il y a lieu de modifier le tableau des membres du conseil en plusieurs cas, par exemple :

1° Lorsque, par décès, incompatibilité, raison d'âge, exemption, etc., un de ceux qui y sont portés cesse de faire partie de la garde nationale;

2° Lorsque par réélection ou privation de grade, un officier, sous-officier ou garde national a changé de position;

3° Lorsque, après trois condamnations disciplinaires ou une condamnation correctionnelle, un des inscrits au tableau a dû en être rayé pour une année, aux termes de l'article 108.

Dans tous les cas de modifications, il est procédé aux radiations et remplacements dans la forme indiquée pour la formation du tableau, et par les mêmes autorités. (*Instr. min.* 25 *juillet* 1831; *J. O.* 1831, p. 210.)

XX. Les juges sont pris successivement d'après leur ordre d'inscription au tableau (*Loi, art.* 107), et renouvelés tous les quatre mois, toujours d'après l'ordre du tableau. Néanmoins, s'il n'y a point d'officier du même grade que le président ou quelqu'un des juges, ils ne sont pas remplacés. (*Loi, art.* 104.)

Le juge qui, ayant été appelé à en remplacer un autre, a siégé moins de quatre mois, n'en doit pas moins sortir du conseil à l'époque du renouvellement.

Les juges appelés, dans l'ordre du tableau, à remplacer les juges sortants, sont prévenus de leur entrée en fonctions, de la manière indiquée au n° XVIII.

XXI. Les conseils de discipline, comme tous les autres tribunaux ne pouvant entrer en fonctions avant d'avoir été constitués, le maire de chacune des communes où siége un conseil procède à l'installation de ce conseil, en séance publique, indiquée à cet effet quelques jours à l'avance, soit par la voie du journal du lieu, soit, à défaut, par affiche.

L'installation des conseils, formés pour des bataillons compris dans une légion, a lieu en présence du colonel et du lieutenant-colonel.

A l'ouverture de la séance, il est dit par le maire, qu'en vertu de l'article 96 ou, suivant le cas, de l'article 97 de la loi du 22 mars, et d'après le tableau dressé et déposé conformément à l'article 105, sont appelés à composer le conseil de tel bataillon communal ou cantonal, ou de la compagnie, ou des compagnies d'une ou plusieurs communes, M...., chef de bataillon ou capitaine, en qualité de président; MM...., capitaine, lieutenant, etc., en qualité de juges;

Que, conformément à l'article 101 ou à l'article 102, par décision du préfet ou du sous-préfet, en date de tel jour, MM....... sont appelés à remplir, auprès du conseil, les fonctions de rapporteur, secrétaire, rapporteur adjoint, secrétaire adjoint, avec tel rang.

Procès-verbal est dressé de l'installation du conseil. (*Instr. min.* 25 *juillet* 1831; *J. O.*, p. 211 et 212.)

Il est donné connaissance aux gardes nationaux, par la voie de l'ordre du jour, de l'installation du conseil et de son entrée en exercice.

Le président du conseil peut alors le convoquer, sur la réquisition du rapporteur, conformément à l'article 113 de la loi.

XXII. Si le jugement constate que, à l'ouverture de la séance, le président du conseil a déclaré que des membres devant siéger d'après l'ordre du tableau, et régulièrement convoqués, ont donné des excuses de leur absence; que ces excuses ont été admises par le conseil, et qu'au fur et à mesure de l'admission de ces excuses, les juges absents ont été remplacés par les membres inscrits, pour chaque grade, dans l'ordre du tableau, le conseil a été légalement constitué. (*C.* 20 *juin* 1834; *J. O.* 1834, p. 196.)

XXIII. Tout garde national qui a été condamné trois fois par le conseil de discipline, ou une fois par le tribunal de police correctionnelle, est rayé pour une année du tableau servant à former le conseil de discipline. (*Loi, art.* 108.)

XXIV. Toute réclamation, pour être réintégré sur le tableau, ou pour en faire rayer un garde national, est portée devant le jury de révision. (*Loi, art.* 109.)

TITRE V.

DES RAPPORTEURS ET DES SECRÉTAIRES.

XXV. Il y a, par conseil de discipline de bataillon ou de légion, un rapporteur ayant rang de capitaine ou de lieutenant, et un secrétaire ayant rang de lieutenant ou de sous-lieutenant.

Dans le département de la Seine et dans les villes où il se trouve plusieurs légions, il y a, par conseil de discipline, un rapporteur adjoint et un secrétaire adjoint, du grade inférieur à celui du rapporteur et du secrétaire. (*Loi, art.* 101.)

XXVI. Lorsque la garde nationale d'une commune ne forme qu'une ou plusieurs compagnies non réunies en bataillon, un officier ou un sous officier remplit les fonctions de rapporteur, et un sous-officier celles de secrétaire du conseil de discipline. (*Loi, art.* 102.)

XXVII. Le sous-préfet choisit l'officier ou les sous-officiers rapporteurs et secrétaires du conseil de discipline, sur des listes de trois candidats désignés par le chef de légion, ou, s'il n'y a pas de légion, par le chef de bataillon.

Dans les communes où il n'y a pas de bataillon, les listes de candidats sont dressées par l'officier commandant la garde nationale communale.

Les rapporteurs et rapporteurs adjoints, secrétaires et secrétaires adjoints, sont nommés pour trois ans ; ils peuvent être réélus. (*Loi, art.* 103.)

XXVIII. Les fonctions des rapporteurs exigent une instruction et une aptitude spéciales ; chargés de requérir les condamnations, c'est à eux qu'il appartient de donner une bonne direction à l'action disciplinaire et de prévenir tout relâchement dans l'application des peines. Les chefs de corps doivent consulter ces nécessités pour le choix des candidats à présenter aux sous-préfets. (*Instr. min. 25 juillet*. 1831 ; *J. O.* 1831, p. 209.)

XXIX. Il y a, pour l'autorité administrative, une latitude indéfinie pour le choix, dans le sein de la garde nationale, des candidats aux emplois de rapporteur et de secrétaire près les conseils de discipline de bataillon ou de légion. Ils peuvent être désignés parmi tous les gardes nationaux indistinctement, pourvus ou non d'un grade. (*C.* 10 *novembre* 1831 ; *J. O.* 1832, p. 15.)

XXX. Lorsque les rapporteurs ou les secrétaires près les conseils de discipline de bataillon ou de légion ne sont pas choisis parmi les gardes nationaux déjà portés par l'élection aux grades correspondants à leurs fonctions, leur nomination doit déterminer le grade dont ils auront le rang.

La loi a laissé, à cet égard, une latitude qui permet de varier ce rang selon l'importance numérique du corps soumis à la juridiction de chaque conseil.

Ainsi, le rapporteur d'un conseil de bataillon, devant avoir rang de capitaine ou de lieutenant, il y aurait lieu de lui conférer le rang de capitaine, si le bataillon se compose de six compagnies au moins, et de lieutenant, si le bataillon a moins de six compagnies. Dans le premier cas, le secrétaire aurait rang de lieutenant, et, dans le second, de sous-lieutenant. (*Instr. min juillet* 1831 ; *J. O.* 1831. p. 208.)

XXXI. Le rang à assigner aux rapporteurs et aux secrétaires lorsque, en conformité du deuxième paragraphe de l'article 101, il doit y avoir un rapporteur et un secrétaire adjoints, peut être l'objet de quelque incertitude, attendu la difficulté qu'il semble y avoir à conférer à chacun de ces quatre fonctionnaires un grade différent. On pense que, dans ce cas, l'autorité administrative peut, très-régulièrement, se décider pour l'une des deux combinaisons ci-après des grades de capitaine, de lieutenant et de sous-lieutenant :

Rapporteur, rang de capitaine.

Rapporteur adjoint, rang de capitaine en second.

Secrétaire, rang de lieutenant.

Secrétaire adjoint, rang de sous-lieutenant.

Rapporteur, rang de capitaine.

Rapporteur adjoint, rang de lieutenant.

Secrétaire, rang de sous-lieutenant en premier.

Secrétaire adjoint, rang de sous-lieutenant en second.

XXXII. Pour les conseils formés près les compagnies non réunies en bataillon, le rapporteur ne peut pas être choisi parmi tous les gardes nationaux indistinctement. Ces fonctions doivent être confiées à des officiers ou sous-officiers des compagnies qui tiennent leur grade de l'élection , et qui cumulent ainsi les deux fonctions. (*C. 10 novembre* 1831 ; *J. O.* 1832, p. 15.)

XXXIII. L'article 103 de la loi confère aux préfets le droit de révoquer, sur l'avis du maire et du chef de corps, les rapporteurs et secrétaires, et place ainsi ces derniers sous la surveillance de l'autorité administrative.

Dans le cas de révocation, comme dans tous ceux où les fonctions de rapporteur deviennent vacantes, il est procédé immédiatement au remplacement selon le mode indiqué pour la nomination. (*Loi, art.* 103.)

XXXIV. Le citoyen qui ne peut faire partie de la garde nationale, soit par incompatibilité de fonctions, soit pour tout autre motif, n'est point apte à remplir les fonctions de rapporteur. Les jugements auxquels il prendrait part, en cette qualité, seraient nuls. (*C. 20 octobre* 1831.)

XXXV. Le conseil de discipline où figure, en qualité de rapporteur ou de secrétaire, un suppléant de juge de paix, position incompatible avec le service de la garde nationale, peut se déclarer illégalement constitué, sans qu'il y ait de sa part empiètement sur l'autorité administrative; mais il y aurait empiètement, s'il annulait le choix de ce rapporteur fait par l'autorité. *C. 24 février* 1832 ; *Rec. d'arr.*)

TITRE VI.

COMPÉTENCE DES CONSEILS DE DISCIPLINE.

XXXVI. La compétence des conseils de discipline, comme celle de toute juridiction, est fixée et circonscrite sous trois rapports, c'est-à-dire à raison des *personnes*, des *délits* et des *peines*. (*Instr. min.* 25 *octobre* 1831 ; *J O.*, p. 319 et suiv.)

XXXVII *Compétence à raison des personnes.* — Les gardes nationaux portés au contrôle du service ordinaire (*Loi, art.* 105*)* sont seuls justiciables des conseils de discipline. Ceux qui sont inscrits au contrôle de réserve ne sont point placés sous la juridiction de tribunaux dont la loi ne les appelle point à faire partie.

Ainsi la compétence des conseils se détermine, quant à la qualité des personnes, par un fait positif, l'inscription au registre matricule et au contrôle du service ordinaire.

La juridiction de chaque conseil, excepté le cas où il est saisi par renvoi de la cour de cassation, ne s'étend que sur les gardes nationaux du corps ou des divers corps pour lesquels il est institué.

XXXVIII. Le conseil de discipline ne peut s'immiscer en rien dans la formation ou la modification du registre matricule, non plus que des contrôles du service ordinaire ou de réserve.

Il se borne, lorsque l'inculpé prétend n'être point justiciable du conseil, à constater le fait de l'inscription qui fixe sa juridiction.

Si un garde national, cité pour refus de service, se prétend inscrit à tort au registre matricule ou au contrôle du service ordinaire, il n'appartient pas au conseil d'apprécier la validité de sa réclamation ; il doit procéder au jugement et renvoyer à se pourvoir devant qui de droit, pour faire opérer la radiation.

Mais si l'inculpé allègue qu'il est en réclamation contre la décision en vertu de laquelle il a été porté au registre matricule ou au contrôle du service ordinaire, s'il justifie que son recours était formé devant l'autorité compétente, antérieurement à la contravention pour laquelle il est cité, le conseil de discipline devra surseoir à statuer jusqu'à ce qu'il ait été définitivement prononcé sur le recours.

XXXIX. Nonobstant le droit exclusif qu'ont les conseils de recensement et les jurys de révision de prononcer sur les faits qui motivent l'inscription sur les contrôles, il appartient aux conseils de discipline, lorsque les faits qui donnent lieu à une exemption légale ne sont pas contestés, d'examiner si le service est obligatoire et s'ils peuvent prononcer une peine. (*C.* 16 *août* 1834 *J. O.* 1834, p. 219 ; 16 *novembre* 1833, *Rec. d'arr.*)

XL. *Compétence à raison des délits.* — Les délits, manquements ou infractions dont les conseils peuvent connaître sont exclusivement ceux qui sont énumérés aux articles 85, 86, 87, 89, 90, et 117 de la loi du 22 mars 1831.

Leur compétence cesse lorsque les faits, bien que commis dans le service de la garde nationale ou à l'occasion de ce service, sont, par leur nature ou leur gravité, du ressort des tribunaux ordinaires, comme, par exemple, le refus réitéré de service dans le cas prévu par l'article 92 de la loi, les voies de fait, etc., qui sont du ressort de la juridiction correctionnelle.

XLI. *Compétence à raison des peines.* — Les conseils de discipline ne peuvent prononcer d'autres peines que celles qui sont déterminées par les articles 84 et 114 de la loi. Ils ne peuvent non plus appliquer ces peines dans une autre proportion ni dans d'autres cas que ceux qui ont été prévus et fixés par les articles 85, 86, 87, 88, 89, 90 et 114.

En conséquence, il y aurait excès de pouvoir et violation de la loi,

Si un conseil infligeait des gardes hors de tour, peines qu'il n'appartient qu'aux chefs de corps de prononcer (*C.* 18 *février* 1832 ; *J. O.* 1832, p. 80);

S'il condamnait à une amende hors les cas prévus par les articles 84 et 114 (*C.* 27 *juin* 1835 ; *Rec. d'arr.*)

Si, dans les circonstances où l'article 84 permet de commuer la prison en une amende, qui est une peine pécuniaire, il substituait à cette pénalité celle de journées de travaux en nature (*C.* 21 *septembre* 1833 ; *J. O.* 1833, p. 395);

Si, au lieu de l'amende de 5 francs édictée par l'article 114 à l'égard des membres du conseil absents sans excuse valable, le conseil prononçait une autre peine, telle, par exemple, que le blâme ou la réprimande (*C.* 22 *mars* 1833 et 5 *septembre* 1840 ; *J. O.* 1833, p. 206, et 1840, p. 69);

S'il infligeait à un garde national, auteur d'un trouble

survenu à l'audience, une peine autre que celle qu'un conseil de discipline peut prononcer.

TITRE VII.

PROCÉDURE (1).

XLII. Les conseils de discipline ne peuvent se saisir eux-mêmes de la connaissance des fautes de discipline. Il faut qu'il soient saisis par le renvoi du rapport, procès-verbal ou plainte qui peut donner lieu au jugement. (*Loi, art* 110.)

Les conseils peuvent aussi être saisis de la connaissance d'une affaire par le renvoi que leur en fait la cour de cassation, sur l'annulation d'un jugement.

XLIII. Le renvoi des rapports, procès-verbaux ou plaintes, doit être fait par le chef de corps : c'est à lui que ces diverses pièces doivent être adressées.

Par *chef de corps*, il faut entendre le colonel, dans les légions ; le chef de bataillon, dans les bataillons ; le capitaine commandant, pour les conseils institués pour une ou plusieurs compagnies formées dans une même commune, et non réunies en bataillon.

XLIV. La loi du 22 mars 1831, en disposant par son article 110 que les conseils de discipline seront saisis, par le renvoi que leur feront les chefs de corps, de tous les rapports, procès-verbaux ou plaintes constatant les faits qui peuvent donner lieu à jugement, interdit par

---

(1) Les matières contenues aux titres VII, VIII et IX sont extraites de la loi du 22 mars 1831 et de l'instruction ministérielle du 25 octobre 1831 (*Journal officiel des Gardes nationales* 1831, pages 323 et suivantes). Les divers modèles des lettres de convocation, des citations, des jugements, significations, etc., etc., se trouvent au même Journal officiel, volume de 1831 pages 339 à 348.

cela même aux conseils de se saisir eux-mêmes, et fait le chef de corps juge de l'opportunité des poursuites.

Ainsi, le chef de corps, chargé de la direction du service et investi du droit d'examiner les rapports constatant les contraventions disciplinaires qui lui sont remis par ses subordonnés, a la faculté de faire une préalable appréciation de ce qu'il convient de renvoyer au conseil. Cette faculté lui est laissée, afin que les gardes nationaux ne soient pas mis en prévention pour des fautes excusables ou légères, que l'avertissement ou la censure du chef réprime suffisamment, et dont le jugement, inutile à l'exemple, servirait plus à relâcher qu'à fortifier la discipline. (*Instr du* 25 *octobre* 1831 et *jurisprudence constante de la cour de cassation.*)

XLV. Pour que les chefs de corps soient complétement dessaisis du droit discrétionnaire, qu'ils tiennent de la loi, de poursuivre ou de ne pas poursuivre la répression disciplinaire des infractions dénoncées dans les plaintes ou rapports, il faut que le renvoi fait par eux aux conseils de discipline ait été suivi de citations valables.

Il suit de là que si, nonobstant une citation faite par suite de renvoi du chef de corps, l'affaire a été renvoyée à un autre jour, et si la citation n'a pas été renouvelée, le chef de corps reste encore le maître de retirer sa plainte pour user, à l'égard du manquement imputé au garde national, du pouvoir à lui conféré par l'article 83 de la loi, lequel pouvoir échappe à la juridiction du conseil de discipline. (*C.* 30 *janvier* 1840 ; *J. O.* 1840, p. 11.)

XLVI. Il y a présomption légale que le conseil a été régulièrement saisi par le renvoi du rapport, base de la prévention, si le fait de la transmission dudit rapport n'a pas été combattu par une allégation contraire devant le conseil. (*C.* 21 *août* 1834 ; *J. O.* 1834, p. 213.)

XLVII. Les rapports, procès-verbaux ou plaintes, doivent être transmis au rapporteur du conseil, avec une lettre d'envoi signée du chef de corps. Cet acte est nécessaire pour établir que le conseil est régulièrement saisi.

Le secrétaire du conseil doit inscrire ces pièces à mesure des réceptions, et par ordre de dates et de numéros, sur un registre-journal qu'il doit tenir à cet effet (*Loi, art.* 111), et qui doit être paraphé, par première et dernière, par le maire de la commune où siége le conseil.

XLVIII. D'après le nombre et l'urgence des affaires à juger, le rapporteur requiert le président du conseil d'en convoquer les membres. (*Loi, art.* 113.)

Il importe qu'en général il ne s'écoule point plus de dix jours entre l'envoi des pièces par le chef du corps et le jugement qu'elles devront provoquer. L'application d'une peine produit d'autant plus d'effet, et pour la répression et pour l'exemple, qu'elle suit de plus près la faute commise.

Sur la réquisition du rapporteur, le président du conseil convoque le conseil, et indique le jour de la séance.

XLIX. Bien que la loi ait statué que le conseil de discipline doit être convoqué par le président, elle ne défend point à ce dernier de faire notifier la convocation aux membres du conseil par le secrétaire. (*C.* 24 *mai* 1834; *J. O.* 1834, p. 188.)

L. De ce que le droit de convoquer le conseil de discipline n'appartient qu'au président (*art.* 113), il n'en résulte pas que les actes d'un conseil convoqué par l'autorité municipale, et dont la composition a été légalement faite, doivent être annulés. (*C.* 30 *janvier* 1835; *J.O.* 1835, p. 153.)

LI. Le rapporteur doit faire citer l'inculpé à la plus prochaine séance du conseil. (*Loi, art.* 111.)

La citation doit être signée du rapporteur, et indiquer la contravention imputée à l'inculpé et la séance où il sera jugé.

Le délai pour la comparution ne peut être moindre de vingt-quatre heures. Il est à désirer qu'en général il n'excède pas trois jours.

La citation doit être portée au domicile de l'inculpé par un agent de la force publique. (*Loi, art.* 111.)

Le porteur de la citation doit constater sur la copie et l'original la date de la remise. La copie est laissée à l'inculpé, et l'original rapporté au secrétaire, qui en prend date pour la séance indiquée.

LII. Au jour et à l'heure fixés par la lettre de convocation, les membres du conseil doivent se rendre en uniforme au lieu des séances, les officiers avec le hausse-col, les sous-officiers et gardes avec le sabre.

Le membre du conseil qui prévoirait ne pouvoir y assister devrait en prévenir, à l'avance, le président du conseil, afin qu'un autre fût convoqué à sa place.

Celui qui, sans excuse valable, ne se présente pas, est condamné à cinq francs d'amende. (*Loi, art.* 114.)

Le membre absent est remplacé par l'officier, sous-officier, ou garde national qui devra être appelé immédiatement après lui dans l'ordre du tableau. (*Ibid.*)

Dans un conseil de discipline formé pour les gardes nationales de plusieurs communes, le juge remplaçant doit être pris dans la commune où siége le conseil, et d'après l'ordre du tableau. (*Ibid.*)

LIII. La loi du 22 mars n'a rien réglé expressément pour le remplacement des rapporteurs ou secrétaires des conseils de discipline empêchés temporairement.

Dans ce silence de la loi, on a dû se guider sur ce qui se pratique dans les tribunaux ordinaires.

En cas d'absence des procureurs de la République, c'est par un des juges que sont remplies les fonctions du ministère public, conformément à la loi du 27 nivôse an VIII, sur l'organisation des tribunaux, article 26, et au Code d'instruction criminelle, article 26.

Le rapporteur d'un conseil de discipline peut donc être remplacé temporairement par l'un des juges.

Quant au secrétaire, il peut être suppléé par un garde national.

Ce garde national serait, dans ce cas, assimilé au commis-greffier que les greffiers des tribunaux de simple police peuvent s'adjoindre comme suppléant. (*Loi relative aux justices de paix, du 18 floréal an x, art. 12.*)

LIV. L'inculpé comparaît en personne, ou par un fondé de pouvoirs. Dans ce dernier cas, la procuration doit être spéciale.

L'inculpé peut être assisté d'un conseil. (*Loi, art. 115.*)

LV. Si l'inculpé ne comparaît pas au jour et à l'heure fixés par la citation, il est jugé par défaut.

La notification de ce jugement est faite et constatée dans les mêmes formes que la citation. (*Voyez*, plus haut, n° LI.)

Il peut être formé opposition à ce jugement dans les trois jours de la notification.

Cette opposition peut être faite au secrétariat du conseil, ou par déclaration, au bas de la signification du jugement.

L'opposant doit être cité à la plus prochaine séance du conseil

S'il n'a pas été formé opposition dans le délai ci-dessus, ou si l'opposant, régulièrement cité, ne comparaît pas à

la séance indiquée, le jugement par défaut devient définitif (*Loi, art.* 116.)

LVI. Dans les jugements contradictoires, les débats ont
lieu dans l'ordre suivant :

1° Le secrétaire appelle l'affaire ;

2° Il est ensuite donné lecture du procès-verbal, du
rapport ou de la plainte, et des pièces à l'appui ;

3° Les témoins, s'il en a été cité par le rapporteur ou
l'inculpé, sont entendus ;

4° Le prévenu, son conseil et son fondé de pouvoirs
sont entendus ;

5° Le rapporteur résume l'affaire et donne ses conclusions ;

6° L'inculpé ou son fondé de pouvoirs et son conseil
peuvent proposer leurs observations ;

7° Le conseil délibère en secret et hors la présence du
rapporteur, et le président prononce le jugement.

LVII. Le texte de la loi dont le conseil fera l'application devra être lu à l'audience par le président ; il sera
fait mention de cette lecture dans le jugement, et le texte
de la loi y sera inséré. (*Code d'instr. crim., art.* 195.)

Tout jugement de condamnation contiendra aussi,
dans son dispositif, les faits dont les gardes nationaux
sont jugés coupables, et la peine infligée. (*Ibid.*)

Chaque jugement doit contenir les noms et grades de
ceux qui ont concouru à le rendre.

Le jugement doit être signé par le président et les juges
dans les vingt-quatre heures : le secrétaire ne peut délivrer d'expédition d'un jugement avant qu'il soit signé.
(*Code d'instr. crim., art.* 196.)

LVIII. Si l'inculpé récuse un ou plusieurs juges, il doit
le faire immédiatement après l'appel de la cause. Le conseil statue ; si la récusation est admise, le président ap-

pelle, dans les formes indiquées ci-dessus, n° LII, les juges suppléants nécessaires pour compléter le conseil. (*Loi, art.* 118.)

LIX. La récusation, portée contre tous les membres d'un conseil formé suivant l'ordre du tableau, équivaut à une demande en renvoi pour cause de suspicion légitime, et le conseil n'est pas compétent pour statuer. (*C.* 14 *février* 1834 ; *J. O.* 1834, p. 178.)

LX. Si l'inculpé décline la juridiction du conseil, le conseil statue d'abord sur sa compétence.

Si le conseil se déclare incompétent, il renvoie l'affaire devant qui de droit.

S'il se reconnaît compétent, il établit sa compétence par un jugement qui contient les motifs de sa décision et passe ensuite au jugement du fond. (*Loi, art.* 118.)

LXI. L'instruction de chaque affaire, devant le conseil de discipline, est publique, à peine de nullité.

La police de l'audience appartient au président, qui peut faire expulser ou arrêter quiconque troublerait l'ordre.

L'auteur du trouble doit être jugé, séance tenante, par le conseil, s'il est garde national, et si la faute n'emporte qu'une peine que le conseil puisse prononcer.

Dans tout autre cas, il est dressé procès-verbal du délit ; le prévenu est renvoyé et le procès-verbal transmis au procureur de la République. (*Loi, art.* 117.)

Un tambour devra toujours être à la disposition du conseil, pour remplir les fonctions d'appariteur, et exécuter les ordres du président.

Le président pourra demander aussi au commandant de la garde nationale qu'un piquet soit mis à la disposition du conseil, pendant le temps des séances.

LXII. Lorsqu'il y a lieu de mettre en jugement le commandant de la garde nationale d'une commune, les rapports, procès-verbaux ou plaintes doivent être adressés au maire, qui en réfère au sous-préfet (*Loi, art.* 112); celui-ci renvoie l'inculpé, selon son grade, soit devant le conseil de légion, soit devant le conseil ordinaire.

Dans ce dernier cas, il procède à la composition du conseil de discipline, conformément à l'article 100.

LXIII. Les minutes des jugements doivent être numérotées et classées avec soin. Chaque année doit former une liasse séparée, et composer une série de numéros particulière.

Il doit être tenu exactement, par le secrétaire, un répertoire par ordre de dates et de numéros, de tous les jugements, avec table alphabétique des gardes nationaux jugés, renvoyant aux numéros des jugements.

L'observation de ces mesures d'ordre est d'autant plus essentielle que de fréquentes recherches sont nécessaires pour motiver l'application des peines de la récidive, ou le renvoi devant le tribunal correctionnel de tout garde national condamné deux fois disciplinairement, conformément aux articles 89 et 92.

Les rapporteurs devront veiller à ce que les secrétaires se conforment exactement à ces prescriptions.

TITRE VIII.

RECOURS CONTRE LES JUGEMENTS.

LXIV. Les jugements des conseils de discipline sont rendus en dernier ressort.

Ils ne peuvent être attaqués devant la cour de cassation, pour incompétence, excès de pouvoir, ou contravention à la loi. (*Loi, art.* 120.)

Le pourvoi peut être formé par le rapporteur ou par le condamné.

Le rapporteur se pourvoit d'office, ou, d'après les instructions de l'autorité supérieure, dans l'intérêt du service ou de la discipline.

Le condamné a trois jours francs pour se pourvoir. Ce délai court à partir du jour de la *notification* du jugement. (*Art.* 122.) Il est dérogé, en ce dernier point, à l'article 373 du Code d'instruction criminelle, qui fait courir le délai à partir du jour de *la prononciation* du jugement.

Mais cette dérogation n'est introduite par l'article 122 de la loi du 22 mars qu'en faveur du condamné. Le rapporteur n'en saurait réclamer le privilége, et le délai du pourvoi court pour lui du jour où le jugement a été prononcé, aux termes de l'article 373 du Code d'instruction criminelle précité.

A l'égard des jugements *par défaut*, il faut remarquer que le recours n'est ouvert par l'article 120 de la loi, que contre les jugements *définitifs*. Or, un jugement par défaut n'est *définitif* qu'après l'expiration du délai pendant lequel il peut être formé opposition, c'est-à-dire après les trois jours qui suivent la notification. Ce n'est donc qu'après que trois jours se sont écoulés depuis cette notification, et s'il n'a point été fait opposition, que le pourvoi peut être formé contre un jugement par défaut. La cour de cassation l'a ainsi jugé par divers arrêts.

LXV. La déclaration de recours doit être faite au secrétaire du conseil, faisant les fonctions de greffier, par le condamné, et signée de lui et du secrétaire; et, si le déclarant ne peut ou ne veut signer, le secrétaire en doit faire mention. (*Code d'instr. crim., art.* 417.)

L'inculpé pouvant comparaître devant le conseil par fondé de pouvoirs (*Loi, art.* 115), le condamné pourra aussi former son pourvoi par fondé de pouvoirs. Dans ce cas, la procuration devra être spéciale, et rester annexée à la déclaration de pourvoi. (*Code d'instr. crim., art. 417.*)

Le secrétaire ne peut, sous aucun prétexte, refuser de recevoir la déclaration de pourvoi.

Le secrétaire doit inscrire cette déclaration sur un registre qu'il tient à cet effet ; ce registre est public, et toute personne a le droit de s'en faire délivrer des extraits. (*Code d'instr. crim., art. 417.*)

Ce registre doit être coté et paraphé, par première et dernière, par le maire de la commune où siége le conseil.

Lorsque le recours est exercé par le rapporteur, il est inscrit sur le registre, ainsi qu'il est dit ci-dessus, et notifié à la partie contre laquelle il est dirigé dans le délai de trois jours. (*Code d'instr. crim., art. 418.*)

LXVI. Le condamné peut, soit en faisant sa déclaration, soit dans les dix jours suivants, déposer au secrétariat une requête contenant ses moyens de cassation. Le secrétaire doit lui en donner reconnaissance, et remettre sur-le-champ cette requête au rapporteur. (*Code d'instr. crim., art. 422.*)

Un délai de dix jours, à partir de la déclaration de pourvoi, étant accordé au condamné, comme il est dit au paragraphe précédent, pour déposer ses moyens de cassation, les pièces ne doivent point être transmises à la cour de cassation avant l'expiration de ce délai.

Le rapporteur du conseil doit, après les dix jours qui suivront la déclaration du pourvoi, adresser au ministre de l'intérieur, par l'intermédiaire des préfets, pour être transmis au ministre de la justice : 1° une expédition de la déclaration du pourvoi, ou extrait du registre des pourvois, ainsi que le reçu de l'amende ou les pièces en tenant lieu, si le condamné qui se pourvoit les a déposées ; 2° une expédition du jugement ; 3° les pièces du procès ; 4° les requêtes du condamné, s'il en a déposé ; 5° un inventaire des pièces, rédigé et signé par le secrétaire. (*Code d'instr. crim., art* 423.)

Toutes ces pièces doivent être cotées et paraphées par le secrétaire.

Le rapporteur peut y joindre un mémoire, s'il le juge à propos.

Indépendamment des pièces ainsi transmises par le rapporteur, le condamné peut faire parvenir directement à la cour de cassation, soit ses requêtes, soit les expéditions ou copies signifiées tant du jugement que de la demande en cassation. (*Code d'instr. crim., art.* 424.)

LXVII. L'amende à laquelle les pourvois sont assujétis, aux termes des articles 419 et suivants du Code d'instruction criminelle, est réduite au quart, en faveur des gardes nationaux. (*Loi, art.* 120.)

Ainsi, elle sera de 37 francs 75 centimes, plus le décime par franc, si le jugement contre lequel le pourvoi est formé est contradictoire ; de la moitié de cette somme, s'il est par défaut.

On est dispensé de consigner l'amende, en joignant à la demande en cassation un extrait du rôle des contributions constatant qu'on paie moins de 6 francs, ou un certificat de percepteur portant qu'on n'est point imposé, ou les pièces indiquées par le n° 2 du § 2, article 420 du Code d'instruction criminelle.

L'amende peut être consignée au bureau de l'enregistrement établi près la cour de cassation, si le garde national qui se pourvoit veut se choisir un défenseur ; autrement, il peut faire cette consignation chez le receveur de l'enregistrement du lieu de son domicile, qui ne peut refuser de la recevoir, ainsi que la cour de cassation l'a décidé par arrêt rendu le 16 août 1831, sur le pourvoi du sieur Matussier de Mercœur.

S'il n'est point justifié du dépôt de l'amende, la déchéance est encourue aux termes de la loi (1).

LXVIII. Quand il s'agit d'un jugement prononçant l'emprisonnement, le pourvoi est suspensif, et le condamné est dispensé de se mettre en état, c'est-à-dire de se constituer prisonnier. (*Art.* 120.)

TITRE IX.

EXÉCUTION DES JUGEMENTS.

LXIX. Tout jugement définitif des conseils de discipline, soit contradictoire, soit qu'ayant été rendu par défaut, il ne soit plus susceptible d'opposition, doit être notifié au garde national condamné, dans la forme et par les agents indiqués pour les citations. (*Voir* n° LI.)

Les jugements qui prononcent la réprimande, bien qu'ils s'exécutent par le prononcé même, et séance tenante, n'en doivent pas moins être notifiés avec exactitude. Comme ils doivent être pris en considération pour motiver l'application des peines de la récidive, la notification est importante pour faire courir le délai du pourvoi en cassation.

LXX. En général, et à moins d'urgence, il doit être laissé au garde national condamné à l'emprisonnement un certain délai, à partir de la notification, pour satisfaire de lui-même à la condamnation. Si le condamné ne

_____

(1) Si le demandeur succombe dans son pourvoi, il perd l'amende consignée ; dans le cas contraire, elle lui est restituée.

La restitution a lieu également si le demandeur en cassation se désiste en son pourvoi en temps utile.

se constitue pas prisonnier, il y aura lieu de recourir aux moyens de contrainte pour assurer l'exécution.

Les rapporteurs des conseils de discipline, remplissant les fonctions du ministère public, auraient qualité, aux termes de la loi du 26 août 1791, sur l'organisation judiciaire, et du Code d'instruction criminelle, pour requérir directement la force publique, afin d'assurer l'exécution des jugements disciplinaires. Toutefois, il convient qu'ils ne soient point mis en contact immédiat avec les justiciables pour l'exécution, par voies de rigueur, des condamnations prononcées.

L'exposé des motifs de la loi du 22 mars 1831 indique, d'ailleurs, que le soin d'assurer force et obéissance aux décisions des conseil doit être confié, comme par le passé, aux autorités municipale et administrative.

Les rapporteurs se borneront donc à s'assurer si les condamnés se sont ou non présentés pour subir leur peine. Les chefs de corps devront prendre des mesures convenables pour qu'un adjudant aille relever les écrous à la maison d'arrêt ou prison, et transmettre au rapporteur les renseignements nécessaires.

Si le condamné ne s'est pas constitué prisonnier, s'il n'a été formé de pourvoi ni par lui, ni par le rapporteur, ce dernier fera délivrer une expédition du jugement, dans la forme exécutoire, et signée du président et du secrétaire du conseil.

LXXI. La formule exécutoire est la même que celle des jugements de simple police. (*Loi, art.* 119.)

Cette expédition est transmise par le rapporteur au maire de la commune du domicile du condamné.

Le maire, avant de recourir aux moyens de contrainte, peut employer tous les ménagements qu'il jugera propres à amener le condamné à l'exécution volontaire du jugement.

Si le garde national refuse de se constituer prisonnier, il devra s'imputer les désagréments et les frais que pourra entraîner le mode d'exécution forcée.

Le maire remettra le jugement aux agents de la force publique, et les requerra d'en assurer l'exécution selon les formes ordinaires.

Le maire devra faire connaître au rapporteur l'exécution donnée au jugement.

LXXII. Les conseils de discipline étant assimilés aux tribunaux de simple police par leur procédure, par le caractère des contraventions dont ils connaissent, la nature et la quotité des peines qu'ils prononcent, les amendes disciplinaires se rangent naturellement dans la classe de celles de simple police.

Elles doivent, comme ces dernières, aux termes de l'article 466 du Code pénal, être appliquées au profit de la commune où la contravention a été commise.

En conséquence, un extrait de tout jugement définitif prononçant une amende doit être transmis par le rapporteur du conseil au receveur de l'enregistrement, qui procède au recouvrement de l'amende, conformément à l'article 19 de la loi du 19 décembre 1790, et en opère le versement dans la caisse communale, ainsi qu'il est prescrit par l'ordonnance du 30 décembre 1823.

LXXIII. Lorsqu'il s'agit d'un jugement prononçant la réprimande avec mise à l'ordre, le rapporteur en adresse une expédition au chef du corps, afin que celui-ci en ordonne la mise à l'ordre.

LXXIV. Tous les actes de poursuites devant les conseils de discipline, tous les jugements, recours et arrêts rendus en vertu de la loi du 22 mars 1831, sont dispensés du timbre, et enregistrés gratis. (*Loi, art.* 121.)

Les jugements doivent être enregistrés dans le délai

de vingt jours ; les citations, citations à témoins, significations de jugement, dans les quatre jours de leur date.
(*Loi du* 22 *frimaire an* VII, *art.* 20.)

Les citations et significations sont enregistrées sur original.

Les jugements sont enregistrés sur minute. (*Loi du*
28 *avril* 1816, *art.* 38.) Mention est faite de l'accomplissement de cette formalité sur les expéditions.

Les secrétaires doivent accomplir avec soin ces formalités, et les rapporteurs veillent à ce qu'elles soient
exactement remplies.

SECONDE PARTIE.

JURISPRUDENCE.

A.

Abandon des armes, de la faction, du poste.

1. Les chefs de poste peuvent punir d'une faction hors de tour tout garde national qui s'absente du poste sans autorisation. (*Loi, art.* 8ɔ.)

Peut être puni de la prison, pendant un temps qui ne peut excéder deux jours, et, en cas de récidive, trois jours, tout garde national qui, étant de service, aura abandonné ses armes ou son poste avant qu'il ne soit relevé. (*Loi, art.* 89.)

Peut être privé de son grade tout officier, sous-officier et caporal qui a abandonné son poste avant qu'il ne soit relevé. Tout officier, sous-officier et caporal privé de son grade par jugement, ne peut être réélu qu'aux élections générales. (*Loi, art.* 90.)

2. Les dispositions ci-dessus rappelées de la loi établissent nettement la différence qui existe entre l'*absence* du poste sans autorisation et l'*abandon* des armes ou du poste.

La première de ces infractions existe lorsque l'absence n'a été que momentanée, le garde national étant revenu au poste avant qu'il ne soit relevé. La répression de ce manquement au service consiste dans l'usage que le chef du poste peut faire de la faculté d'infliger une faction hors de tour, répression qui ne fait point obstacle à ce que le chef de corps ne punisse ce même manquement d'une garde hors de tour (*loi, art.* 83) ou ne renvoie le garde national devant le conseil de discipline, qui peut prononcer la réprimande ou la réprimande avec mise à l'ordre.

Toutefois une disposition de la loi du 14 juillet 1837, *spéciale au département de la Seine*, y autorise une répression plus sévère de l'absence momentanée du poste sans autorisation. Elle assimile ce manquement à un refus de service, ce qui permet de le réunir à un autre manquement à un service d'ordre et de sûreté et d'appliquer la peine de la prison.

Voici les termes de la loi du 14 juillet 1837, article 20 : *L'arrivée tardive au poste, l'absence du poste sans autorisation, et l'absence autorisée, prolongée au delà du terme fixé, pourront être considérées et punies comme refus de service.*

Mais, on le répète, jusqu'ici cette loi n'est applicable qu'aux gardes nationales du département de la Seine.

Il y a abandon du poste lorsque le garde national qui s'est absenté sans autorisation ne revient point au poste avant qu'il ne soit relevé.

3. L'absence prolongée du poste avec ou sans autorisation, mais suivie de la rentrée au poste avant le défilé, doit être distinguée de l'abandon du poste proprement dit, en ce qui concerne la pénalité.

L'absence du poste, telle qu'elle vient d'être spécifiée, ne peut seule donner lieu à l'application de l'article 89, sans excès de pouvoir et sans violation de loi.

Quant à la répression dont elle est susceptible, elle est punissable, soit d'une faction hors de tour, soit, si l'absence s'est prolongée de manière à paralyser l'exercice du pouvoir conféré à cet égard au chef de poste, d'une garde hors de tour infligée par le chef de corps, soit enfin de la peine de la réprimande prononcée par le conseil de discipline. (*C. 8 novembre* 1838; *J. O.* 1838, p. 97.)

4. La faction hors de tour, commandée par le chef de poste au garde national qui a abandonné le poste pendant la nuit, ne fait pas obstacle à l'exercice du droit du chef de corps de renvoyer devant le conseil de discipline le garde national qui s'est

rendu coupable de cette grave infraction. (*C. 24 novembre 1836; Rec. d'arr.*)

5. L'arrivée ou la rentrée tardive au poste, comme l'absence du poste sans autorisation, peut être considérée, suivant les circonstances, comme un manquement à un service d'ordre et de sûreté; mais, dans ce cas même, il n'est punissable que d'une garde hors de tour ou, s'il y a poursuite devant le conseil de discipline, que de la peine portée en l'article 85 de la loi du 22 mars 1831, c'est-à-dire de la réprimande.

Pour qu'il puisse être fait dans l'espèce application de l'article 89, il faut que, à cette arrivée ou rentrée tardive au poste, se joigne un manquement antérieur à un service d'ordre et de sûreté. (*C. 20 juillet 1838 ; J. O. 1838, p. 67.*)

6. Le garde national qui s'absente du poste pendant un temps plus ou moins long, mais qui y revient avant la relevée de la garde, ne peut être considéré comme ayant abandonné le poste.

En conséquence, il n'est punissable soit : 1° que d'une faction hors de tour, aux termes de l'article 82 de la loi du 22 mars, si sa rentrée au poste permet de la lui infliger; 2° soit, à défaut, que d'une garde hors de tour par le chef de corps, conformément à l'article 83 ; 3° enfin que de la réprimande, d'après les articles 85 et 88 combinés, s'il est renvoyé devant le conseil de discipline.

Dans aucun cas, il ne peut lui être fait, par le conseil de discipline, application de l'article 89, c'est-à-dire de la prison, sans violation formelle de la loi. (*C., chambres réunies, 24 avril 1839; J. O. 1839, p. 144.*)

7. L'absence du poste est du ressort des conseils de discipline, qui doivent qualifier et juger le délit suivant les distinctions établies par les articles 84 et suivants de la loi du 22 mars 1831.

Le conseil saisi de cette infraction ne peut, sans commettre un déni de justice, renvoyer le prévenu à la discipline du chef de corps. (*C. 25 janvier 1833 ; J. O. 1833, p. 151.*)

8. L'article 82, qui punit d'une faction hors de tour le garde national qui s'est absenté du poste sans autorisation, n'est point applicable aux sous-officiers et aux caporaux, lorsqu'ils se rendent coupables de cette faute, mais bien l'article 89, § 3.

De plus, il appartient au conseil de discipline de qualifier la nature de l'absence lorsqu'elle est trop prolongée, et de décider si cette absence a eu le caractère d'un véritable abandon. Dans ce cas la peine de l'emprisonnement et de la privation du grade peut être légalement appliquée. (*C.* 21 *novembre* 1833 ; *J. O.* 1834, p. 120.)

9. D'après l'article 20 de la loi du 14 juillet 1837 (spéciale au département de la Seine), l'absence du poste, sans autorisation, pouvant être considérée par les conseils de discipline comme refus de service d'ordre et de sûreté, il en résulte que cette absence du poste, si elle a été précédée d'un manquement à un service d'ordre et de sûreté, suffit pour entraîner l'application de la peine de la prison, aux termes de l'article 89 de la loi du 22 mars 1831.

Il n'est point nécessaire, dès lors, d'examiner si, dans l'espèce, et pour qu'il y ait lieu de prononcer la prison, le prévenu s'est rendu coupable de désobéissance et d'insubordination en même temps que de l'abandon du poste. (*C.* 4 *août* 1838 ; *J. O.* 1839, p. 69.)

10. En aucun cas, le juge de l'infraction ne peut y appliquer une peine autre que celle que la loi prononce pour sa répression.

Les dispositions des articles 82 et 89 de la loi du 22 mars 1831 ne permettent point de confondre l'absence du poste momentanée sans autorisation, et l'abandon des armes et du poste.

Or, aux termes de l'article 89 précité, l'abandon des armes ou du poste est seul puni de la peine de l'emprisonnement.

Quant à l'absence du poste, elle n'entraîne, d'après l'article 82, qu'une garde hors de tour.

Bien que la loi du 14 juillet 1837, spéciale à la garde nationale du département de la Seine, ait déclaré (*art.* 20) passibles des peines portées en l'article 89 de celle du 22 mars les manquements aux réunions pour inspection d'armes, ainsi que l'arrivée tardive au poste et l'absence du poste, elle n'a point dérogé toutefois au principe de l'article 89 précité, qui exige un double manquement à un service d'ordre et de sûreté pour que la peine de la prison puisse être appliquée.

Dès lors, le conseil de discipline qui condamne à la prison un garde national, prévenu de s'être absenté du poste à l'appel de nuit et de n'y être rentré qu'à six heures du matin (*ce qui ne constitue dans tous les cas qu'un seul et premier manquement*), fait tout à la fois une fausse application de l'article 20 de la loi du 14 juillet 1837, et viole l'article 89 de la loi du 22 mars 1831. (*C.* 30 *décembre* 1843; *J. O.* 1843, p. 234.)

11. Le garde national qui s'est présenté au poste a accepté le service. S'il quitte le poste avec permission limitée du chef, il doit y revenir sous peine d'abandon du poste. (*C.* 21 *février* 1833; *J. O.* 1833, p. 177.)

12. Le délit d'abandon du poste prévu par l'article 89 de la loi du 22 mars 1831, doit s'entendre en ce sens que le garde national qui a quitté son poste n'y est pas rentré ou a prolongé son absence de manière à se soustraire aux peines que le chef de poste a le droit d'infliger, dans le cas d'absence sans son autorisation.

Ce n'est que dans ce cas seulement qu'il y a lieu d'appliquer la prison, sous peine d'excès de pouvoir et de violation de la loi. (*C.* 30 *juillet* 1835; *J. O.* 1835, p. 256.)

13. L'abandon du poste s'entend du fait du garde national qui abandonne le corps-de-garde sans autorisation, aussi bien que du fait d'avoir abandonné la faction. (*C.* 21 *février* et 25 *janvier* 1833; *J. O.* 1833, p. 151 et 177.)

14. Un garde national, factionnaire ou autre, qui a quitté le poste sans permission et n'a pas reparu, peut être déclaré coupable d'avoir abandonné son poste et condamné à la prison, par application de l'article 89 de la loi du 22 mars 1831, l'article 82 n'étant applicable qu'à l'absence momentanée. (*C.* 3 *décembre* 1831; *Rec. d'arr.* et *J. O.* 1832, p. 39.)

15. Le garde national convaincu de ne s'être pas rendu au poste pendant la nuit, dans deux gardes, a commis un double manquement à un service d'ordre et de sûreté, et est passible de la prison, aux termes de l'article 89. (*C.* 29 *septembre* 1832 ; *Rec. d'arr.*)

16. S'il est constaté par le jugement que le prévenu s'était rendu en armes et en uniforme au poste pour y monter sa garde et que, sur une observation à lui faite, il a abandonné ledit poste et n'y a plus reparu, ce fait, ainsi caractérisé, étant de nature à porter une atteinte grave à la discipline, suffit pour motiver l'application de l'article 89. (*C.*29 *août* 1834;*J. O.* 1834, p. 215.)

17. L'abandon du poste par un garde national de service est punissable de la prison d'après l'article 89, n° 3 ; et il importerait peu, dans l'espèce, que le jugement ne citât et ne transcrivît que le n° 1er dudit article, lequel n'est relatif qu'à la désobéissance ou à l'insubordination et au double refus de service d'ordre et de sûreté, attendu que l'erreur dans la citation du texte de la loi n'est point un motif d'annulation, dès que la peine prononcée est celle qui est légalement applicable au fait déclaré constant par le jugement. (*C.* 26 *décembre* 1840 ; *J. O.* 1840, p. 110.)

18. La peine de l'emprisonnement est facultative d'après l'article 89; et le conseil de discipline, dans le cas d'abandon du poste, délit prévu par cet article, peut, sans violer la loi, le punir d'une peine moins grave que celle de la prison. (*C.* 3 *janvier* 1834; *J. O.* 1834, p. 146; 15 *mai* 1835; *Rec. d'arr.*)

19. Le jugement qui statue contradictoirement sur l'opposition à un jugement par défaut qui a condamné un garde national à 48 heures de prison pour abandon du poste, suivant le cas prévu à l'article 89 de la loi du 22 mars 1831, doit spécifier en quoi consiste la contravention imputée audit garde national ; en d'autres termes, s'il a, soit quitté le poste avant d'avoir été relevé, de manière à ce que son absence puisse être

assimilée à l'abandon du poste, qualifié par l'article 89 précité ; soit abandonné ses armes pendant une faction ou un service commandé, soit enfin laissé seulement ses armes au poste.

Le jugement qui se bornerait, dans l'espèce, à opposer aux moyens de défense présentés par le garde national que *ses explications n'ont point été admises par le conseil de discipline*, et qui maintiendrait la condamnation prononcée par défaut, serait nul pour défaut de motifs, une réponse ainsi libellée ne fournissant aucune lumière sur la nature de la contravention poursuivie, et ne pouvant dès lors être admise comme justifiant légalement l'application de la peine de la prison. (*C*. 14 *janvier* 1848 ; *J. O.* 1848, p. 278.)

Absence (Voir ABANDON DU POSTE, DOMICILE).

1. L'absence du garde national de la commune de son domicile est un motif de dispense temporaire, à l'égard de laquelle le conseil de recensement en premier ressort, et, en appel, le jury de révision, sont exclusivement compétents pour statuer, aux termes des articles 25 et 29 de la loi du 22 mars 1831.

2. Pour que cette absence couvre de plein droit le manquement au service, il faut qu'une dispense temporaire ait été accordée par le conseil de recensement ou, en suite d'un pourvoi, par le jury de révision. (*C*. 31 *déc.* 1841 ; *J. O.* 1841, p. 156.)

3. Si pour les tours de service ordinaire, le garde national est obligé de prévenir à l'avance ses chefs de son absence, il n'en peut être de même lorsqu'il s'agit d'un service commandé extraordinairement, selon les besoins de l'ordre public.

Mais, en cas de manquement à un service de cette nature, le garde national est tenu de justifier, par témoins ou par preuves écrites, de la réalité de son absence, devant le conseil de discipline, auquel il appartient, comme juge du fait, de statuer sur l'excuse proposée.

Il est également nécessaire que les certificats soient produits avant le jugement, afin de pouvoir être, s'il y a lieu, contredits par le ministère public et appréciés par le conseil de discipline. (*C.* 3o *mars* 1838; *J. O.* 1838, p. 41.)

4. Couvre également le manquement, mais seulement pour un service déterminé et à un jour fixé, la dispense donnée à un garde national par son supérieur. Le droit d'accorder, dans ce cas, une dispense de service appartient de préférence au chef de corps; mais, quel que soit le supérieur hiérarchique qui ait autorisé l'absence, le garde national ne peut être poursuivi sous le prétexte que le chef aurait excédé ses pouvoirs. Ce dernier seul pourrait être traduit devant la juridiction disciplinaire. (*C.* 6 *juillet* et 29 *août* 1833; *J. O.* 1833, p. 269 et 366.)

5. L'absence, dont parle l'article 29 de la loi, comme étant une cause de dispense temporaire sur laquelle il n'appartient qu'aux conseils de recensement et aux jurys de révision de statuer, s'entend d'une absence du domicile assez prolongée pour que les ordres de service ne puissent être connus du garde national lorsqu'ils lui sont adressés.

Il n'en est pas de même de la simple absence du service pour lequel le garde national a été commandé et dont il a eu connaissance. Dans ce cas c'est le conseil de discipline qui est juge du fait; c'est à lui qu'il appartient d'apprécier les preuves de l'absence, sa durée et toutes les circonstances qui s'y rattachent, sous le point de vue du manquement au service. (*C.* 8 *décembre* 1837; *J. O.* 1838, p. 35.)

6. A défaut d'une dispense temporaire de service régulièrement obtenue pour cause d'absence, le conseil de discipline, en cas de manquement au service, a le droit et le devoir, nonobstant l'exception tirée d'une absence *constatée* au moment où les ordres de service ont été transmis, d'examiner non-seulement si cette absence est *dûment* constatée, mais encore quelle en a été la durée, à quelle distance elle a eu lieu, et quels en ont été les motifs, sans qu'il puisse être opposé contre ce conseil, s'il venait à condamner, qu'il était incompétent pour apprécier les motifs de l'absence dont il s'agit. (*C.* 22 *octobre* 1840; *J. O.* 1840, p. 102.)

7. Lorsqu'il est reconnu constant que le prévenu était
absent de la commune au moment où l'ordre de service lui a
été adressé, le conseil doit examiner les causes de l'absence,
afin de reconnaître si elles ont été légitimes et si elles peuvent
excuser le manquement.

Le conseil qui, nonobstant la constatation du fait de l'absence, repousserait le moyen de défense proposé sur ce point,
sur le motif que le règlement de service n'*admet point d'excuse
pour les manquements au service, sous quelque prétexte que ce
soit, hors le cas de maladie dûment constatée*, méconnaîtrait
et violerait l'article 29 de la loi en limitant ainsi au seul cas de
maladie l'excuse pour un manquement à un service obligatoire. (*C.* 22 *novembre* 1839; *J. O.* 1839, p. 192.)

8. La simple offre faite par le prévenu devant le conseil
de discipline, de prouver son absence au moment de l'ordre de
service, sans production de témoins et sans indication de leurs
noms, n'oblige pas le conseil à s'y arrêter. (*C.* 17 *mars* 1832;
Rec. d'arr.)

9. Le citoyen inscrit sur les contrôles de la garde nationale
d'une commune y doit le service nonobstant tout changement
de domicile, au moins provisoirement jusqu'à sa radiation,
laquelle ne peut être prononcée que par l'autorité administrative et non par le conseil de discipline. (*C.* 17 *mars* et 1er *juin*
1832 ; *Rec. d'arr.*)

Abus d'autorité.

Doit être puni des arrêts ou de la prison, selon la gravité du
cas, tout officier qui, étant de service, s'est rendu coupable
d'un abus d'autorité. (*Loi, art.* 87).

Action disciplinaire.

Le recours devant le jury de révision n'arrête point le cours
de l'action disciplinaire, quand ce recours est fondé sur des
faits ou des motifs qui n'ont rien de personnel au prévenu,

comme par exemple pour irrégularité dans les formes de l'élection des membres du conseil de discipline, ou pour défaut de droit de l'un d'eux d'être porté sur les listes de recensement. (*C.* ; *J. O.* 1832, p. 219.)

Action publique.

L'action publique pour la répression des infractions à la discipline de la garde nationale est soumise, à défaut d'une disposition spéciale dans la loi du 22 mars 1831, à la prescription déterminée par l'article 640 du Code d'instruction criminelle, c'est-à-dire qu'elle est prescrite après une année révolue.

Ainsi, lorsque le premier refus de service a eu lieu à une époque antérieure de plus d'un an au refus itératif, il n'y a point lieu d'appliquer à la dernière infraction la pénalité de l'article 89 de la loi. Autrement le jugement violerait cette loi ainsi que l'article 640 du code précité. (*C.* 22 *août* 1834 ; *J. O.*, p. 220.) Voir PRESCRIPTION.

Adjoint au maire (Voir MAIRE, AUTORITÉ MUNICIPALE).

Adjudants-majors.

1. De la combinaison des articles 50, 51, 57, 97 et 105 de la loi, il résulte que les seuls officiers qui peuvent être appelés à faire partie des conseils de discipline sont : les chefs de bataillon, les capitaines, les lieutenants et les sous-lieutenants, tous élus par les gardes nationaux; d'où il suit que les capitaines adjudants-majors, qui sont à la nomination de l'autorité, ne peuvent faire partie du tableau des juges. (*C.* 30 *juin* et 15 *septembre* 1832 ; *J. O.* 1832, p. 186 et 277.)

2. Les adjudants-majors ne pouvant siéger comme juges dans les conseils de discipline ne sont pas justiciables de ces conseils. (*Décis. minist.*; *J. O.* 1832, p. 275.)

La répression disciplinaire est déterminée en ce qui les concerne, mais seulement pour le département de la Seine, par l'article 21 de la loi du 14 juillet 1837. Pour les autres départements, la répression des fautes graves ne semble pouvoir consister que dans l'emploi judicieux de mesures administratives, telles que la suspension ou la révocation.

3. Il n'entre point dans les devoirs de service ni dans les attributions de l'adjudant-major de relever les écrous, non plus que de faire exécuter les jugements des conseils de discipline, ces deux fonctions étant dans les attributions du rapporteur. (*C.* 16 *janvier* 1834; *J. O.* 1834, p. 147.)

4. Les dispositions de l'article 78 de la loi du 22 mars 1831, aux termes duquel tout garde national, commandé pour le service, doit obéir, sauf à réclamer, s'il s'y croit fondé, devant le chef de corps, sont générales et absolues; d'où il suit que le garde national commandé de service par un officier en chef ne peut discuter la mesure des pouvoirs en vertu desquels a agi cet officier.

Dès lors, le garde national commandé de garde par un billet signé par l'*adjudant major* est tenu d'obtempérer à cet ordre.

Par suite aussi, le conseil de discipline qui déciderait, dans l'espèce, que le garde national peut se dispenser d'obéir par le motif qu'un adjudant-major n'a pas qualité pour signer un billet de garde, violerait les dispositions formelles de l'article 78 ci-dessus rappelé. (*C.* 10 *juin* 1842; *J. O.* 1842, p. 181.)

Adjudants-sous-officiers.

1. L'adjudant sous-officier est nommé par le chef de légion ou de bataillon. (*Loi, art.* 57.)

Cette disposition doit être entendue en ce sens que la nomination appartient au colonel, pour la garde nationale organisée en légion communale, et au chef de bataillon, pour les gardes nationales qui ne forment qu'un bataillon soit communal, soit cantonal.

2. Les seuls sous-officiers élus en conformité des articles 50 et 51 de la loi, pouvant être appelés pour la formation des

conseils de discipline, les adjudants sous-officiers, qui sont à la nomination exclusive des chefs de corps, n'ont pas qualité pour en faire partie. (*C. 9 mars* 1832 ; *J. O.* 1832, p. 106.)

3. La reconnaissance, qui doit être faite en présence du maire par la garde nationale assemblée sous les armes (*art.* 59 *de la loi du 22 mars* 1831), n'étant exigée que pour les officiers seulement, il s'ensuit que l'accomplissement de cette formalité n'est point obligatoire pour les adjudants sous-officiers.

L'adjudant sous-officier régulièrement nommé par le chef de corps, et dont la nomination a été dûment notifiée dans un ordre du jour de ce dernier, doit être considéré comme étant dans l'exercice de ses fonctions toutes les fois qu'il s'occupe des détails du service dans le bataillon auquel il est attaché.

Par suite, les injures qui lui sont adressées à ce sujet doivent être réputées lui avoir été faites dans l'exercice ou à l'occasion de l'exercice de ses fonctions et, comme telles, sont justiciables du conseil de discipline. (*C.* 21 *septembre* 1844 ; *J. O.* 1848, p. 216.)

Administrateurs ou Agents commissionnés des services de terre et de mer.

1. Ces administrateurs ou agents commissionnés, en activité, ne sont pas appelés au service de la garde nationale. (*Loi, art.* 12.)

2. Cette dispense s'applique aux agents entretenus du service des vivres (*Décis. minist.*); elle comprend les pilotes lamaneurs. (*Décis. minist.* 5 *janvier* 1833 ; *J. O.* 1833, p. 83.

3. Ne sont pas compris dans la dispense les commis et employés des bureaux de la marine, au dessous du grade de sous-commissaire. (*Loi, art.* 12.)

4. Les commissaires et sous-commissaires de marine employés dans les bureaux du ministère de la marine font partie des administrateurs des services de mer, et sont compris dans l'exception portée par la loi en faveur de ces derniers. (*C.* 28 *septembre* 1833 ; *J. O.* 1834, p. 33.)

5. Les exceptions établies par l'article 12 de la loi sont péremptoires et peuvent être présentées en tout état de cause. (*Même arrêt.*)

Age.

1. Tous les Français âgés de 20 à 60 ans sont appelés au service de la garde nationale dans le lieu de leur domicile réel. (*Loi, art.* 9.)

2. Au mois de janvier de chaque année, le conseil de recensement doit inscrire au registre matricule les jeunes gens qui sont entrés dans leur vingtième année pendant le cours de l'année précédente. Toutefois le service n'est pas exigé d'eux avant l'âge de 20 ans accomplis. (*Loi, art.* 17.)

L'obligation de se faire inscrire sur les contrôles de la garde nationale, imposée par la loi du 14 juillet 1837, article 2, aux citoyens domiciliés dans le département de la Seine, ne court, pour les Français âgés de moins de 21 ans, que du jour où ils ont satisfait à la loi du recrutement.

3. Les conseils de recensement doivent également, au mois de janvier, rayer des contrôles les citoyens entrés dans leur soixantième année pendant le cours de l'année précédente, *lorsqu'ils en ont fait la demande formelle. (Art.* 17 *de la loi du* 22 *mars* 1831, *modifié par la loi du* 30 *avril* 1846.)

Avant que la loi du 30 avril 1846 n'eût fixé le véritable sens de la disposition relative à la radiation des sexagénaires, l'article 17 avait servi, dans quelques occasions, de prétexte pour contester aux gardes nationaux, âgés de soixante ans, le droit de participer aux élections, d'être élus à un grade et de faire partie des conseils de discipline. La loi du 30 avril 1846 a fait justice d'une telle prétention, que la Cour de cassation et l'administration avaient déjà repoussée, et qui ne tendait à rien moins qu'à transformer en exclusion la faculté accordée aux sexagénaires de cesser le service de la garde nationale.

4. Il ne faudrait pas conclure des termes de l'article 17 de la

loi que les inscriptions ou les radiations ne puissent avoir lieu qu'au mois de janvier. Cet article veut dire seulement que c'est au mois de janvier que les conseils de recensement doivent procéder, par une opération générale, à ces radiations ou inscriptions, mais elles peuvent et doivent aussi être faites pendant tout le cours de l'année, sur la demande des intéressés, soit même d'office. (*Inst. minist.*)

5. L'article 17 de la loi du 22 mars 1831 interdit seulement d'exiger le service de la garde nationale avant l'âge de vingt ans accomplis, mais cette exemption résultant de l'insuffisance de l'âge ne constitue pas une exception péremptoire.

Dès lors, un citoyen, âgé de moins de vingt ans, qui a accepté la qualité de garde national, a pris part, à ce titre, aux élections, et de plus n'a pas réclamé sa radiation avant les ordres de service qui lui ont été transmis, doit être considéré comme légalement inscrit au contrôle du service ordinaire et comme obligé au service. (*C.* 21 *nov.* 1844; *J. O.* 1848, p. 220.)

6. Le garde national, quel que soit son grade, qui a transmis à l'autorité compétente sa démission motivée sur ce qu'il est âgé de plus de 60 ans, est, dès ce moment, dispensé du service, alors même que sa démission n'aurait point été acceptée, si, d'ailleurs, il n'est pas établi qu'elle ait été rétractée. (*C.* 27 *août* 1835; *Rec. d'arr.*)

7. Le droit de se faire rayer du registre matricule, à raison de l'âge de 60 ans, est absolu et aucun pouvoir ne peut en paralyser l'usage. Il n'existe, d'ailleurs, aucune différence à cet égard entre l'officier et le simple garde national. (*C.* 27 *mai* 1835; *J. O.* 1835, p. 230.)

8. Peuvent se dispenser du service de la garde nationale, nonobstant leur inscription, les anciens militaires qui ont cinquante ans d'âge et vingt années de service, ainsi que les gardes nationaux ayant cinquante-cinq ans. (*Loi, art.* 28.)

9. Le garde national âgé de plus de cinquante-cinq ans peut, sans commettre une infraction à la loi, se dispenser du

service commandé, s'il est constant et reconnu en fait qu'à l'époque de l'ordre de service il était en réclamation pour obtenir le bénéfice de cette dispense. Le conseil qui, sans avoir égard à cette exception, condamnerait pour manquement au service commandé, violerait la loi. (*C.* 28 *sept*. 1833; *J. O.* 1834, p. 59.)

10. Les gardes nationaux, âgés de plus de cinquante-cinq ans, pouvant se dispenser du service ordinaire nonobstant leur inscription sur le coutrôle (*article* 28 *de la loi précitée*), ont le droit de proposer cette exception devant les conseils de discipline.

Dans l'espèce, les conseils de discipline qui se déclareraient incompétents pour connaître de cette exception, qui est péremptoire, violeraient ledit article 28.

Leur devoir est d'examiner si le demandeur a réellement atteint l'âge qu'il allègue. (*C.* 15 *février* 1845; *J. O.* 1848, p. 223.)

11. Dans le cas de l'article 105 de la loi qui veut que le tableau pour la formation des conseils de discipline soit dressé par grade et par rang d'âge, l'âge ne détermine la préférence qu'entre les personnes du même grade, et non entre tous les citoyens portés au tableau. En conséquence, un conseil de discipline est régulièrement composé quoiqu'on y ait appelé un lieutenant moins âgé qu'un sous-lieutenant. (*C.* 11 *janvier* 1833; *Rec. d'arr.*)

Agent consulaire (Voir Consul).

Agent des lignes télégraphiques (Voir Télégraphe).

Agents commissionnés des services de terre et de mer (Voir Administrateurs).

Agents de la force publique (Voir aussi Citation).

1. Les citations sont portées à domicile par un agent de la force publique. (*Loi, art.* 3)

2. Les agents de la force publique en matière de poursuites disciplinaires sont :

> Les gendarmes et les gardes municipaux (*Inst. minist.* 25 *octobre* 1831 ; *J. O.* 1831, p. 325) ;
>
> Les gardes champêtres (*C.* 28 *déc.* 1832 ; *Rec. d'arr.*);
>
> Les agents de police et sergents de ville assermentés (*C.* 18 *février* et 1er *septembre* 1832; *J. O.* 1832, p. 80 et 245);
>
> Les tambours sergents de ville (*C.* 16 *mars* 1832 ; *J. O.* 1832 p. 107);
>
> Les tambours et tambours-maîtres assermentés (*C.* 7 *mars* 1834 ; *J. O.* 1834, p. 180) (dans l'espèce, les tambours n'avaient prêté serment qu'entre les mains du maire);
>
> Les huissiers, pourvu qu'il n'en résulte aucun frais à la charge des condamnés (*C.* 29 *décembre* 1832 ; *J. O.* p. 1833, 91).

3. Les fonctions d'agent de la force publique chargé de notifier les citations disciplinaires sont incompatibles avec celles de juge du conseil de discipline. Un jugement auquel aurait participé l'agent qui aurait donné la citation serait radicalement nul. (*C.* 17 *juillet* 1835; *J. O.* 1835, p. 255.)

Agents de police assermentés.

Les agents de police assermentés sont assimilés par l'article 209 du Code pénal aux agents de la force publique, et ont qualité pour notifier des citations. (*C.* 18 *février* 1832 ; *J. O.* 1832, p. 80.)

Agents subalternes de justice et de police.

Sont exceptés du service de la garde nationale. (*Loi. art.* 13.)

Alliés (Voir Parents et Alliés).

Amende.

I. L'amende peut être encourue, en matière de garde nationale, par application :

1° De l'article 84 de la loi du 22 mars 1831, lorsque, à défaut de prison ou de local pouvant en tenir lieu dans l'étendue de la juridiction du conseil de discipline, le conseil juge devoir commuer la peine de la prison en une amende d'une à dix journées de travail ;

2° De l'article 114 de la même loi, portant que, en cas d'absence, tout membre du conseil de discipline, non valablement excusé, est condamné à une amende de 5 francs par le conseil ;

3° de l'article 6 de la loi du 14 juillet 1837, qui, pour absence sans motif légitime, rend les membres des jurys de révision du département de la Seine passibles d'une amende de 5 à 15 francs, prononcée, séance tenante, par le président du jury (Voir JURY DE RÉVISION);

4° De l'article 92 de la loi du 22 mars 1831, aux termes duquel tout garde national qui, dans l'espace d'une année, a subi deux condamnations du conseil de discipline pour refus de service est, pour la troisième fois, traduit devant le tribunal de police correctionnelle, et condamné, outre l'emprisonnement, à une amende de 5 francs au moins et de 15 francs au plus, et, en cas de récidive, de 15 francs au moins et de 50 francs au plus (Voir JURIDICTION CORRECTIONNELLE);

5° De l'article 120 de la même loi relatif aux recours en cassation contre les jugements définitifs des conseils de discipline (Voir CASSATION, POURVOI);

6° Des articles 80 et 157 du Code d'instruction criminelle contre tout témoin régulièrement cité qui ne se présente pas ou ne justifie pas d'un empêchement légitime.

Amende prononcée par commutation de la peine de la prison.

II. Après avoir jugé, par un arrêt du 12 mai 1832 (*J. O.* 1832, p. 244), que la commutation de la prison en une amende, dans le cas spécifié par l'article 84 était facultative, la cour de cassation (chambre criminelle) était revenue sur cette jurisprudence en décidant, par arrêt du 16 août 1834 (*J. O.*, p. 220), que l'emprisonnement devait être commué en une amende toutes les fois que, dans la circonscription du conseil, il n'existait point de prison ni de local propre à en tenir lieu ; que le conseil qui, dans ce cas, ne prononçait pas la commutation, commettait un excès de pouvoirs et une violation de la loi. Un arrêt conforme du 3 mai 1838 (*J. O.*, p. 53) motivait la nécessité de la commutation sur ce que ce serait une aggravation de peine que d'obliger les citoyens à subir l'emprisonnement dans un local placé hors des communes sur lesquelles s'étend la juridiction du conseil.

Les divers arrêts que la chambre criminelle a rendus sur cette matière, depuis le 16 août 1834 jusqu'au 5 décembre 1845, ont tous maintenu la doctrine de la commutation obligatoire ; mais la contrariété de cette jurisprudence avec celle de l'arrêt du 12 mai 1832 et l'appui que cette dernière trouvait dans la discussion même de la loi rendaient désirable de voir fixer d'une manière définitive l'interprétation de l'article 84.

Cette solution résulte de l'arrêt qu'a rendu la cour de cassation (chambres réunies), le 5 décembre 1845, à la suite d'un pourvoi formé contre le jugement d'un conseil de discipline de la garde nationale de Paris, appelé à statuer dans l'espèce en vertu d'un arrêt de renvoi de la chambre criminelle.

Voici le texte de cet arrêt :

« A l'audience publique des chambres réunies de la cour de » cassation tenue au Palais de Justice, à Paris, le 5 décembre » 1845,

» Sur le pourvoi du nommé N....., en cassation du juge- » ment rendu le 21 janvier 1845 par le conseil de discipline » du 1er bataillon de la 2e légion de la garde nationale de Paris, » qui l'a condamné à vingt-quatre heures de prison ;

» Est intervenu l'arrêt suivant :

» Ouï par la cour, chambres assemblées, M. le conseiller » Gauthier, en son rapport ; Me Lebon, avocat du demandeur, » en ses observations, et M. le procureur général Dupin, en ses » conclusions ;

« Après en avoir délibéré;

« Attendu que l'article 84 de la loi du 22 mars 1831 sur la
« garde nationale, qui détermine quelles sont les peines que le
« conseil de discipline peut infliger, de même que les articles
« suivants qui en règlent l'application aux diverses infractions,
« ne comprend point l'amende au nombre de ces peines, et que
« ce n'est qu'exceptionnellement que le dernier paragraphe du-
« dit article, prévoyant le cas où il n'existerait ni prison ni
« local propre à en tenir lieu dans les communes où s'étend la
« juridiction du conseil de discipline, dispose qu'alors ce *con-*
« *seil pourra commuer* la prison en une amende;

« Attendu qu'une telle dérogation au système spécial de pé-
« nalité établi en cette matière ne doit pas être étendue au delà
« des termes dans lesquels elle est conçue, et que ces termes
« énoncent clairement que, dans le cas prévu par la disposition,
« et si l'infraction emporte l'emprisonnement, le conseil n'est
« pas *tenu* de commuer cette peine, mais qu'il *en a la faculté*,
« selon son appréciation des circonstances; en sorte que l'em-
« prisonnement ne cesse pas d'être la peine légale, et que le
« conseil peut aussi en maintenir l'application, sans excéder ses
« pouvoirs, et sans qu'il en résulte aggravation de la peine dans
« le sens de la loi;

« Attendu que ce texte ainsi entendu répond aux intentions
« du législateur, qui s'est proposé de pourvoir éventuellement
« à ce que l'absence de prison locale ne puisse ni compromettre
« la répression, ni la rendre trop rigoureuse, mais qu'il n'a pu
« vouloir généraliser, dans un grand nombre de communes du
« royaume dépourvues de prison, l'introduction d'une peine pé-
« cuniaire qu'il avait exclue en principe comme trop inégale
« dans ses effets répressifs pour maintenir la discipline, et
« surtout pour assurer, de la part de tous les citoyens, le service
« personnel qui forme la base essentielle de l'institution de la
« garde nationale;

« Attendu d'ailleurs que l'infraction constatée était prévue
« et punie de la peine d'emprisonnement par l'article 89 de la
« loi précitée, d'où il suit que le jugement dénoncé, en condam-
« nant le demandeur à ladite peine, a fait une juste application
« de cet article, et n'a point violé l'article 84 de la même loi;

« Par ces motifs, la cour rejette le pourvoi formé par N.....
« contre le jugement du conseil de discipline du 1er bataillon
« de la 2e légion de la garde nationale de Paris, du 21 janvier
« 1845, dont est question. »

Il demeure donc souverainement décidé que les conseils de discipline ne sont point tenus, mais bien qu'ils ont seulement la faculté de commuer la peine de la prison en une amende d'une à dix journées de travail, dans le cas où il n'existe point de prison ni de local propre à en tenir lieu dans l'étendue de leur juridiction, et que, par conséquent, cette faculté implique le droit de prononcer la peine de l'emprisonnement, *même en l'absence d'une prison*, si cette pénalité leur paraît nécessitée par les faits et les circonstances de la cause.

3. Le mot *amende*, dans l'application de l'article 84 de la loi, emporte nécessairement l'idée d'une peine pécuniaire, et le conseil qui substituerait à cette pénalité celle de journées de travaux en nature violerait la loi. (*C.* 21 *septembre* 1833 ; *J.O.* 1833, p. 395.)

4. Un conseil ne peut commuer l'emprisonnement en une amende qu'autant qu'il n'existe dans son ressort ni prison ni local pouvant en tenir lieu, et il doit constater cette circonstance dans le jugement, sous peine de nullité pour excès de pouvoirs, la commutation devant dans ce cas être considérée comme ayant été arbitrairement prononcée. (*C.* 17 *août* et 12 *octobre* 1833 ; *J.O.* 1833, p. 365, et 1834, p. 34.)

5. Un jugement viole la loi lorsque, se fondant, pour admettre la commutation de la prison en une amende, sur ce qu'il n'existe point de prison dans le ressort du conseil, il ne déclare pas la non-existence d'un local propre à en tenir lieu. (*C.* 3 *janvier* 1834 ; *J.O.* 1834, p. 145.)

6. Lorsque, par suite d'un arrêt de renvoi, un nouveau conseil de discipline est appelé à prononcer sur une affaire, la commutation de l'emprisonnement en une amende ne peut avoir lieu qu'autant qu'il n'y a aucune prison dans la circonscription du

conseil de discipline du domicile du garde national condámné.
(*C.* 23 *mai* 1835 ; *J. O.* 1835, p. 216.)

7. Un corps de garde ne peut être considéré comme un local
pouvant tenir lieu de prison, attendu que c'est un lieu spécialement destiné au séjour et à la circulation des gardes nationaux
de service, et même accessible au public, ce qui exclut l'idée
de son assimilation possible à une prison. (*C.* 26 *juillet* 1833 ;
J. O. 1833, p. 297.)

8. La peine de la prison ne peut être commuée en nulle autre
peine que celle de l'amende. (*C.* 26 *juillet* 1833 ; *J. O.* 1833,
p. 297.)

9. La loi n'ayant point dit sur quelles bases serait évalué le
prix de la journée de travail, les instructions ministérielles indiquent comme règle à suivre le tarif qui est arrêté chaque
année par le conseil général de chaque département pour la
fixation de la taxe personnelle, conformément à l'article 10 de
la loi de finances du 21 avril 1832.

10. Le recouvrement des amendes prononcées par application
de l'article 84 de la loi sur la garde nationale ne peut être poursuivi par la voie de la contrainte par corps. (*Avis du conseil
d'Etat du* 24 *avril* 1834 ; *J. O.* 1834, p. 164.)

11. Il n'appartient qu'aux conseils de discipline, et nullement
à l'officier rapporteur, dans le cas de la commutation de la
peine de la prison en celle de l'amende, de calculer le taux de
cette amende, attendu que cette appréciation suppose un examen de la culpabilité du prévenu, que les juges seuls doivent
faire. (*C.* 9 *janvier* 1835 ; *J. O.* 1835, p. 111.)

12. Une amende ne peut être prononcée que dans les seuls
cas pour lesquels elle est établie par la loi. Ainsi, elle ne saurait
être appliquée pour un simple manquement à des revues, alors
même que le règlement de service aurait autorisé cette pénalité : ce qu'il n'a pas le droit de faire. (*C.* 27 *juin* 1835 ; *Rec.
d'arr.*)

De l'amende dont peuvent être passibles les membres absents des conseils de discipline.

13. L'article 114 de la loi, par les mots *tout membre du conseil,* comprend : le président, les juges de tous grades, les rapporteurs et les secrétaires.

14. C'est au conseil à apprécier, en cas d'absence, la validité de l'excuse; mais le conseil ne pourrait déclarer légitime une absence qui n'aurait été justifiée en aucune sorte. (*C.* 16 *septembre* 1831.)

15. Il n'y aurait point motif d'excuse légitime dans ce fait que le membre absent n'aurait jamais reçu avis de son inscription au tableau des juges, le dépôt de ce tableau dans la salle des séances étant un avertissement suffisant de cette inscription. (*C.* 24 *mai* 1834 ; *J. O.* 1834, p. 188.)

16. Il n'y a pas non plus excuse valable dans ce fait que la convocation n'était pas signée du président, celui-ci pouvant la faire faire en son nom par le secrétaire du conseil. (*C.* 24 *mai* 1834 ; *J. O.* 1834, p. 188.)

17. Lorsqu'il y a absence sans excuse jugée valable, le conseil ne peut, sans violer la loi, infliger une peine autre que l'amende déterminée par l'article 114, soit, par exemple, le *blâme* ou la *réprimande.* (*C.* 22 *mars* 1833 et 5 *septembre* 1840; *J. O.* 1833, p. 206, et 1840, p. 69.)

Amnistie (Voir GRACE).

1. L'amnistie, en matière de discipline de la garde nationale, est un acte de l'autorité qui fait remise des peines disciplinaires non exécutées et qui, couvrant du voile de l'oubli les infractions non encore jugées, ne permet plus ni d'exercer des poursuites à raison de ces infractions, ni d'en tenir compte dans le jugement des nouveaux manquements au service et à la discipline qui viendraient à être commis par les mêmes gardes nationaux.

De 1816 à 1848, toutes les amnisties accordées, même en matière politique, ont été prononcées par des ordonnances ; le droit d'amnistie, ainsi que le droit de grâce, étant considéré comme un attribut de la royauté.

Mais, après le changement si considérable que la France a opéré, en 1848, dans le principe et la forme de son gouvernement, le droit d'amnistie a dû être mis en harmonie avec les institutions nouvelles.

D'après la Constitution de la République, article 55, les amnisties ne peuvent être accordées que par une loi.

Cette disposition étant générale, semble devoir recevoir son exécution en matière de discipline de la garde nationale comme en toutes autres.

Toutefois il est permis de penser que, si le législateur avait pu se préoccuper de la nécessité d'établir une distinction entre les faits auxquels il a appliqué, d'une manière générale, le principe de l'amnistie, il eût peut-être fait une réserve à l'égard des contraventions commises en matière de service de la garde nationale, et qu'à raison de leur nature toute spéciale ainsi que de leur faible importance, relativement aux autres délits commis contre la loi, il eût exceptionnellement conféré au pouvoir exécutif la faculté de les amnistier par la voie de remise générale des peines.

2. Nul n'ayant le droit de se substituer à l'autorité souveraine pour amnistier des faits soumis à l'action publique, un maire et les officiers de la garde nationale d'une commune ne peuvent décider que les fautes de discipline, antérieures à telle ou telle époque, resteront sans poursuites. (*C.* 15 *juin* 1832; *J. O.* 1832, p. 186.)

3. Il y a, par le même principe, excès de pouvoir de la part des chefs de corps qui accordent une amnistie pour des manquements au service, et de la part des conseils de discipline qui la reconnaissent et la consacrent. (*C.* 14 *avril* 1832; *J. O.* 1832, p. 161.)

4. Après une amnistie, il n'y a lieu de statuer sur les pourvois

formés par les rapporteurs contre les jugements relatifs aux faits amnistiés, et la cour de cassation déclare ces pourvois non avenus.

Quant aux pourvois formés par les gardes nationaux contre les jugements prononçant des condamnations pour les faits auxquels l'amnistie est applicable, la cour de cassation déclare que les demandeurs sont dans les termes de l'amnistie, et ordonne que les jugements seront considérés comme nuls et non avenus, ainsi que les poursuites. (*C.* 27 *juillet* 1832.)

Ce serait vainement que le demandeur en cassation déclarerait qu'il renonce au bénéfice de l'amnistie, et qu'il lui importe de faire tomber, par des moyens de droit, le jugement contre lequel il s'est pourvu. (*C.* 10 *juin* 1832; *Rec. d'arr.*)

5. Un manquement à un service d'ordre et de sûreté, antérieur à une ordonnance d'amnistie qui a affranchi de tels manquements de toutes poursuites, ne peut être pris en considération par un conseil de discipline pour constituer, avec un manquement postérieur à l'amnistie, le double refus de service d'ordre et de sûreté punissable de la prison. (*C.* 21 *septembre* 1838; *Rec. d'arr.*)

6. L'amnistie intervenue en matière de discipline de la garde nationale devient applicable aux tribunaux correctionnels comme aux conseils de discipline eux-mêmes, *quand il s'agit d'examiner si ces conseils ont épuisé leur juridiction.*

Il suit de là que les faits, punis par jugements de conseils de discipline rendus antérieurement à la promulgation d'une amnistie générale, étant anéantis par l'effet de cette amnistie, ne peuvent en aucun cas être repris ultérieurement par le conseil de disciplne pour motiver son incompétence et prononcer le renvoi devant le tribunal de police correctionnelle, aux termes de l'article 92 de la loi du 22 mars 1831 ;

Dans l'espèce, le tribunal de police correctionnelle qui se déclare incompétent pour statuer sur le renvoi, en se fondant sur ce que, par les motifs ci-dessus exposés, les jugements antérieurs à l'amnistie n'ont pu servir de base au renvoi, fait une saine application du principe de l'amnistie et de l'article 92 de la loi. (*C.* 19 *juillet* 1839; *J. O.* 1839, p. 186.) Voir Juridiction correctionnelle.

7. A la différence des lettres de grâce individuelles qui sont limitées à la remise de tout ou partie des peines prononcées contre un ou plusieurs individus, et laissent subsister la culpabilité des graciés, les amnisties sont accordées dans un intérêt général. Elles ont donc pour but et elles doivent avoir pour résultat de couvrir du voile de l'oubli les condamnations et poursuites encourues et d'en effacer le souvenir et l'effet. (*C.* 19 *juillet* 1839; *J. O.* 1839, p. 186.)

Ancienneté de grade (Voir Grade, Commandement).

1. L'ancienneté entre deux officiers du même grade se compte du jour de la reconnaissance et de la prestation de serment.

Il est indifférent que l'un de ces deux officiers ait été revêtu antérieurement du même grade, ou même d'un grade supérieur, chaque élection nouvelle effaçant complétement les effets de l'élection précédente. (*C.* 27 *avril* 1833 ; *J. O.* 1833, p. 256.)

2. Lorsque deux officiers ont été élus dans une même élection générale, ils doivent prendre date de la même époque pour leurs grades, quand bien même l'élection ou la reconnaissance de l'un aurait précédé d'un jour ou de quelques jours celle de l'autre. (*Inst. minist.* 25 *mai* 1831 ; *J. O.* 1831, p. 109.)

Appel (Voir Recours, Réclamation, Jurys de révision, Tribunaux de police correctionnelle).

Quoique, d'après l'article 120 de la loi du 22 mars 1831, le droit d'appel ou de recours ne semble devoir s'exercer le plus communément qu'à l'égard des jugements rendus par les conseils de discipline, il demeure bien entendu que les gardes nationaux, de même que le ministère public, ont le droit d'attaquer, devant les cours d'appel, dans les délais et suivant le mode prescrit par le Code d'instruction criminelle, les jugements définitifs rendus par les tribunaux de police correctionnelle en conformité de l'article 92 de la loi précitée, et, par suite, de recourir en cassation contre les arrêts des cours d'appel elles-mêmes, devenus également définitifs. Cette faculté est de droit commun, et il appartient aux gardes nationaux de l'exercer à leurs risques et périls.

Aptitude au service.

L'aptitude au service de la garde nationale s'entend des conditions dans lesquelles doit, indépendamment de l'aptitude physique, se trouver un citoyen pour être régulièrement inscrit aux contrôles de la garde nationale et faire le service.

Des restrictions à cette aptitude ont été établies par la loi du 22 mars 1831, à l'égard :

1° Des étrangers, par l'article 10 (voir ETRANGERS) ;

2° Des magistrats qui ont le droit de requérir la force publique, et dont l'article 11 déclare les fonctions incompatibles avec le service de la garde nationale ;

3° Des ecclésiastiques engagés dans les ordres, les ministres des différents cultes, des élèves des grands séminaires et des facultés de thélogie (*art.* 12) ;

4° Des militaires des armées de terre et de mer en activité de service; de ceux qui auront reçu une destination des ministres de la guerre ou de la marine; des administrateurs ou agents commissionnés des services de terre et de mer également en activité; des ouvriers des ports, des arsenaux et des manufactures d'armes organisés militairement : ne sont pas compris dans cette dispense les commis et employés des bureaux de la marine au-dessous du grade de sous-commissaire (*ibid.*) ;

Des officiers, sous officiers et soldats des gardes municipales et autres corps soldés (*ibid.*) ;

Des préposés des services actifs des douanes, des octrois, des administrations sanitaires, les gardes champêtres et forestiers (*ibid.*) ;

Sont exceptés du service de la garde nationale les concierges des maisons d'arrêt, les geôliers, les guichetiers et autres agents subalternes de justice ou de police. (*Loi. art.* 13.)

Le service de la garde nationale est interdit aux individus privés de l'exercice des droits civils conformément aux lois. (*Loi, art.* 13.)

Sont exclus de la garde nationale (*Loi, art.* 13) :

1° Les condamnés à des peines afflictives ou infamantes :

2° Les condamnés en police correctionnelle pour vol, escroquerie, pour banqueroute simple, abus de confiance, pour soustraction commise par des dépositaires publics, et pour attentats aux mœurs, prévus par les articles 331 et 334 du Code pénal ;

3° Les vagabonds ou gens sans aveu déclarés tels par jugements.

Armes (Voir Abandon, Désobéissance, Inspection, Revue).

1. Lorsque le gouvernement juge nécessaire de délivrer des armes de guerre aux gardes nationales, le nombre d'armes reçues est constaté dans chaque municipalité au moyen d'états émargés par les gardes nationaux, à l'instant où les armes leur sont délivrées.

L'entretien de l'armement est à la charge du garde national, et les réparations, en cas d'accident causé par le service, sont à la charge de la commune. Les gardes nationaux et les communes sont responsables des armes qui leur auront été délivrées : ces armes restent la propriété de l'État. Les armes doivent être poinçonnées et numérotées. (*Loi*, *art.* 69.)

2. Les citoyens ne peuvent ni prendre les armes, ni se rassembler en état de gardes nationales sans l'ordre des chefs immédiats, ni ceux-ci donner cet ordre sans une réquisition de l'autorité civile, dont il est donné communication à la tête de la troupe. (*Loi*, *art.* 7.)

3. Le garde national prévenu d'avoir vendu à son profit les armes de guerre ou les effets d'équipement qui lui ont été

confiés par l'État ou par les communes, est renvoyé devant le tribunal de police correctionnelle, pour y être poursuivi à la diligence du ministère public, et puni, s'il y a lieu, de la peine portée en l'article 408 du Code pénal, sauf l'application, le cas échéant, de l'article 463 dudit Code. Le jugement de condamnation prononcera la restitution, au profit de l'État ou de la commune, du prix des armes ou effets vendus. (*Loi, art.* 91.)

4. Les armes délivrées aux gardes nationaux en vertu de l'article 69 de la loi du 22 mars 1831 restent la propriété de l'Etat. Elles ne leur sont confiées qu'à titre de dépôt et à charge de les rendre lorsque le service pour lequel ce dépôt a été fait en leurs mains a légalement cessé. Cette cessation a lieu notamment lorsque la dissolution de la garde nationale a été prononcée, en conformité de l'article 5 de la même loi.

Lorsque, après la dissolution ainsi prononcée, les gardes nationaux dépositaires des armes refusent, après sommation individuelle, de rendre ces armes, il y a détournement véritable de leur destination, puisque les gardes nationaux ne peuvent plus en faire l'usage pour lequel elles leur avaient été confiées. Il suit de là qu'après cette sommation demeurée sans effet, l'article 408 du Code pénal devient applicable, et que ce n'est plus par la voie civile qu'il doit être procédé contre les détentionnaires des objets déposés. (*C.* 27 *juillet* 1832; *J. O.* 1832, p. 188; *C.* 20 *avril* 1833; *Rec. d'arr.*)

5. Le refus persistant d'un garde national de recevoir l'arme qui lui est destinée peut être qualifiée de *désobéissance*, et, s'il y a persistance, *de désobéissance et d'insubordination.* (*C.* 14 *juillet* 1832; *J. O.* 1832, p. 188.)

6. Les faits constitutifs de la désobéissance et de l'insubordination n'étant pas précisés par la loi, les conseils de discipline ont le droit d'apprécier, sous ce rapport, les infractions qui leur sont déférées, et de leur donner ce caractère, selon les circonstances dont elles sont accompagnées.

C'est ainsi qu'ils peuvent, sans violer l'article 89 de la loi du 22 mars, considérer comme désobéissance et insubordination, et punir de la peine portée audit article, le refus constant et persévérant fait par un garde national de recevoir le fusil qui lui est adressé par l'autorité municipale. (*C.* 27 *septembre* 1841; *J. O.* 1841, p. 145.)

7. Le fait, même établi, qu'un garde national n'a point été armé, ne le dispense pas de déférer aux ordres de service. (*C.* 28 *décembre* 1832; *J. O.* 1833, p. 94.)

8. Bien que, aux termes de l'article 69 de la loi, les communes soient particulièrement responsables des armes distribuées à leurs gardes nationales, le chef d'un bataillon cantonal n'en a pas moins le droit de donner des ordres pour la vérification de l'état des armes qui constituent les moyens de défense, et il doit être obéi. (*C.* 1er *juin* 1833; *J. O.* 1833, p. 263.)

9. L'ordonnance royale du 24 octobre 1833 sur l'entretien et la conservation de l'armement, aux termes de laquelle les armes doivent être visitées chaque trimestre, n'est relative qu'à une inspection administrative et ne fait pas obstacle à ce que des *revues* pour inspection des armes soient ordonnées mensuellement, en vertu d'un règlement de service rédigé et publié conformément à l'article 73 de la loi. (*C.* 21 *février* 1839; *J. O.* 1839, p. 139.)

10. L'inspection des armes constituant un service d'ordre et de sûreté, et le service, personnel en principe, ne pouvant se faire qu'exceptionnellement par remplaçant, il s'ensuit que le garde national est tenu, en droit, de présenter en personne ses armes à l'inspection. (*C.* 25 *mai* 1839; *J. O.* 1839, p. 162.)

11. Lorsqu'une revue pour *inspection d'armes* a été régulièrement commandée, les conseils de discipline peuvent considérer cette revue comme constituant un service *d'ordre et de sûreté*, puisque la sûreté publique exige que les armes soient conservées en bon état; que leur détérioration ou leur mau-

vaise tenue causeraient une perte considérable au trésor, pourraient occasionner de graves accidents et paralyser les moyens
de maintenir l'ordre ou de rétablir la tranquillité publique.
(*C.* 21 *février* 1833; *J. O.* 1833, p. 179.)

12. Une revue d'armement est un service d'ordre et de sûreté,
et elle doit être considérée comme obligatoire si le règlement de
service en vertu duquel elle a été commandée l'assimile à un
service d'ordre et de sûreté, et si un ordre du jour du colonel
l'a annoncée à l'avance avec son caractère obligatoire. Aucune
disposition de la loi n'exige d'ailleurs que le caractère de la
revue commandée soit désigné dans le billet de service.

L'objet d'une revue d'armement est non-seulement de s'assurer de l'état des armes, mais encore de constater quels sont
les individus qui sont armés et ceux qui ne le sont pas : le garde
national ne saurait dès lors, dans l'espèce, objecter, pour excuser son manquement à la revue dont il s'agit, qu'il n'a reçu que
postérieurement son fusil à la mairie, s'il n'a dépendu que de
lui de s'y présenter plus tôt. (*C.* 31 *décembre* 1841 ; *J. O.* 1841,
p. 156.)

13. La conservation des armes de l'Etat n'est point le seul
objet des revues pour inspection d'armes; elles ont aussi pour
but de constater l'usage que font les gardes nationaux des
armes qu'ils ont en leur possession. (*C.* 15 *mars* 1839;
J. O. 1839, p. 141.)

14. Le fait de s'être rendu sans armes à une revue commandée de rigueur peut être qualifié de désobéissance et d'insubordination, et, comme tel, puni de la prison, sans qu'il y ait violation des articles 87 et 89 de la loi du 22 mars, attendu que
l'appréciation du caractère de ce fait appartient souverainement
aux conseils de discipline, d'après les circonstances dans lesquelles il a eu lieu.

15. Les gardes nationaux, bien qu'ils ne soient pas armés, ne
sont pas dispensés des revues pour inspections d'armes lorsqu'elles sont considérées et commandées comme service d'ordre
et de sûreté. (*C.* 16 *mars* 1843; *J. O.* 1843, p. 196.)

16. Le garde national qui, condamné à une garde hors de tour pour manquement à une inspection d'armes, manque cette garde, commet un double refus de service d'ordre et de sûreté qui le rend passible de la prison. (*C.* 21 *mai* 1835; *J. O.* 1835, p. 214.)

17. Il appartient aux conseils de discipline d'interpréter les manquements réitérés aux revues d'inspection d'armes, comme une preuve de la manière dont l'inculpé accomplit son service de garde national, sans que cette interprétation puisse être considérée comme une atteinte aux droits de la défense. (*C.* 15 *mars* 1839; *J. O.* 1839, p. 142.)

Arrêt de renvoi.

1. L'annulation d'un jugement de conseil de discipline, par la cour de cassation, a lieu lorsque le fait sur lequel est basée la condamnation n'est pas une infraction ou un délit prévu par la loi sur la garde nationale, ou lorsque le jugement est entaché d'incompétence, d'excès de pouvoir ou de contravention à la loi.

Dans le premier cas, la cour annule purement et simplement le jugement, et aucune autre suite n'est donnée à l'affaire.

Dans le second cas, la cour, après le prononcé de l'arrêt de cassation, et si le fait est de la compétence des conseils de discipline, désigne, par une délibération en la chambre du conseil, un conseil de discipline autre que celui qui a rendu le jugement annulé, et ce conseil, devant lequel l'affaire est renvoyée, est tenu de la juger conformément à la loi.

2. Lorsque la cour de cassation, en annulant un jugement, a renvoyé l'affaire devant le conseil de discipline d'une ville, et que, dans cette ville, il existe plus d'un conseil, l'un de ces conseils ne peut pas, si l'affaire lui est portée, se déclarer incompétent sur le motif que la cour ne l'a pas spécialement désigné. Dans ce cas, le conseil, momentanément saisi, doit surseoir jusqu'à ce que la cour ait interprété elle-même son arrêt. (*C.* 6 *juillet* 1832; *Rec. d'arr.*)

3. Lorsque, par arrêt de renvoi de la cour de cassation, un conseil de discipline se trouve appelé à statuer de nouveau sur le fait disciplinaire à l'occasion duquel était intervenu le jugement dont l'annulation a été prononcée, ce conseil, en l'état où il se trouve, est nécessairement investi du droit d'examiner l'affaire sous tous les rapports, et d'apprécier les diverses infractions imputées au prévenu, non d'après le jugement annulé, mais d'après les citations et les rapports en vertu desquels il avait été cité devant la juridiction disciplinaire.

Il suit de là que, lors même que le premier conseil, sur quatre manquements reprochés au prévenu, en aurait écarté trois pour n'en retenir qu'un à la suite duquel il aurait prononcé la peine de six heures de prison seulement, le nouveau conseil de discipline, saisi par l'arrêt de renvoi, a le pouvoir de déclarer ledit prévenu convaincu des quatre manquements, et de le condamner en conséquence, par application de l'article 89, à vingt-quatre heures de prison, sans violer, dans l'espèce, les dispositions dudit article, non plus que l'autorité de la chose jugée. (*C.* 11 *juillet* 1840 ; *J. O.* 1840, p. 27.)

Arrêts.

1. Est puni des *arrêts* ou de la prison, suivant la gravité des cas, tout officier qui, étant de service, s'est rendu coupable des fautes suivantes : 1° la désobéissance et l'insubordination ; 2° le manque de respect, les propos offensants et les insultes envers les officiers d'un grade supérieur ; 3° tous propos outrageants envers un subordonné, et tout abus d'autorité ; 4° tout manquement à un service commandé ; 5° toute infraction aux règles du service. (*Loi, art.* 87.)

2. La peine des arrêts, prononcée en vertu de l'article 87, ne peut l'être que pour trois jours au plus. (*Loi, art.* 84.)

3. Les arrêts dont il est question aux articles 84 et 87 de la loi sont les arrêts simples. Cette peine consiste pour l'officier

contre lequel elle a été prononcée, à ne pas sortir de son domicile pendant sa durée.

Le chef de corps peut s'assurer que le condamné n'élude pas cette obligation, en envoyant à plusieurs reprises chez lui prendre des signatures de présence.

4. Aux termes des articles 84 et 87 de la loi, les conseils de discipline ne peuvent prononcer contre un officier de la garde nationale déclaré coupable d'une des infractions prévues à l'article 87, que la peine des arrêts simples, ou, si le cas leur paraît plus grave, la peine de la prison. En conséquence, le conseil qui condamnerait un officier aux arrêts forcés avec un factionnaire à sa porte, avec l'obligation de payer ledit factionnaire, commettrait un excès de pouvoir et une violation de la loi. (*C.* 18 *septembre* 1835; *J. O.* :836, p. 6.)

5. *Disposition spéciale au département de la Seine.* — Les infractions commises par les majors et adjudants - majors soldés sont punies des peines suivantes :

Des arrêts simples ;

Des arrêts forcés avec remise d'armes.

En aucun cas, ces arrêts ne doivent excéder trois jours.

Les arrêts simples peuvent être appliqués par les officiers supérieurs en grades auxdits majors et adjudants-majors.

Les arrêts forcés ne sont prononcés que par le commandant supérieur. (*Art.* 21, *loi du* 14 *juillet* 1837, *spéciale à la garde nationale du département de la Seine.*)

On pense que l'exécution de cette disposition, applicable à des officiers soldés, doit être régie par le règlement sur le service intérieur des troupes.

Artillerie.

1. Lorsque la garde nationale d'une commune ou d'un canton n'a qu'un seul conseil de discipline, les gardes nationaux faisant partie des corps d'artillerie sont justiciables de ce conseil. S'il y a plusieurs bataillons dans le même canton, ils sont justiciables du même conseil de discipline que les compagnies de leur com-

mune ; s'il y a plusieurs bataillons dans la même commune, le préfet détermine de quel conseil les artilleurs sont justiciables.

Dans ces trois cas, les officiers, sous-officiers, caporaux et gardes nationaux des corps d'artillerie concourent pour la formation du conseil de discipline.

Lorsque, en vertu d'un arrêté du pouvoir exécutif, les corps d'artillerie sont réunis en légion, ils ont un conseil de discipline particulier. (*Loi, art.* 106.)

2. Les corps d'artillerie concourent, suivant leur force numérique, au service ordinaire de la garde nationale. (*Loi, art.* 42.)

Toutefois les arrêtés d'organisation des corps d'artillerie, ou les règlements de service intervenus en conformité de l'article 73 de la loi, peuvent décider que les artilleurs seront exclusivement occupés des exercices et manœuvres de leur arme, pendant telle ou telle portion de l'année, sauf la garde des pièces qui leur sont confiées.

3. Les manœuvres et exercices du canon étant prescrits dans la vue de préserver les citoyens et les artilleurs eux-mêmes des dangers que l'impéritie et l'inexpérience peuvent occasionner, sont assimilés, quant à l'obligation d'y assister, aux services d'ordre et de sûreté, par analogie avec ce qui est établi par la jurisprudence à l'égard des revues pour inspection d'armes.

Il suit de là que le double manquement à ces exercices et manœuvres, régulièrement commandés, est passible de la prison, par application de l'article 89 de la loi. (*C.* 1er *juin* et 25 *juillet* 1839; *J. O.* 1839, p. 164 et 189.)

4. Le manquement aux exercices et manœuvres du canon ne saurait être excusé par le motif tiré de ce que les jours de réunion fixés par l'arrêté d'organisation du corps d'artillerie, ou par le règlement de service, auraient été changés sans l'approbation de l'autorité supérieure, s'il est constant que les nouveaux jours d'exercice ont été fixés par un ordre du jour porté à la connaissance du corps d'artillerie, et que ce changement a été consenti par le maire et le commandant, attendu qu'il y a présomp-

tion légale que l'autorité supérieure a donné son approbation audit changement. (*C.* 1er *juin* 1839; *J. O.* 1839, p. 164.)

5. Les gardes nationaux compris dans les compagnies d'artillerie dont l'organisation est encore incomplète par le fait de la non distribution des armes spéciales qui doivent leur être confiées, sont tenus, comme les autres gardes nationaux, d'assister aux revues et exercices généraux commandés en exécution du réglement local.

Le conseil de discipline qui, en cas de manquement de la part de ces artilleurs aux revues et exercices dont il s'agit, refuserait d'appliquer à cette contravention la peine portée par la loi, sur le motif que les artilleurs, n'étant tenus qu'aux exercices spéciaux à l'arme de l'artillerie, doivent être, pendant le temps affecté à ces exercices, dispensés des revues et exercices imposés au reste de la garde nationale, violerait l'article 73 de la loi et commettrait un excès de pouvoirs. (*C.* 31 *mai* 1836; *J. O.* 1836, p. 116.)

Atténuation (Voir Infraction, Peine).

1. Les termes des articles 85, 86 et 87 de la loi du 22 mars 1831 expriment une disposition impérative qui ne permet pas aux conseils de ne pas prononcer la peine édictée par ces articles, si le fait est reconnu constant.

Mais la disposition pénale de l'article 89 est facultative, et, au lieu de la prison, les conseils de discipline peuvent infliger une peine moindre, la réprimande simple ou la réprimande avec mise à l'ordre, par exemple, s'ils reconnaissent dans le fait reproché au prévenu des circonstances atténuantes.

2. La faculté d'atténuer les peines, conférée aux conseils de discipline par l'article 89 de la loi, ne consiste pas seulement à ne condamner qu'à un emprisonnement de très-courte durée. Ils peuvent appliquer la réprimande aux cas régis par l'article 89. (*C.* 16 *août* 1834; *J. O.* 1834, p. 213.)

3. Les conseils de discipline, de même que les tribunaux de police correctionnelle ont le pouvoir, lorsque le fait mentionné

dans la citation est dépouillé de sa gravité par suite des débats, d'appliquer la peine dont est passible le fait ainsi réduit à un caractère de gravité moins élevé.

Il s'ensuit que, lorsqu'un garde national a été cité pour désobéissance et insubordination, si le conseil ne le déclare coupable que d'avoir tenu une conduite propre à porter atteinte à la discipline, ledit garde national peut être légalement condamné à la peine portée par l'article 86 de la loi du 22 mars 1831, savoir : *la réprimande avec mise à l'ordre*. (*C.* 18 *novembre* 1843; *J.O.*, p. 224.)

4. Les conseils peuvent, sans violer l'article 89 de la loi, ne considérer les manquements au service, imputés à un garde national, que comme une légère infraction, à raison de l'exactitude avec laquelle il s'était précédemment acquitté de son service. (*C.* 23 *novembre* 1833 ; *J.O.* 1834., p. 143.)

Attroupement.

Un officier de garde nationale prévenu d'avoir, étant en uniforme, fait partie d'un attroupement, est justiciable, pour ce fait, du tribunal de police correctionnelle, conformément à la loi du 10 avril 1831, et non du conseil de discipline de son bataillon. (*C.* 14 *mars* 1834 ; *Rec. d'arr.*)

Audience (Délit d').

1. La police de l'audience appartient au président, qui peut faire expulser ou arrêter quiconque trouble l'ordre.

Si le trouble est causé par un délit, il en est dressé procès-verbal.

L'auteur du trouble est jugé de suite par le conseil, si c'est un garde national, et si la faute n'emporte qu'une peine que le conseil puisse prononcer.

Dans tout autre cas, le prévenu est renvoyé, et le procès-verbal transmis au procureur du Roi. (*Loi, art.* 117.)

2. Le président ayant la police de l'audience doit toujours avoir un tambour à sa disposition. Il peut même requérir le commandant de la garde nationale, s'il ne l'est pas lui-même, de mettre un piquet à la disposition du conseil pendant la durée des séances.

3. La question s'est élevée de savoir si, lorsque le trouble apporté à l'audience est du fait d'un officier, celui-ci peut être jugé immédiatement, et par conséquent sans que le conseil ait été modifié conformément à l'article 100 de la loi, ou s'il faut différer le jugement pour que la modification puisse être faite.

Le ministre de l'intérieur s'est prononcé pour la première opinion, la dignité du conseil exigeant qu'il puisse faire immédiatement justice du trouble commis, et la loi n'établissant d'ailleurs, dans l'espèce, aucune distinction en faveur du grade. (*Déc. min.; J.O.* 1832, p. 275.)

4. Le trouble qui, par sa nature et par sa gravité, appellerait une répression plus sévère que celle qui peut être prononcée par les conseils de discipline, doit être constaté par un procès-verbal transmis au procureur de la République, devant lequel le prévenu est également renvoyé.

L'outrage ou les voies de fait envers les membres d'un conseil de discipline dans l'exercice de leurs fonctions peuvent être punis des mêmes peines que s'ils étaient dirigés contre des magistrats des tribunaux ordinaires. C'est ainsi que le tribunal correctionnel de Grey (Haute-Saône) a condamné, le 3 février 1833, deux gardes nationaux à six mois de prison, pour avoir outragé des membres d'un conseil à l'audience, et un troisième à un mois de la même peine, comme complice du délit, en vertu des articles 223 et 463 du Code pénal.

5. Un conseil de discipline peut infliger la peine de la prison pour un délit d'audience; mais si les circonstances de ce délit ne lui paraissent pas comporter cette peine et qu'il le déclare, il ne peut la prononcer en réunissant à l'incident d'audience des manquements au service imputés à l'auteur du délit, et qui, par

leur nature, ne seraient pas passibles de la prison. (*C.* 13 *décembre* 1834; *J.O.* 1835, p. 69.)

6. Un conseil ne peut, à l'occasion d'un manquement à une revue, condamner le prévenu à la prison en se fondant sur des faits qui se seraient passés devant le conseil, à une audience autre que celle où il était appelé à juger le manquement au service, ces faits ayant pu être punis immédiatement. (*C.* 9 *août* 1834; *J.O.* 1834, p. 212.)

7. Aux termes de l'article 117 de la loi du 22 mars 1831, le conseil de discipline est autorisé à statuer sur les infractions et les troubles causés à son audience, s'il juge que la faute n'emporte qu'une des peines qu'il puisse prononcer.

Dès lors, le conseil de discipline est compétent dans le cas où l'infraction commise aurait le caractère de la désobéissance et de l'insubordination, susceptibles d'être punies de la prison par application de l'article 89.

Quant à la pénalité, le conseil de discipline peut toutefois se borner, dans l'espèce, à appliquer au délinquant la réprimande, en vertu de la faculté que lui confère l'article 89 d'atténuer les peines, attendu que cette faculté n'est point limitée à la durée de l'emprisonnement. Dès lors il peut, dans les cas régis par ledit article 89, ne prononcer que la réprimande. (*C.* 29 *avril* 1843; *J.O.* 1843, p. 206.)

Autorité civile (Voir AUTORITÉ MUNICIPALE, PRÉFET, SOUS-PRÉFET).

Autorité municipale (Voir MAIRE).

1. L'autorité municipale dont nous nous occupons ici, dans ses rapports avec le service et la discipline de la garde nationale, réside dans la personne du maire ou de l'adjoint faisant fonctions de maire.

La garde nationale communale est placée sous cette autorité. (*Loi, art.* 6.)

Lorsque les gardes nationales sont réunies dans une commune autre que celle de leur domicile, elles sont sous les ordres du maire de la commune où la réunion a lieu. (*Loi, art.* 6.)

Les citoyens ne peuvent ni prendre les armes, ni se rassembler en état de gardes nationales, sans l'ordre des chefs immédiats, ni ceux-ci donner cet ordre sans une réquisition de l'autorité civile, dont il sera donné connaissance à la tête de la troupe. (*Loi, art.* 7.)

Aucun officier ou commandant de poste de la garde nationale ne peut faire distribuer des cartouches aux citoyens armés, si ce n'est en cas de réquisition précise ; autrement il reste responsable des événements. (*Loi, art.* 8.)

2. Les maires et adjoints ayant le droit de requérir la force publique, il y a incompatibilité entre leurs fonctions et le service de la garde nationale. (*Loi, art.* 11.)

3. Le maire, assisté du chef de bataillon ou du capitaine commandant, forme le tableau des citoyens appelés à composer le conseil de discipline. (Voir Ire PARTIE, n° XV, et TABLEAU DES JUGES.)

Il installe le conseil de discipline. (Ire Partie, n° XXI.)

Il adresse un rapport au préfet, au sujet de la révocation des rapporteurs et secrétaires. (Voir RAPPORTEUR, SECRÉTAIRE.)

Il assure l'exécution des jugements des conseils de discipline. (Voir Ire PARTIE, titre IX, et EXÉCUTION DES JUGEMENTS.)

4. La garde nationale étant placée par l'article 6 de la loi sous l'autorité immédiate des maires, ceux-ci ont un droit direct de réquisition sur tous les gardes nationaux de leurs communes respectives, pour tous les cas où leur service peut être nécessaire ou seulement utile.

Bien que la loi ait donné un caractère obligatoire aux réglements relatifs aux revues et exercices, faits conformément à l'article 73, les dispositions de cet article ne doivent s'entendre que du service ordinaire, ce qui n'exclut pas, pour les cas extraordinaires, l'exercice de l'autorité immédiate du maire pour requérir la présence de la garde nationale dans sa commune, s'il la juge nécessaire.

C'est ainsi que, nonobstant l'ordre qu'il aurait reçu du chef de bataillon cantonal pour se rendre à une revue, le capitaine commandant la garde nationale d'une commune, si le maire lui donnait l'ordre formel de rester dans la commune, pour y faire le service qui lui serait désigné, devrait obéir au maire, quoiqu'il en pût être des motifs qui auraient dirigé ce magistrat, le capitaine n'ayant, d'ailleurs, aucun droit d'en faire l'appréciation.

Dans l'espèce, et lorsqu'il n'est pas prouvé ni articulé que les ordres du maire ont été annulés par l'autorité administrative supérieure, il n'y a pas lieu à condamner l'officier pour désobéissance au chef de bataillon. (C. 1er *août* 1834; *J. O.* 1834, p. 211.)

5. Le droit conféré aux maires, par l'article 58, de nommer aux emplois autres que ceux dont la disposition est expressément réservée à une autre autorité, s'applique à l'organisation des corps de musique dans les départements qui ne sont pas régis par la loi spéciale à la garde nationale de la Seine.

Le droit de nommer implique celui de révoquer, sans qu'il soit nécessaire de justifier, en le motivant, l'exercice de cette faculté essentiellement discrétionnaire. (*C.* 6 *juin* 1835; *J.O.* 1835, p. 238.)

6. L'article 6 de la loi du 22 mars 1831, en plaçant la garde nationale sous l'autorité immédiate du maire, a conféré à ce magistrat le droit de la requérir toutes les fois qu'il juge son concours nécessaire au maintien de l'ordre et de la tranquillité publique.

Le maire use légalement de ses pouvoirs lorsqu'il requiert la garde nationale pour escorter les autorités dans les fêtes ou cérémonies publiques, et ce service, s'il est commandé à titre de service d'ordre et de sûreté, est obligatoire pour les gardes nationaux. (*C.* 23 *avril* 1847 ; *J.O.* 1848-1849, p. 270.)

Aveu.

Quoiqu'un fait ne soit établi ni par procès-verbal ni par témoins, il peut l'être par l'aveu du garde national, et cet aveu suffit pour que le fait soit déclaré, par le jugement, résulter des débats. (*C.* 29 *décembre* 1832 ; *Rec. d'arr.*)

Avocat (Voir DÉFENSE).

Avocat nommé d'office (Voir DISPENSE).

Si l'avocat *nommé d'office* pour la défense d'un accusé n'est point libre, aux termes de l'article 41 de la loi du 20 novembre 1822, de refuser son ministère, il n'en est pas de même lorsqu'il est choisi par l'accusé. Dans ce cas, il exerce un ministère purement volontaire ; et le fait tiré de ce que, pendant le temps où il était commandé de service comme garde national, l'avocat plaidait pour un accusé qui l'avait *choisi*, ne peut l'excuser de n'avoir point satisfait au service. (*C.* 31 *décembre* 1841 ; *J. O.* 1841, p. 155.)

B.

Bataillon.

1. Le conseil de discipline du bataillon est composé de sept juges, savoir : le chef de bataillon président, un capitaine, un lieutenant ou un sous-lieutenant, un sergent, un caporal et deux gardes nationaux. (*Loi, art.* 97.)

2. Le conseil de discipline d'un bataillon cantonal auquel se trouve réunie, en conformité de l'article 45 de la loi du 22 mars 1831, une compagnie isolée devant le conseil de laquelle un renvoi, par arrêt, a eu lieu avant l'ordonnance de réunion, est compétent pour statuer sur la poursuite, comme représentant le conseil de ladite compagnie. (*C.* 23 *mai* 1835 ; *J. O.*, p. 216.)

Billet de service (Voir Ordre de service).

1. Les dispositions de l'article 78 de la loi du 22 mars 1831, aux termes duquel tout garde national, commandé pour le service, doit obéir sauf à réclamer, s'il s'y croit fondé, devant le chef de corps, sont générales et absolues, d'où il suit que le garde national commandé de service par un officier dont l'autorité s'étend sur la compagnie à laquelle appartient le garde national, ne peut discuter la mesure des pouvoirs en vertu desquels a agi cet officier.

Dès lors, le garde national commandé de garde par l'*adjudant-major* est tenu d'obtempérer à cet ordre.

Par suite aussi, le conseil de discipline qui déciderait, dans l'espèce, que le garde national peut se dispenser d'obéir par le motif qu'un adjudant-major n'a pas qualité pour signer un billet de garde, violerait les dispositions formelles de l'article 78 ci-dessus rappelé. (*C.* 10 *juin* 1842; *J. O.* 1842, p. 181.)

2. Une revue d'armement est un service d'ordre et de sûreté, et elle doit être considérée comme obligatoire si le réglement de service, en vertu duquel elle a été commandée, l'assimile à un service d'ordre et de sûreté, et si un ordre du jour du colonel l'a annoncée à l'avance avec son caractère obligatoire. Aucune disposition de la loi n'exige d'ailleurs que le caractère de la revue commandée soit désigné dans le billet de service.

Blâme.

Le conseil de discipline qui, au lieu de prononcer l'amende de 5 francs contre le membre du conseil absent et qui n'a pas été valablement excusé, applique la peine de blâme, viole l'article 114 de la loi. (*C.* 22 *mars* 1833; *J. O.* 1833, p. 206.)

Blessures.

Le garde national prévenu d'avoir, étant de service, porté des coups et fait de légères blessures à un officier qui était dans l'exercice de ses fonctions, n'est pas justiciable du conseil de discipline. Un tel fait constitue un délit qui rentre dans la juridiction des tribunaux ordinaires. (*C.* 25 *mai* 1837; *Rec. d'arr.*)

C.

Capitaine (Voir OFFICIER).

Un conseil de discipline est illégalement composé lorsque, en l'absence du chef de bataillon, on a appelé le chef d'un autre bataillon à présider le conseil.

La présidence appartient à un capitaine, à moins qu'il ne s'agisse de juger le chef de bataillon, auquel cas il est appelé deux chefs de bataillon conformément à l'article 100 de la loi. (*C.* 19 *mai* 1836; *Rec. d'arr.*)

Caporal (Voir SOUS-OFFICIER).

1. Les infractions au service et à la discipline commises par un caporal ou un brigadier le rendent passible :

1º D'une *garde hors de tour* pour un premier manquement au service (*Loi, art.* 84); Voir GARDE HORS DE TOUR;

2º De la *réprimande,* pour infraction même légère aux règles du service (*Loi, art.* 85 *et* 88);

3º De la *réprimande avec mise à l'ordre,* si, étant de service ou en uniforme, il tient une conduite pouvant porter atteinte à la discipline de la garde nationale ou à l'ordre public (*Loi, art.* 86 *et* 88);

4º De la *prison* pour un temps qui ne peut excéder deux jours, et, en cas de récidive, trois jours; celui qui s'est rendu coupable de désobéissance et d'insubordination; qui a refusé pour la seconde fois un service d'ordre et de sûreté; qui étant, de service, se met dans un état d'ivresse; qui tient, étant de service, une conduite qui porte atteinte à la discipline de la garde nationale ou à l'ordre public; qui abandonne ses armes ou son poste avant qu'il ne soit relevé;

5° De la *privation de son grade* (*Loi, art.* 90) :

1° Si, ayant abandonné ses armes ou son poste avant qu'il ne soit relevé, la privation du grade est prononcée par le conseil de discipline, indépendamment de la peine de la prison édictée, pour ce cas, par l'article 89 ;

2° Si, moins d'un an après avoir subi une condamnation du conseil de discipline, il se rend coupable d'une faute qui entraîne l'emprisonnement.

2. Le refus ou le retard des officiers d'une compagnie à se faire reconnaître ne saurait dispenser du service les gardes nationaux de cette compagnie. A défaut d'officiers, le maire peut requérir un sous-officier et, à défaut de sous-officier, un caporal de donner des ordres de service, lesquels sont obligatoires. (*C.* 27 *avril* 1833 ; *J. O.* 1833, p. 258.)

3. L'article 82 qui autorise les chefs de poste à punir d'une faction hors de tour le garde national qui s'est absenté du poste sans autorisation, n'est point applicable aux caporaux et sous-officiers lorsqu'ils se rendent coupables de cette faute.

Ladite infraction est justiciable du conseil de discipline à qui il appartient d'ailleurs de qualifier la nature de l'absence lorsqu'elle s'est trop prolongée et de décider si cette absence a eu le caractère d'un véritable abandon du poste ; auquel cas il peut appliquer la peine de l'emprisonnement (*art.* 89, § 3), ou l'emprisonnement et la privation du grade (*art.* 90.) (*C.* 21 *novembre* 1833 ; *J. O.* 1834, p. 120.)

4. Le fait, par un caporal, d'avoir omis avec intention de déposer, en sa qualité de chef de patrouille, dans les boîtes à ce destinées, les marrons qui lui avaient été remis pour servir à marquer les tours de patrouilles, constitue, de sa part, une désobéissance et une insubordination passibles de la peine de la prison, si ce détail de service est expressément prescrit par le réglement de service local, régulièrement arrêté et approuvé par les autorités compétentes. (*C.* 12 *mai* 1843 ; *J. O.*, p. 207.)

Cassation.

§ 1er. — *Du recours en cassation.*

1. Les jugements des conseils de discipline sont rendus en dernier ressort.

Ils ne peuvent être attaqués que devant la cour de cassation, pour incompétence, excès de pouvoirs ou contravention à la loi. (*Loi, art.* 120.)

Le recours n'est ouvert que contre les jugements définitifs (*Loi, art.* 120), c'est-à-dire, 1° contre les jugements rendus contradictoirement; 2° contre les jugements par défaut auxquels il n'a pas été fait opposition dans le délai de trois jours à compter de la notification; 3° contre les jugements par défaut sur débouté d'opposition.

La faculté de se pourvoir en cassation appartient au rapporteur aussi bien qu'au condamné.

Le rapporteur se pourvoit d'office ou d'après les instructions de l'autorité supérieure, dans l'intérêt du service et de la discipline.

2. Le recours en cassation n'est ouvert que contre les jugements devenus définitifs. (*C.* 13 *mars* 1834; *J. O.* 1834, p. 183.)

3. Le recours formé contre un jugement par défaut non encore passé en force de chose jugée, et par conséquent encore susceptible d'opposition, est prématuré et non recevable, et entraîne la condamnation à l'amende. (*C.* 8 *novembre* 1838; *J. O.* 1838, p. 94.)

4. En rejetant un pourvoi, la cour de cassation peut annuler une disposition du jugement dans l'intérêt de la loi. (*C.* 3 *janvier* 1834; *J. O.* 1834, p. 145.)

5. Le défaut de notification du pourvoi dans les délais fixés par l'article 418 du Code d'instruction criminelle n'opère pas déchéance de ce pourvoi. Il ouvre seulement au défendeur la voie de l'opposition si le pourvoi non notifié est accueilli. (*C.* 23 *septembre* 1836; *J. O.* 1836, p. 200.)

6. Il n'est pas indispensable, pour se pourvoir contre un jugement contradictoire, d'attendre que la signification de ce jugement ait été effectuée. (*C.* 26 *décembre* 1835; *J. O.* 1836, p. 93.)

7. Aucune loi ne prescrit de faire à une partie qui a obtenu la cassation d'un jugement la signification de l'arrêt qui prononce cette cassation; et il suffit, pour la régularité du jugement du tribunal saisi par l'arrêt de renvoi, que la partie ait été valablement assignée. (*C.* 18 *mai* 1839; *J. O.* 1839, p. 160.)

8. Les faits constatés au jugement à la charge du condamné ne peuvent être contestés devant la cour de cassation. (*C.* 6 *avril* 1833; *J. O.* 1833, p. 255.)

9. Le rapporteur qui n'a pas contesté devant le conseil le mandat en vertu duquel un tiers a été admis à défendre l'inculpé n'est plus recevable à contester ce mandat devant la cour de cassation. (*C.* 16 *mars* 1833; *J. O.* 1833, p. 179.)

§ 2. — *Du délai dans lequel le recours doit être formé.*

10. Le condamné a trois jours francs pour se pourvoir. Ce délai court à partir de la *notification* du jugement (*Loi, art.* 122). Il est dérogé, en ce dernier point, à l'article 373 du Code d'instruction criminelle, qui fait courir le délai à partir de la *prononciation* du jugement.

Mais cette dérogation n'est introduite par l'article 122 de la loi qu'en faveur du condamné. Le rapporteur n'en saurait réclamer le privilége, et le délai du pourvoi court pour lui du jour où le jugement a été prononcé, aux termes de l'article 373 du Code d'instruction criminelle précité. (*Instr. min.* 25 *octobre* 1831; *J. O.* 1831, p. 328.)

11. Le pourvoi contre un jugement par défaut n'est pas recevable s'il a été formé avant l'expiration du délai de trois jours

pendant lequel il peut être formé opposition à ce jugement. (*C.* 11 *février* 1837 ; *J. O.* 1837, p. 3o.)

12. De ce que l'article 122 de la loi du 22 mars 1831, qui donne au garde national condamné trois jours francs pour se pourvoir en cassation à partir du jour de la notification du jugement, ne prescrit aucun délai pour le pourvoi du ministère public, il ne faut pas en conclure que ce dernier soit affranchi de toutes règles à cet égard.

Le ministère public est soumis, en matière de garde nationale, aux principes du droit commun, d'après lesquels, en matière de simple police, de police correctionnelle et de grand criminel (*articles* 177, 216 et 373 du Code d'instruction criminelle), il n'a que trois jours francs pour se pourvoir en cassation à partir du jour où le jugement a été rendu, sauf les cas spéciaux des articles 441 et 442 du même Code (*relatifs aux cassations provoquées directement par le gouvernement ou le procureur général près la cour.*)

Le motif en est qu'en matière de garde nationale aucune loi n'exige que la partie poursuivie signifie ce jugement à l'officier rapporteur, lequel est présent à tous les jugements et ne peut en ignorer l'existence.

Dès lors, l'officier rapporteur qui laisse s'écouler, entre la prononciation du jugement et sa déclaration de pourvoi, un jour de plus que les trois jours prescrits, est non recevable en son pourvoi. (*Plus. arrêts et notamment* 9 *décembre* 1842 *et* 5 *août* 1843 ; *J. O.* 1844, p. 187 *et* 211.)

13. A défaut de l'enregistrement, qui donne une date certaine à une requête en cassation, la seule date qui doive faire foi est celle à laquelle la déclaration de pourvoi a été régulièrement reçue par le secrétaire du conseil de discipline, attendu qu'il est l'officier public institué pour donner au recours en cassation le caractère de l'authenticité.

Il s'ensuit qu'une requête en cassation, non accompagnée de la déclaration de pourvoi, légalement constatée, ne pourrait, à défaut d'enregistrement, lors même qu'elle serait contre-signée par le secrétaire du conseil de discipline, prévaloir, quant à la date qui y serait mentionnée, sur la déclaration qui aurait été reçue à *une date postérieure* par ledit secrétaire. (*C.* 9 *décembre* 1842 ; *J. O.* 1842, p. 188.)

14. L'opposition formée au jugement par défaut, avant que ce jugement ait été signifié, supplée au défaut de signification et fait courir le délai du pourvoi en cassation. (*C.* 29 *septembre* 1832 ; *J. O.* 1832, p. 314.)

§ 3. — *De la déclaration de recours en cassation.*

15. La déclaration de recours doit être faite au secrétaire du conseil, faisant les fonctions de greffier, par le condamné, et signée de lui et du secrétaire ; et, si le déclarant ne peut ou ne veut signer, le secrétaire en doit faire mention. (*Code d'instruction criminelle, article* 417.)

L'inculpé pouvant comparaître devant le conseil par fondé de pouvoir (*art.* 115), le condamné peut aussi former son pourvoi par fondé de pouvoirs. Dans ce cas, la procuration doit être spéciale et rester annexée à la déclaration de pourvoi (*Code d'instruction criminelle, article* 417.)

Le secrétaire ne peut, sous aucun prétexte, refuser de recevoir la déclaration de pourvoi.

Le secrétaire doit inscrire cette déclaration sur un registre qu'il tient à cet effet ; ce registre est public, et toute personne a le droit de s'en faire délivrer des extraits. (*Code d'instruction criminelle, article* 417.)

Ce registre doit être coté et paraphé, par première et dernière, par le maire de la commune où siége le conseil.

Lorsque le recours est exercé par le rapporteur, il est inscrit sur le registre, ainsi qu'il est dit ci-dessus, et notifié à la partie contre laquelle il est dirigé, dans le délai de trois jours. (*Code d'instruction criminelle, article* 418.)

16. Le pourvoi en cassation formé, en matière de condamnation disciplinaire de la garde nationale, par l'avoué de la partie condamnée est recevable aux termes de l'article 417

du Code d'instruction criminelle. (*C. 11 juillet* 1840; *J. O.* 1840, p. 27.)

17. Pour qu'un pourvoi soit valable, il n'est pas indispensable qu'il soit déclaré devant le secrétaire du conseil par le condamné lui-même. Il suffit que la volonté de se pourvoir ait été manifestée par écrit, au secrétaire du conseil, dans le délai légal. (*C. 15 novembre* 1838; *J. O.* 1838, p. 100.)

18. Les secrétaires des conseils de discipline sont les officiers publics qui ont capacité pour recevoir les déclarations de recours en cassation contre les jugements des conseils de discipline, et pour leur donner le caractère de l'authenticité.

En l'absence ou sur le refus de ces officiers publics, les gardes nationaux peuvent, sans doute, faire constater *authentiquement* par d'autres voies, et dans les délais prescrits par la loi, leurs recours en cassation; mais on ne peut reconnaître le caractère de l'authenticité à une déclaration sous signature privée, alors surtout qu'elle a été faite postérieurement à la signification du jugement, et que la date n'en est constatée ni par l'enregistrement (*lequel est gratuit pour tous les actes disciplinaires*), ni par l'attestation précise d'aucun officier public.

Ainsi, une déclaration de recours écrite par un garde national sur la copie du jugement à lui signifié en la personne d'autrui, encore bien qu'elle fût accompagnée du contre-seing du garde champêtre qui a porté la signification, serait non recevable, si ce contre-seing a été donné en dehors de l'acte de notification à une date incertaine, et s'il n'a point été enregistré conformément à l'article 121 de la loi du 22 mars. (*C. 9 décembre* 1842; *J. O.* 1842, p. 189.)

19. Il n'est pas indispensable, en matière de garde nationale, que la déclaration du pourvoi en cassation, pour qu'elle soit valable, ait été faite par l'inculpé en personne ou, à son défaut, par un fondé de pouvoir spécial, conformément à l'article 373 du Code d'instruction criminelle.

La notification faite au secrétaire du conseil de discipline d'un pourvoi en cassation par le ministère d'un huissier suffit pour donner un caractère authéntique au recours dont il s'agit, et le secrétaire ne peut se refuser à recevoir cette notification.

Le motif en est, d'une part, que l'article 121 de la loi du 22 mars 1831 exempte de tous frais et timbres les recours en cassation contre les jugements des conseils de discipline; et, d'autre part, que l'huissier a reçu de la loi le pouvoir d'agir au nom des particuliers sans être tenu d'exhiber un pouvoir spécial, si ce n'est dans les cas exceptionnels. (*C. 8 avril* 1843; *J. O.* 1843, **p. 198.**)

§ 4. — *De la requête indicative des moyens de cassation.*

20. Le condamné peut, soit en faisant sa déclaration, soit dans les dix jours suivants, déposer au secrétariat une requête contenant ses moyens de cassation. Le secrétaire doit lui en donner reconnaissance, et remettre sur-le-champ cette requête au rapporteur. (*Code d'instruction criminelle, article* 422.)

Un délai de dix jours, à partir de la déclaration de pourvoi, étant accordé au condamné, comme il est dit au paragraphe précédent, pour déposer ses moyens de cassation, les pièces ne doivent point être transmises à la cour de cassation avant l'expiration de ce délai.

Le rapporteur du conseil doit, après les dix jours qui suivront la déclaration du pourvoi, adresser au ministre de l'intérieur, par l'intermédiaire des préfets, pour être transmis au ministre de la justice : 1° une expédition de la déclaration de pourvoi, ou extrait du registre des pourvois, ainsi que le reçu de l'amende, ou les pièces en tenant lieu, si le condamné qui se pourvoit les a déposées; 2° une expédition du jugement; 3° les pièces du procès; 4° les requêtes du condamné, s'il en a déposé; 5° un inventaire des pièces, redigé et signé par le secrétaire. (*Code d'instruction criminelle, article* 423.)

Toutes ces pièces doivent être cotées et paraphées par le secrétaire.

Le rapporteur peut y joindre un mémoire s'il le juge à propos.

§ 5. — *De l'effet suspensif du recours en cassation.*

21. Le recours en cassation n'est suspensif qu'à l'égard des jugements prononçant emprisonnement. Le condamné est dispensé de se mettre en état, c'est-à-dire de se constituer prisonnier. (*Loi, art.* 120.)

§ 6. — *De l'amende à consigner en cas de recours en cassation.*

22. Le recours en cassation contre les jugements définitifs des conseils de discipline est assujetti au quart de l'amende établie par la loi. (*Loi, art.* 120.)

Cette amende étant de 150 francs plus le décime, lorsque le jugement est contradictoire, et de 75 francs plus le décime, s'il a été rendu par défaut, il en résulte que l'amende, en matière de pourvoi contre les jugements disciplinaires, est de 37 fr. 50 c. plus le décime, soit 41 fr. 25., s'il est formé contre un jugement contradictoire, et de 18 fr. 75 c. plus le décime, soit 20 fr. 63 c., s'il est dirigé contre un jugement par défaut.

23. L'amende à consigner, en cas de pourvoi en cassation contre un jugement par défaut sur débouté d'opposition, est le quart (41 fr. 25 c.) de celle qui est déterminée en l'article 419 du Code d'instruction criminelle, ces jugements ayant le même caractère que les jugements contradictoires. (*C.* 11 *novembre* 1836; *J. O.* 1837, p. 7.)

24. Le garde national demandeur en cassation qui n'a pas consigné l'amende prévue par l'article 120 de la loi est déclaré, par ce seul fait, non recevable en son pourvoi, et est condamné à payer cette amende. (*C.* 15 *octobre* 1831 ; *J. O.* 1831, p. 384.)

25. Le garde national qui se pourvoit contre deux jugements, dont l'un a statué sur les mêmes faits et condamné à la même peine que l'autre dont il n'a fait qu'ordonner l'exécution, doit néanmoins consigner deux amendes. (*C.* 1ᵉʳ *août* 1834; *J. O.* 1835, p. 35.)

26. Le jugement qui intervient sur opposition à un jugement par défaut, fût-il lui même rendu par défaut, est considéré comme contradictoire et le pourvoi dont il serait l'objet nécessiterait le dépôt d'une amende de 41 fr. 25 c. (*C.* 17 *octobre* 1832; *J. O.* 1832, p. 334; et 28 *juin* 1834; *J. O.* 1834, p. 198.)

27. Il n'est pas nécessaire que l'amende soit consignée au moment où le pourvoi est formé; il suffit qu'il soit justifié de la consignation avant que la cour statue.

28. L'amende peut être consignée au bureau de l'enregistrement établi près la cour de cassation, si le garde national qui se pourvoit fait choix d'un défenseur; autrement, il peut faire cette consignation chez le receveur de l'enregistrement du lieu de son domicile, qui ne peut refuser de la recevoir, et qui doit en donner quittance, ainsi que la cour de cassation l'a décidé par arrêt du 16 août 1831.

29. La consignation d'amende peut être suppléée, aux termes de l'article 420 du Code d'instruction criminelle, par la production : 1° d'un extrait du rôle des contributions constatant qu'on paye moins de six francs, ou d'un certificat du percepteur attestant qu'on n'est pas imposé; 2° d'un certificat d'indigence délivré par le maire de la commune ou par son adjoint, visé par le sous-préfet et approuvé par le préfet du département.

30. Pour qu'un pourvoi puisse être considéré comme dispensé de la consignation de l'amende, il ne suffit pas que le condamné justifie de sa non-imposition aux rôles des contributions, il faut encore qu'il justifie de son indigence, conformément à l'article 420 du Code d'instruction criminelle. (*C.* 30 *mai* 1833; *J. O.* 1833, p. 259.)

31. Le certificat pour dispense de consignation d'amende doit constater l'indigence; celui qui ne constaterait qu'un état de détresse assez pénible ne serait pas recevable. (*C.* 31 *juillet* 1834; *J. O.* 1834, p. 202.)

32. Le certificat doit être approuvé par le préfet. Il ne serait pas valable s'il n'était simplement revêtu que de la légalisation par le préfet de la signature du sous préfet. (*C.* 31 *juillet* 1834; *J. O.* 1834, p. 202.)

33. Un certificat de l'autorité municipale attestant que le demandeur ne possède aucun bien immeuble, ses père et mère étant vivants, ne peut tenir lieu du certificat d'indigence visé par le sous-préfet et approuvé par le préfet. (*C.* 29 *décembre* 1832; *J. O.* 1833, p. 147.)

Cavalerie.

1. Les corps de cavalerie sont sous les ordres du commandant de la garde communale ou cantonale (*Loi, art.* 47); ils concourent suivant leur force numérique au service ordinaire de la garde nationale. (*Loi, art.* 42.)

2. Lorsque la garde nationale d'une commune ou d'un canton n'a qu'un seul conseil de discipline, les gardes nationaux faisant partie des corps de cavalerie sont justiciables de ce conseil.

S'il y a plusieurs bataillons dans le même canton, les gardes nationaux ci-dessus désignés sont justiciables du même conseil de discipline que les compagnies de leur commune.

S'il y a plusieurs bataillons dans la même commune, le préfet détermine de quel conseil de discipline les mêmes gardes nationaux sont justiciables.

Dans ces trois cas, les officiers, sous-officiers, brigadiers, caporaux et gardes, concourent pour la formation du tableau du conseil de discipline.

Lorsque les corps de cavalerie seront réunis en légion, ils ont un conseil de discipline particulier. (*Loi, art.* 106.)

3. L'article 42 de la loi, portant que les corps spéciaux concourent, par arme, au service ordinaire de la garde nationale, a pour effet d'obliger les cavaliers à faire le service à pied lorsqu'il ne se fait pas de service ordinaire à cheval. (*C.* 6 *février* 1832.)

4. Les gardes nationaux à cheval peuvent être commandés pour faire le service ordinaire concurremment avec les gardes nationaux des autres compagnies, et sans leurs chevaux, ou sans qu'on soit tenu de leur fournir une écurie pour leurs chevaux. (*C. 6 février* 1832 ; *Rec. d'arr.*)

5. Le fait d'un garde national à cheval, commandé pour le service ordinaire, de s'être présenté au poste, en tenue, et de s'être retiré sans même entrer au poste, parce qu'il n'y avait pas d'écurie pour son cheval, a pu être considéré comme un abandon du poste dans le sens de l'article 89 de la loi. (*C. 6 février* 1832 ; *Rec. d'arr.*)

6. Lorsque la garde nationale est commandée pour une cérémonie publique, le fait même établi qu'on n'est point armé ou que l'on fait partie de la garde nationale à cheval, ne dispense pas de déférer aux ordres de service. (*C.* 28 *décembre* 1832 ; *J. O.* 1833, p. 94.)

7. Les gardes nationaux des corps cantonaux de cavalerie, quoique les ordonnances qui ont autorisé ces formations, les aient spécialement affectés à un service cantonal, n'en doivent pas moins le service dans leurs communes respectives, sous les ordres du commandant de la garde nationale communale. (*C.* 8 *juin* 1833 ; *J. O.* 1833, p. 265.)

8. Lorsqu'un corps de cavalerie a été supprimé et que les gardes nationaux qui en faisaient partie ont été classés par le conseil de recensement dans d'autres compagnies de la garde nationale, ils ne peuvent se refuser à y faire le service. (*C. 6 décembre* 1834 ; *J. O.* 1835, p. 68.)

Cérémonie publique.

1. L'article 6 de la loi du 22 mars 1831, en plaçant la garde nationale sous l'autorité immédiate du maire, a conféré à ce magistrat le droit de la requérir toutes les fois qu'il juge son

concours nécessaire au maintien de l'ordre et de la tranquillité publique.

Par voie de conséquence, le maire use légalement de ses pouvoirs lorsqu'il requiert la garde nationale pour escorter les autorités dans les fêtes ou cérémonies, et ce service, s'il est commandé à titre *de service d'ordre et de sûreté*, est obligatoire pour les gardes nationaux.

Dès lors le manquement à ce service peut être réuni à un manquement précédent commis au service d'ordre et de sûreté pour motiver l'application de l'article 89 de la loi précitée. (*C. 23 avril* 1847; *J. O.* 1848-1849, p. 270.)

2. L'invitation faite par l'autorité administrative supérieure à un fonctionnaire public d'assister, en sa qualité, et conformément aux prescriptions du décret du 24 messidor an 12 (13 juillet 1804), à une cérémonie publique ordonnée par le gouvernement, est obligatoire pour ce fonctionnaire, et doit, par conséquent, le dispenser d'obéir, comme garde national, à l'ordre que lui aurait donné le chef de corps de se réunir à sa compagnie pour cette même cérémonie.

Dans l'espèce, l'obligation résultant de l'invitation faite par l'autorité constitue un service public qui emporte, aux termes de l'article 29 de la loi du 22 mars 1831, dispense temporaire et accidentelle; d'où il suit que, si le chef de corps refusait de faire droit à la réclamation motivée que lui aurait adressée le fonctionnaire public, pour être dispensé de faire le service comme garde national, il y aurait, de sa part, illégalité.

De même aussi, le conseil de discipline qui condamnerait à la prison le même fonctionnaire, pour manquement à ce service, violerait les prescriptions du décret de messidor et de la loi du 22 mars, et appliquerait faussement la peine portée en l'article 89 de la même loi. (*C. 5 août* 1841; *J. O.* 1841, p. 138.)

Chef de bataillon (Voir CHEF DE CORPS).

1. Un conseil de bataillon est compétent pour juger le chef de bataillon, après que ce conseil a été composé conformément à l'article 100 de la loi.

Par suite, le conseil qui se déclare incompétent sur le motif que le chef de bataillon est un officier supérieur, fait une fausse application des article 95 et 98 et viole l'article 100. (*C.* 18 *février* 1833; *J. O.* 1833, p. 205.)

2. Le chef de bataillon est personnellement justiciable du conseil de discipline de son bataillon et non du conseil de discipline supérieur qui, d'après les articles 95 et 98, est formé, dans les villes qui comprennent une ou plusieurs légions, pour juger les officiers supérieurs et les officiers d'état-major de légion.

Mais lorsqu'il s'agit de juger un chef de bataillon, deux officiers du grade du prévenu entrent dans le conseil en remplacement des deux derniers membres de ce conseil, c'est-à-dire des deux simples gardes nationaux.

S'il n'y a pas dans la commune deux officiers du grade du prévenu, le préfet désigne, par la voie du sort, deux chefs de bataillon des cantons ou des arrondissements circonvoisins. (*Loi*, *art.* 100.)

Par suite, le conseil ainsi modifié, qui se déclarerait incompétent pour juger le chef de bataillon, ferait une fausse application des articles 95 et 98 de la loi et violerait l'article 100. (*C.* 2 *mars* 1833; *Rec. d'arr.*; et 15 *janvier* 1835; *J. O.* 1835, p. 113.)

3. Le chef de bataillon commandant la garde communale ou cantonale étant *chef de corps* exerce toutes les attributions que la loi confère à ce dernier. (Voir CHEFS DE CORPS.)

Mais alors même que le chef de bataillon est sous les ordres d'un chef de légion, ou que, commandant seulement une portion de la garde nationale, cette garde se trouve sous le commandement supérieur d'un autre chef de bataillon plus ancien ou plus âgé, il est, en matière de discipline, des attributions spécialement dévolues au chef de bataillon et qu'il exerce, de droit, dans tous les cas :

Ainsi, il préside le conseil de discipline de son bataillon (*Loi, art.* 97); il assiste le maire dans la formation du tableau des juges appelés à siéger successivement dans ce conseil. (*Loi, art.* 105.)

4. La légalité de la composition d'un conseil de discipline ne peut être utilement attaquée devant la cour de cassation, à raison de la prétendue irrégularité de l'élection du chef de

bataillon président de ce conseil, lorsque cette élection n'a pas été attaquée antérieurement devant l'autorité administrative qui, dans l'espèce, est le jury de révision conformément à l'article 54 de la loi. (*C.* 12 *mai* 1832; *J. O.* 1832, p. 184.)

Chef de corps.

1. Au point de vue du commandement, les chefs de corps sont : les chefs de légion ; les chefs de bataillon ou d'escadron non réuni en légion ; les commandants de gardes nationales communales composées, soit d'une compagnie ou même d'une subdivision de compagnie, soit de plusieurs compagnies non réunies en bataillon ; les commandants de corps spéciaux de pompiers, d'artillerie, de marins, d'ouvriers marins, de cavalerie.

Mais, sous le rapport disciplinaire, on n'entend par chef de corps que l'officier à qui les articles 83 et 110 de la loi confèrent la faculté d'apprécier les infractions au service et à la discipline ; d'en saisir, s'il y a lieu, la juridiction disciplinaire, et de punir d'une garde hors de tour le garde national, le caporal ou le sous-officier coupable d'un premier manquement au service.

Les commandants de corps spéciaux ne sont investis de ces mêmes pouvoirs que lorsque ces corps forment une légion, et il n'en existe, jusqu'ici, qu'un seul en France : la légion de cavalerie de la garde nationale de Paris.

La raison en est que les armes spéciales, étant une fraction détachée de la masse de la garde nationale pour un service particulier, doivent nécessairement avoir, dans toutes les organisations, un cadre moindre que celui de la garde communale ou cantonale, et se trouvent ainsi sous l'autorité disciplinaire du commandant supérieur de cette garde.

En effet, voici quel est communément le rapport entre les corps spéciaux et la garde nationale à laquelle ils sont attachés :

GARDES NATIONALES.	CORPS SPÉCIAUX.
Légion........................	Compagnie, ou tout au plus bataillon ou escadron.
Bataillon......................	Compagnie.
Compagnie.....................	Subdivision de compagnie.
Subdivision de compagnie...........	Subdivision d'un effectif numérique moindre.

Alors même que, contrairement au principe qui résulte, à cet égard, de la nature même des choses et de l'instruction du ministre de l'intérieur, en date du 22 mai 1831 (*J. O.* 1831, p. 88), un corps spécial se trouverait exceptionnellement avoir un cadre égal à celui de la garde nationale (si, par exemple, il existait une *compagnie* de pompiers dans une commune où la garde nationale se composerait d'une ou de plusieurs compagnies non réunies en bataillon), le commandant dudit corps n'aurait point, pour cela, le caractère de chef de corps tel qu'il est entendu par les articles 83 et 110 de la loi. Ce caractère appartiendrait au commandant de la garde communale, et le chef du corps spécial ne pourrait s'en trouver revêtu que si, à grade égal, son ancienneté ou, à égalité d'ancienneté, l'âge l'appelait à exercer le commandement de toute la garde nationale locale.

2. Toutes les fois que la garde nationale se réunit, les différents corps prennent la place qui leur est assignée par le commandant supérieur. (*Loi, art.* 71.) Ce commandant supérieur, lorsqu'il n'en a pas été nommé spécialement un, en conformité de l'article 64 de la loi, est le commandant communal ou le commandant cantonal, suivant le système d'organisation de la garde nationale et suivant que les corps réunis appartiennent à une ou à plusieurs communes.

Un règlement local serait contraire à cette prérogative légale du commandant et ne pourrait produire d'effet, s'il déterminait la place des divers corps dans les réunions générales. (Voir RÈGLEMENTS DE SERVICE.)

3. La loi n'exige pas que le renvoi des rapports fait par le chef de corps au rapporteur soit constaté par écrit. (*C.* 27 *avril* 1833 ; *J. O.* 1833, p. 258.) Dès que le rapport est aux pièces, le renvoi, lorsqu'il n'est pas contesté par le chef de corps, est présumé avoir été fait légalement.

4. Il y aurait excès de pouvoir de la part du chef de corps qui accorderait une amnistie pour les infractions au service et à la discipline, et de la part des conseils de discipline qui, ayant égard à cette amnistie, consacreraient ainsi un acte illégal. (Voir AMNISTIE.)

5. Le chef de corps ne peut astreindre au service les citoyens qui en ont été provisoirement dispensés par décision du conseil de recensement. Tant que dure cette dispense et qu'elle n'a pas été régulièrement rapportée, elle doit produire son effet et l'article 78 de la loi, relatif à l'obéissance provisoire, n'est pas applicable dans l'espèce. (*C.* 3o *janvier* 1840; *J. O.* 1840, p. 13.)

6. Le chef de corps a le droit, préférablement aux officiers inférieurs, d'accorder une dispense de service, sauf, en cas d'abus, à être traduit devant la juridiction disciplinaire, et le conseil qui déclare cette dispense valable, quel qu'en ait été le motif, ne viole pas la loi. (*C.* 29 *août* 1833; *J. O.*, p. 366.)

7. La dispense d'accomplir un service commandé doit être demandée au chef de corps. L'autorité municipale n'aurait pas qualité pour l'accorder. (*C.* 28 *décembre* 1832; *J. O.* 1833, p. 146.)

8. Les ordres des chefs ne sont obligatoires et n'emportent de sanction pénale à l'égard des contrevenants que quand ces ordres ont été donnés conformément aux règlements légalement faits, ou lorsqu'ils sont relatifs au service.

Ainsi, l'ordre du jour d'un chef de corps qui enjoint aux capitaines de fournir des renseignements relatifs, soit à la formation des tableaux pour la composition du conseil de discipline, soit à l'élimination des contrôles des individus qui ne doivent plus y figurer, soit à l'inscription ou à la radiation d'autres citoyens, n'est pas obligatoire et ne peut, par suite, entraîner une peine contre les officiers qui refusent d'y déférer, un pareil ordre ayant pour objet des mesures administratives étrangères au service. (*C.* 11 *août* 1838; *J. O.* 1838, p. 71.)

9. Pour que le chef de corps soit complètement dessaisi du droit discrétionnaire de poursuivre ou de ne pas poursuivre la répression disciplinaire des infractions dénoncées dans les plaintes ou rapports, il faut que le renvoi fait par lui au conseil ait été suivi de citations valables.

Il suit de là que si, nonobstant une citation donnée par suite de renvoi du chef de corps au conseil, l'affaire a été renvoyée à un autre jour et si la citation n'a pas été renouvelée, le chef de corps reste le maître de retirer sa plainte pour user, à l'égard du manquement imputé au garde national, du pouvoir à lui conféré par l'article 83 de la loi, lequel pouvoir échappe à la juridiction du conseil de discipline. (*C.* 30 *janvier* 1840; *J. O.* 1840, p. 11.)

10. Le chef de corps qui ne se borne point à renvoyer purement et simplement au conseil de discipline les rapports qui lui ont été adressés à la charge de ses subordonnés, mais qui dénonce par écrit, soit au conseil, soit au rapporteur, quelques-uns des faits, objets des poursuites, comme s'étant passés en sa présence, devient garant de ce qu'il dénonce et peut être cité pour en rendre témoignage. Dans l'espèce, si ce chef est président du conseil ou l'un des juges, il se trouve dans le cas de la récusation, aux termes de l'article 378, n° 8, du Code de procédure civile. (*Plusieurs arrêts de cass., notamment* 21 *janvier* 1837; *J. O.* 1837, p. 26, *et* 14 *juin* 1839; *J. O.* 1839, p. 165.)

11. Le chef de corps qui a dressé un rapport sur la conduite d'un garde national à son égard est considéré comme ayant un intérêt personnel dans l'affaire et peut être récusé comme juge. (*C.* 31 *mars* 1832; *J. O.* 1832, page 160.)

12. Le chef de corps a le droit de punir d'une garde hors de tour tout garde national, caporal ou sous-officier qui manque pour la première fois au service (*Loi, art.* 83), et il n'appartient pas aux conseils de discipline de connaître de l'usage qui est fait de ce droit, à moins qu'ils ne soient régulièrement saisis d'une plainte en abus d'autorité portée contre le chef de corps à raison de gardes hors de tour infligées par lui. (*C.* 21 *février* 1839; *J. O.* 1839, p. 139.)

13. Mais le pouvoir d'imposer une garde hors de tour pour un premier manquement au service est purement facultatif, et le

conseil de discipline, si le chef de corps juge à propos de le saisir dudit manquement, est en droit, dans l'espèce, de prononcer la réprimande, laquelle est, aux termes de l'article 85 de la loi, applicable à toute infraction au service. (*C.* 23 *janvier* 1840 ; *J. O.* 1840, p. 3.)

14. L'exercice de la faculté que le chef de corps tient de l'article 83, n'est pas subordonné uniquement au fait d'un premier manquement au service. Il peut encore infliger une garde hors de tour pour un deuxième et même pour un troisième manquement, s'il juge plus utile au bien du service de ne pas saisir le conseil de discipline de ces fautes, attendu que, pour la nécessité et l'opportunité des poursuites devant le conseil, la loi s'en rapporte à la sagesse du chef du corps. (*C. J. O.* 1833, p. 208.)

15. L'article 78 qui autorise le garde national à réclamer devant le chef de corps contre le service pour lequel il a été commandé ne s'oppose point à ce que ce dernier impose des gardes hors de tour. En effet, il résulte nécessairement de la combinaison des articles 78 et 83, que si l'officier qui a commandé une garde hors de tour n'a pas de supérieur, c'est à lui que la réclamation du garde national doit être adressée. (*C. J. O.* 1833, p. 208.)

Chef de légion (Voir Chef de corps).

Le chef de légion est justiciable, sous le rapport disciplinaire, du conseil institué par les articles 95 et 98 de la loi.

Les dispositions de l'article 100 étant applicables à tous les conseils de discipline, deux officiers du grade du prévenu entrent dans le conseil chargé de juger un chef de légion ou un lieutenant-colonel et remplacent les deux lieutenants ou sous-lieutenants membres dudit conseil.

Selon qu'il s'agit de juger un chef de légion ou un lieutenant-colonel, le ministre de l'intérieur, ou le préfet sur sa délégation, désigne, pour entrer au conseil de discipline, deux colonels ou deux lieutenants-colonels appartenant aux légions organisées dans le département où siége le conseil ou dans les départements circonvoisins.

Chef de poste.

1. Tout chef de corps, poste ou détachement de garde nationale, qui refuse d'obtempérer à une réquisition des magistrats ou fonctionnaires investis du droit de requérir la force publique, ou qui agit sans réquisition et hors des cas prévus par la loi, est poursuivi devant les tribunaux, et puni conformément aux articles 234 et 258 du Code pénal (1).

La poursuite entraîne la suspension, et, s'il y a condamnation, la perte du grade. (*Loi, art. 93.*)

2. Les chefs de poste peuvent employer contre les gardes nationaux de service les moyens de répression qui suivent :

1° Une faction hors de tour contre tout garde national qui aura manqué à l'appel ou se sera absenté du poste sans autorisation ;

2° La détention dans la prison du poste, jusqu'à la relevée de la garde, contre tout garde national de service en état d'ivresse, ou qui se sera rendu coupable de bruit, tapage, voies de fait, ou de provocation au désordre ou à la violence, sans préjudice du renvoi au conseil de discipline, si la faute emporte une punition plus grave. (*Loi, art.* 82.)

3. Le droit d'infliger une faction hors de tour est facultatif pour les chefs de poste ; ils peuvent n'en pas user. Ainsi, on ne pourrait, sans excès de pouvoir, condamner un chef de poste parce qu'il se serait contenté de faire un rapport contre les

---

(1) Art. 234 du Code pénal. « Tout commandant, tout officier ou sous-officier de la force publique qui, après en avoir été légalement requis par l'autorité civile, aura refusé de faire agir la force à ses ordres, sera puni d'un emprisonnement d'un mois à trois mois, sans préjudice des réparations civiles qui pourraient être dues aux termes de l'article 10 du présent Code. »

Art. 258. « Quiconque, sans titre, se sera immiscé dans des fonctions publiques, civiles ou militaires, ou aura fait les actes d'une de ces fonctions, sera puni d'un emprisonnement de deux à cinq ans, sans préjudice de la peine de faux, si l'acte porte le caractère de ce crime. »

gardes nationaux qui se seraient absentés, au lieu de leur faire monter une faction extraordinaire. (*C. 4 juillet* 1834; *J. O.* 1834, *art.* 199.)

4. La peine de la faction ne peut s'appliquer ni aux caporaux ni aux sous-officiers. (*C.* 21 *novembre* 1833.) La faute qui, pour les simples gardes nationaux, peut donner lieu à une faction hors de tour, est punie, à l'égard des caporaux et des sous-officiers, par une des autres peines portées dans la loi.

5. Il n'y aurait point cause de nullité pour la poursuite contre un chef de poste, parce qu'un officier de ronde, au lieu de faire son rapport par acte séparé, se serait borné à mentionner l'infraction imputée au chef de poste sur le rapport même dressé par ce dernier. (*C.* 20 *juin* 1834; *J. O.* 1834, p. 189.)

6. La loi n'exige pas que le rapport fait par un officier ou un sous-officier chef de poste, pendant l'absence momentanée de l'officier supérieur, soit certifié par ce dernier. Le conseil de discipline saisi de ce rapport, suivant les formes voulues par les articles 110 et 111 de la loi, ne peut, sans violer la loi, en prononcer l'annulation sous le prétexte de l'absence de cette attestation. (*C.* 22 *mars* 1833; *J. O.* 1833, p. 181.)

7. L'ordre du jour du chef de corps qui enjoindrait aux chefs de poste de se borner à porter sur le rapport les gardes nationaux qui arriveraient tardivement au poste, ou s'en absenteraient sans autorisation, au lieu de leur infliger, soit une faction, soit une patrouille hors de tour, n'aurait pas une autorité suffisante pour dépouiller les chefs de poste du pouvoir qu'ils tiennent de l'article 82 de la loi et qui leur est nécessaire pour le bien du service. En conséquence, le chef de poste qui, contrairement à un tel ordre du jour, aurait infligé une faction hors de tour, ne saurait être l'objet d'une action disciplinaire comme ayant contrevenu à l'article 78, relatif à l'obéissance provisoire, attendu que ledit article ne s'étend pas aux règlements faits par le chef de corps en dehors des formes de l'article 73 de la même loi. (*C.* 21 *juillet* 1838; *J. O.* 1838, p. 60.)

8. Les chefs de poste ont le droit d'apprécier les faits susceptibles de motiver l'usage du pouvoir que leur confère l'article 82, § 2, de faire détenir dans la prison du poste, jusqu'à la relevée de la garde, celui de ses subordonnés qui est en état d'ivresse ou qui se rend coupable de bruit, tapage, voies de fait ou de provocation au désordre ou à la violence. (*C. 5 octobre* 1833 ; *J. O.* 1834, p. 33.)

9. Le refus fait par un chef de poste de revêtir son uniforme, après en avoir reçu l'ordre de son supérieur, peut être considéré comme un acte de désobéissance et d'insubordination. (*C.* 20 *juin* 1834 ; *J. O.* 1834, p. 190.)

Chirurgien (Major ou Aide-major).

1. Il appartient aux conseils de discipline d'apprécier l'excuse tirée de l'état de maladie, sans que les certificats des chirurgiens de la garde nationale, produits pour justifier des causes d'empêchement, puissent en rien lier le conseil. (*C.* 31 *mars* 1836 ; *J. O.* 1836, p. 115.)

2. Les conseils de discipline ne sont point compétents pour connaître de l'infraction résultant de la délivrance, par un chirurgien de la garde nationale, d'un certificat attestant faussement des maladies ou des infirmités propres à dispenser du service.

Ce fait n'est justiciable que des tribunaux de police correctionnelle, aux termes de l'article 160 du Code pénal. (*C.* 6 *mars* 1836 ; *J. O.* 1836, p. 112.)

3. Le chirurgien d'un bataillon cantonal, ayant son domicile réel dans une commune étrangère à ce bataillon, est régulièrement inscrit, dans cette commune, sur le contrôle de la garde nationale ; mais il y est dispensé du service tant que, par sa nomination, il reste en possession de la qualité de chirurgien dans le bataillon auquel n'appartient pas la garde nationale de son domicile. (*C.* 9 *janvier* 1836 ; *Rec. d'arr.*)

Citation.

§ 1er. — *Autorité ayant qualité pour donner citation.*

1. C'est au rapporteur près le conseil de discipline que la loi confie le soin de faire citer les gardes nationaux prévenus d'un ou de plusieurs manquements, prévus par la loi, qui les rendent justiciables des conseils de discipline. (*Loi, art.* 111.)

2. Toutefois, une citation ne serait pas nulle pour avoir été donnée au nom du chef de corps, au lieu de l'être au nom du rapporteur. (*C.* 14 *juillet* 1832 ; *Rec. d'arr.*)

3. La citation doit être signée du rapporteur. (*Inst. min.* 25 *octobre* 1831.) Toutefois, si la citation ne portait pas cette signature, il suffirait qu'elle fût donnée à la requête du rapporteur et signifiée par un agent de la force publique. (*C.* 18 *août* 1832 ; *Rec. d'arr.*)

§ 2. — *Des agents chargés de notifier les citations.*

4. La citation doit être portée à domicile par un agent de la force publique. (*Loi, art.* 111.)

5. Les agents de la force publique qui ont qualité pour porter les citations, conformément à l'article 111 de la loi, sont :
1° Les gendarmes, les gardes municipaux, et, à Paris, les militaires de la garde républicaine ;
2° Les gardes champêtres ;
3° Les agents de police et sergents de ville assermentés ;
4° Les concierges de la commune assermentés ;
5° Les tambours, sergents de ville, tambours et tambours-maîtres assermentés.

6. Les huissiers ont aussi qualité pour signifier les actes de juridiction disciplinaire, pourvu qu'il n'en résulte aucuns frais à la charge des condamnés. (*C.* 29 *décembre* 1832 ; *J. O.*, 1833, p. 91.)

§ 3. — *Forme de la citation.*

7. Bien que les citations devant les conseils de discipline ne soient assujetties à aucune forme, à peine de nullité, on n'en doit pas moins s'attacher à leur donner une forme régulière, à laquelle les rapporteurs seraient d'ailleurs ramenés par l'obligation d'y consigner diverses mentions dont l'omission entraînerait la nullité de la citation ainsi qu'il sera indiqué ci-après.

Voici les modèles de citation qui ont paru satisfaire aux nécessités légales.

CITATION (*Original*).

Le sieur (1)
est cité devant le conseil de discipline dudit bataillon, qui se tiendra à
le   du mois de   184 , à   heures du soir,
comme étant prévenu par un (2)   , en date du
renvoyé audit conseil, de (3)

En conséquence, il sera tenu de comparaître devant ledit conseil, les jour et heures susdits, en personne ou par un fondé de procuration spéciale, pour y présenter ses moyens de défense, sans quoi il sera jugé par défaut.

Il est ordonné à (4)   de porter à domicile la présente citation.

A   , le   184 .

Le Rapporteur près le conseil de discipline,

Copie de la présente a été portée par moi (4),   , cejourd'hui (5)   , à   heures du   , au sieur (6)
, demeurant à   , rue   , n°   ,
parlant à (7)

(Signature de l'agent.)

Enregistré gratis à   , folio   .

---

(1) Indiquer le nom, les prénoms, le grade, la compagnie, le bataillon, la commune, la rue, le numéro.

(2) Indiquer si c'est un rapport, un procès-verbal ou une plainte.

(3) Indiquer le manquement au service ou à la discipline qui fait l'objet de la citation.

(4) Indiquer la qualité de l'agent de la force publique, ses nom, prénoms et domicile.

(5) Indiquer le jour, le mois, l'année.

(6) Indiquer le nom, les prénoms.

(7) Indiquer la personne à qui la citation a été remise.

La copie de la citation est en tout conforme à l'original ;
seulement, l'agent de la force publique chargé de la notification
certifie, ainsi qu'il suit, la remise :

La *présente copie* a été portée par moi, etc., etc.

8. Le porteur de la citation doit constater, sur la copie et
l'original, la date de la remise. La copie est laissée à l'inculpé,
et l'original rapporté au secrétaire du conseil, qui en prend date
pour la séance indiquée. (*Inst. min.* 25 *octobre* 1831 ; *J. O.*
1831, p. 325.)

9. Les citations doivent être datées, à peine de nullité. (*C.*
4 *mars* 1836 ; *J. O.* 1836, p. 94.)

10. Il y a nullité de la copie de la citation et, par voie de
conséquence, du jugement qui en a été la suite, si la citation ne
contient ni la date du jour, ni celle du mois.

La nullité, pour cette double omission, résulte expressément
des articles 116 de la loi du 22 mars 1831, et 61 du Code
de procédure civile, ce dernier ainsi conçu : *l'exploit d'ajournement contiendra la date des jour, mois et an, les noms, profession et domicile du demandeur*, etc., le tout à peine de nullité.
(*C.* 28 *janvier* 1843 ; *J. O.* 1843, p. 191.)

11. Toute citation est nulle de plein droit, si elle ne porte ni
la signature de l'agent chargé de la remettre, ni le nom de la
personne à laquelle elle a été remise. (*C.* 23 *janvier* 1840 ; *J. O.*
1840, p. 5.)

12. La citation adressée, pour comparaître au conseil de discipline, qui ne fait pas mention de la personne à laquelle elle
a été remise, se trouve frappée de nullité, et le jugement par
défaut qui interviendrait serait également nul, aux termes de
l'article 61, n° 2, du Code de procédure civile, qui exige, à
peine de nullité, que tout exploit d'ajournement contienne la
mention de la personne à laquelle copie dudit exploit sera
laissée.

Mais, dans l'un et l'autre cas, la nullité se trouve couverte s'il
a été fait opposition au jugement par défaut, et surtout si l'on

ne se présente pas au conseil de discipline sur la nouvelle cita-tion régulière qui a été donnée.

En cet état de la procédure, le jugement de débouté d'oppo-sition au premier jugement par défaut est régulier et définitif. (*C. 23 octobre* 1840; *J. O.* 1840, p. 103.)

13. Les citations données à un garde national sous son nom de famille seul, avec la qualité d'*aîné*, tel, par exemple, que *Páris aîné*, peuvent être réputées régulières. (*C. 11 janvier* 1833; *Rec. d'arr.*)

14. La mention, dans une citation, d'un prénom autre que celui du prévenu est une erreur insignifiante, s'il n'existe dans la localité aucun autre garde national ayant le même nom de famille. (*C. 11 janvier* 1833; *J. O.*, 1833, p. 150.)

15. Une citation n'est pas nulle, parce que le nom de l'agent qui l'a signifiée est resté en blanc, alors surtout que le cité comparaît. (*C. 10 septembre* 1831; *Rec. d'arr.*)

16. La citation doit énoncer les faits et objets de la pour-suite, et le conseil ne peut baser son jugement sur des faits au-tres que ceux qui sont relatés dans la citation. (*C. 14 et 26 juil-let* 1832.)

Toutefois, il suffit que le fait soit articulé, et s'il s'agit d'un manquement à une garde, il n'est pas indispensable que la cita-tion spécifie si le manquement a eu lieu à l'occasion d'une garde ordinaire ou à l'occasion d'une garde hors de tour. (*C. 24 novembre* 1832; *J. O.* 1833, p. 90.)

17 Aucune disposition de la loi ne prescrit de préciser dans la citation la date des manquements qui sont l'objet de la pour-suite. (*C. 31 mars* 1836; *J. O.* 1836, p. 115), et il importerait peu que la citation eût donné une date erronée au manque-ment, s'il est constaté en fait et s'il est reconnu par le prévenu. (*C. 30 mars* 2838; *J. O.* 1838, p. 41.)

18. Un jugement satisfait pleinement aux prescriptions des articles 183 et 195 du Code d'instruction criminelle, s'il est

motivé sur un rapport de service et sur un manquement itératif à un service d'ordre et de sûreté, et si la citation contient
cette même articulation.

Quant à la date des services auxquels le prévenu a manqué,
la loi n'exige nullement qu'elle soit précisée dans la citation,
non plus que dans le jugement. (*C.* 20 *décembre* 1841 ; *J. O.*
1841, p. 156.)

19. Le prévenu est suffisamment mis en mesure de se défendre, si la citation, bien qu'elle ne contienne pas la date du
rapport qui lui a servi de base, indique la contravention reprochée. (*C.* 20 *juin* 1834 ; *J. O.* 1834, p. 189.)

20. Le fait qu'une citation fondée sur un double manquement au service aurait, par erreur, énoncé en plus, à la charge
du garde national cité, un fait qui n'a pas existé, ne vicierait pas
la citation, si la condamnation intervenue est uniquement motivée sur le double manquement. (*C.* 30 *janvier* 1840 ; *J. O.* 1840,
p. 11.)

21. Bien que des faits d'injures qui auraient accompagné un
refus de service ne soient pas mentionnés dans la citation, s'ils
sont dans le rapport lu à l'audience et si le prévenu a consenti à se défendre sur ce point, ce défaut de mention ne peut
être présenté comme une violation du droit de défense. (*C.*
24 *août* 1832 ; *Rec. d'arr.*)

22. L'application de l'article 89 de la loi est nulle de plein
droit, si la citation n'est motivée sur aucun des cas prévus par
ledit article. (*C.* 8 *juin* 1833 ; *J. O.* 1833, p. 266.)

23. On ne peut induire la nullité d'une citation pour comparaître après opposition à un jugement par défaut et à laquelle
il a été satisfait, de ce que cette citation se serait référée purement et simplement à celle qui aurait précédé ledit jugement
par défaut et qui n'aurait point été reçue par le prévenu. Dans
l'espèce, le prévenu, ayant fait opposition et ayant comparu, a
eu réellement connaissance des faits allégués à sa charge par le

jugement par défaut, et, dès lors, il a été mis en mesure de se défendre. (*C.* 3o *mars* 1839; *J. O.* 1839, p. 152.)

24. Les citations devant les conseils de discipline ne sont assujetties à aucune forme déterminée, à peine de nullité. Il suffit, pour leur validité, qu'il soit certain que les prévenus les ont reçues et qu'elles ont été remises par un agent de la force publique. (*C.* 18 *mai* 1832; *J. O.* 1832, p. 245.)

Quant aux irrégularités que contiendraient les citations, elles seraient couvertes, dans tous les cas, par la comparution du prévenu. (*C.* 7 *septembre* 1833; *J. O.* 1833, p. 367.)

§ 4. — *Délai de la comparution.*

25. Le délai pour la comparution ne peut être moindre de 24 heures, ainsi qu'il est déterminé par l'article 146 du Code d'instruction criminelle pour la comparution devant les tribunaux de simple police. (*Inst. min.* 25 *octobre* 1831; *J. O.* 1831, p. 325.)

26. Il y a délai suffisant lorsqu'il s'est écoulé plus de 24 heures entre la remise de la citation et la comparution devant le conseil, et l'inculpé ne peut se prévaloir de la brièveté de ce délai pour prétendre que le temps lui a manqué pour appeler des témoins, lorsqu'il n'a pas demandé au conseil un nouveau délai afin de les produire. (*C.* 24 *août* 1832; *J. O.* 1832, p. 219.)

27. En admettant que la citation ait été donnée dans un délai moindre que 24 heures (*Code d'instruction criminelle, article* 146), la nullité qui en aurait pu résulter se trouve couverte dès l'instant que le demandeur comparaît volontairement à l'audience; dans l'espèce, et si le jugement ne constate point que le demandeur ait pris des conclusions tendant à l'ajournement de l'affaire, il n'est point recevable à prétendre qu'une prorogation de délai lui était nécessaire dans l'intérêt de sa défense; il y a dès lors présomption légale qu'il a consenti à ce qu'il fût passé outre aux débats et au jugement. (*C.* 28 *mars* 1840; *J. O.* 1840, p. 23.)

§ 5. — *Jurisprudence.*

28. L'article 1037 du Code de procédure civile, qui défend de faire aucune signification ni exécution les jours de fête légale, sans une permission du juge, ne s'applique point aux actes de la justice répressive. La loi du 22 mars 1831, ni aucune autre loi, ne défend point, d'ailleurs, de donner, dans les jours fériés, des citations devant le conseil de discipline. (*C.* 19 *novembre* 1838 ; *J. O.* 1838, p. 106.)

29. Le garde national qui, malgré sa déclaration de changement de domicile, a continué de résider dans le premier domicile, peut y être cité si, dans le fait, il ne l'a pas quitté. (*C.* 21 *juillet* 1832 ; *Rec. d'arr.*)

30. La formalité de l'enregistrement qui, d'ailleurs, est gratuit, aux termes de l'article 121 de la loi, n'est pas obligatoire, à peine de nullité, pour les actes de poursuite disciplinaire. (*C.* 18 *mai* 1832; *J. O.* 1832, p. 245.)

31. Un jugement, qui constate que la désobéissance et l'insubordination résultent de circonstances adhérentes au refus de service, peut appliquer l'article 89, bien que la citation n'eût pour objet qu'un manquement à un service de revue, le demandeur ayant été suffisamment averti de préparer sa défense. (*C.* 19 *mai* 1832.)

32. Bien que le fait de la prévention ait été qualifié dans la citation, de *désobéissance et d'insubordination*, le conseil peut, en constatant l'existence du fait allégué, lui donner une autre qualification, s'il la juge plus conforme à la loi. (*C.* 31 *juillet* 1834; *J. O.* 1834, p. 202.)

33. Les conseils de discipline, de même que les tribunaux de police correctionnelle, ont le pouvoir, lorsque le fait mentionné dans la citation est dépouillé de sa gravité par suite des débats, d'appliquer la peine dont est passible le fait ainsi réduit à un caractère de gravité moins élevé.

Ainsi, lorsqu'un garde national a été cité pour désobéissance et insubordination, si le conseil le déclare seulement coupable d'avoir tenu une conduite propre à porter atteinte à la discipline, ledit garde national peut être légalement condamné à la peine portée par l'article 86 de la loi, savoir : *la réprimande avec mise à l'ordre. (C. 18 novembre* 1843; *J. O.* 1843, p. 224.)

34. Il est de principe absolu que l'officier du ministère public doit être entendu tant sur les conclusions préjudicielles que sur le fond de la poursuite.

Dès lors, dans le cas où, des conclusions formelles ayant été prises par l'inculpé devant le conseil de discipline sur une nullité tirée de la citation, le conseil aurait statué sur ces conclusions, sans que le jugement constatât que l'officier rapporteur a été entendu sur l'incident, il y aurait violation des droits du ministère public et de l'article 118 de la loi du 22 mars 1831, aux termes duquel le rapporteur doit nécessairement résumer l'affaire et donner ses conclusions. (*C. 8 avril* 1843 ; *J. O.* 1843; p. 199.)

35. Un conseil de discipline qui passerait outre au jugement de fond, sans statuer sur les conclusions préalablement présentées au sujet de la citation, violerait l'article 7 de la loi du 20 avril 1810 et l'article 118 de la loi du 22 mars 1831. (*C. 2 août* 1839 ; *J. O.* 1839, p. 183.)

36. A défaut de la lecture des rapports relatifs aux infractions lors du jugement définitif, il suffit, pour le droit de la défense, que lecture ait été donnée de la citation contenant articulation du fait de la poursuite et se référant au jugement par défaut qui précisait la date des infractions. (*C. 5 janvier* 1833 ; *J. O.* 1833, p. 150.)

37. Un conseil est compétent pour connaître des refus de service antérieurs à un pourvoi devant le jury de révision, encore bien que la citation ait été donnée postérieurement à l'introduction de l'instance devant le jury. (*C. 10 octobre* 1832; *Rec. d'arr.*)

§ 6. — *Citation à témoin.*

38. Les témoins sont cités à la requête des rapporteurs.

39. Néanmoins, l'article 118 de la loi du 22 mars n'exige, pour l'audition des témoins, ni citation ni notification préalable; ils peuvent être entendus dès qu'ils sont présentés par l'une ou l'autre des parties, sauf la faculté qui appartient à ces dernières de demander la remise de la cause pour discuter ou combattre les témoignages. (*C.* 16 *mars* 1833; *J. O.* 1833, p. 180.)

40. Lorsqu'il y a lieu de citer des témoins, ce qui, malgré l'arrêt ci-dessus (n° 39), est le mode le plus régulier et le plus ordinairement pratiqué, il convient de rédiger la citation conformément au modèle suivant:

CITATION A TÉMOIN (*Original*).

En exécution de l'article 118 de la loi du 22 mars 1831, sur l'organisation de la garde nationale;

Nous   rapporteur près le conseil de discipline du *bataillon de*   , ordonnons au sieur (1)   de citer le sieur   , demeurant *à*   à comparaître le   , *à*   heures du *soir*, pardevant le conseil de discipline séant à   , pour y être entendu comme témoin sur les faits reprochés au sieur   , garde national à

A   , le   184 .

Le rapporteur,

L'an mil huit cent   , le   à   heures du   , je soussigné (2)   , en exécution de l'ordre ci-dessus, ai cité le sieur   demeurant à   , parlant à   , *ainsi déclaré*, à comparaître le   , *à* heures du *soir*, pardevant le conseil de discipline du *bataillon de*   , séant à   , pour y être entendu comme témoin sur les faits reprochés au sieur   , garde national, lui déclarant que, faute par lui de déférer à la présente citation, il sera procédé contre lui, conformément aux articles 157 et 80 du Code d'instruction criminelle, et lui ai, parlant comme dessus, remis copie du présent.

(Signature de l'agent.)

Enregistré gratis à   , *le*   184 , *folio*   .

(1 *et* 2) Indiquer ici la qualité de l'agent de la force publique, ses nom, prénoms et domicile.

CITATION A TÉMOIN (*Copie*).

En exécution de l'article 118 de la loi du 22 mars 1831, sur l'organisation de la garde nationale, nous   , rapporteur près le conseil de discipline du *bataillon de*   , ordonnons au sieur (1)   de citer le sieur   , demeurant à   à comparaître le   , à   heures du   , par-devant le conseil de discipline séant à   , pour y être entendu comme témoin sur les faits reprochés au sieur   , garde national à

      A   , le   184 .

Le rapporteur,

L'an mil huit cent   , le   , à   heures du   , je soussi-gné (2),   en exécution de l'ordre ci-dessus, ai cité le sieur   , demeurant à   , parlant à   , *ainsi déclaré*, à comparaître le   , à   heures du   , pardevant le conseil de discipline du *bataillon de*   , séant à   , pour y être entendu comme témoin sur les faits reprochés au sieur   , garde national, lui déclarant que, faute par lui de déférer à la présente citation, il sera procédé contre lui, conformé-ment aux articles 157 et 80 du Code d'instruction criminelle, et lui ai, parlant comme dessus, remis la présente copie.

(Signature de l'agent.)

Cocarde.

Le règlement de service, fait conformément à l'article 73 de la loi, peut imposer à tout garde national de service l'obliga-tion de porter la cocarde nationale qui lui est fournie gratui-tement.

Le refus d'obtempérer à ce règlement est un acte de dés-obéissance, et les circonstances qui accompagnent ce refus peuvent, selon le cas, constituer la désobéissance et l'insubor-dination et donner lieu à l'application de l'article 89 de la loi. (*C.* 14 *janvier et* 18 *février* 1832; *J. O.* 1832, p. 77 et 103.)

Commissions sanitaires.

Aux termes de la loi du 3 mars 1832, les membres des com-missions sanitaires ont le droit de requérir la force publique.

(1 *et* 2) Indiquer ici la qualité de l'agent de la force publique, ses nom, prénoms et domicile.

Ce droit étant incompatible avec le service de la garde nationale, d'après la loi du 22 mars 1831, article 11, il en résulte,
pour les membres des commissions sanitaires, non pas seulement une exemption facultative du service, mais bien une
prohibition formelle.

Un jugement de conseil de discipline qui obligerait un de
ces fonctionnaires au service violerait la loi. (*C.* 22 *août* 1834;
J. O. 1834, p. 222.)

Comparution.

1. Le garde national cité devant un conseil de discipline
comparaît en personne, ou par un fondé de pouvoirs. (*Loi,
art.* 115.)

La procuration du fondé de pouvoirs doit être spéciale. (*Inst.
min.* 25 *octobre* 1831; *J. O.* 1831, p. 326.)

L'inculpé peut être assisté d'un conseil. (*Loi, art.* 115.)

S'il ne comparaît pas, soit en personne, soit par fondé de
pouvoirs, il est jugé par défaut. (*Loi, art.* 116.)

Si l'opposant à un jugement par défaut ne comparaît pas à
la séance indiquée, le jugement par défaut devient définitif.
(*Loi, art.* 116.)

2. Il y a délai suffisant, lorsqu'il s'est écoulé plus de vingt-
quatre heures entre la citation et la comparution, et l'inculpé
ne peut se prévaloir que le temps lui a manqué pour appeler
des témoins, lorsqu'il n'a pas demandé au conseil un délai pour
les faire entendre. (*C.* 24 *août* 1832; *J. O.* 1832, p. 219.)

Compétence (Voir Iʳᵉ PARTIE, TITRE VI).

Conclusions.

1. L'article 141 du Code de procédure qui exige que tout
jugement contienne les conclusions des parties n'est pas applicable aux jugements des conseils de discipline. Toutefois, le
garde national qui a pris des conclusions écrites a le droit

d'exiger qu'elles soient jointes à la procédure. (10 *mars* 1832 ; *J. O.* 1832, p. 107.)

2. Le conseil de discipline qui passerait outre au jugement du fond, sans statuer sur les conclusions préalablement présentées, violerait l'article 7 de la loi du 20 avril 1810 sur l'administration de la justice et l'article 118 de la loi du 22 mars 1831. (*C.* 17 *août* 1838 ; *J. O.* 1838, p. 89, et 2 *août* 1839 ; *J. O.* 1839, p. 183.)

3. La réquisition du ministère public est une formalité substantielle et de droit public en toute matière pénale, puisque l'action publique n'appartient qu'à ceux que la loi en a investis. (*Code d'inst. crim., art.* 1er.)

Loin de déroger à ce principe, la loi du 22 mars 1831 en a fait expressément l'application par son article 118, n° 8, à la juridiction des conseils de discipline.

Il suit de là qu'un jugement de condamnation qui aurait été prononcé avant que le rapporteur eût pris des conclusions, serait nul pour violation des dispositions de l'article 118 précité et des principes généraux du droit public. (*C.* 23 *août* 1839 ; *J. O.* 1839, p. 183.)

4. Il est de principe absolu que l'officier du ministère public doit être entendu, tant sur les conclusions préjudicielles que sur le fond de la poursuite.

Dès lors, dans le cas où des conclusions formelles ayant été prises par l'inculpé sur une nullité tirée de la citation, le conseil aurait statué sur ces conclusions, sans que le jugement constatât que le rapporteur a été entendu sur l'incident, il y aurait violation des droits du ministère public et de l'article 118 de la loi, aux termes duquel le rapporteur doit résumer l'affaire et donner ses conclusions. (*C.* 8 *avril* 1843 ; *J. O.* 1843, p. 199.)

5. Lorsque, sur opposition à un jugement par défaut, l'inculpé présente des conclusions tendantes à faire valoir des excuses touchant l'infraction qui lui est imputée, le conseil est

tenu d'y statuer, et, dans le cas où il confirmerait le jugement par défaut, sans énoncer aucuns motifs sur les conclusions du demandeur, le conseil violerait l'une des formalités substantielles pour la validité des jugements et le droit de la défense. (*C. 2 septembre* 1842; *J. O.* 1842, p. 186.)

6. Les conclusions déposées après que les débats ont été déclarés clos et que le public a reçu l'ordre d'évacuer la salle, peuvent être déclarées tardives et, partant, non-recevables par le conseil. (*C. 13 avril* 1832; *Rec. d'arr.*)

Conseil d'administration.

Les membres des conseils d'administration doivent être considérés comme étant de service, pendant le temps qu'ils siégent au conseil, et si, pendant ce temps, l'un d'eux insultait son supérieur en grade, il serait passible des peines de l'article 87 de la loi. (*C. 21 novembre* 1833; *J. O.* 1834, p. 81.)

Conseil de discipline (Voir la 1re PARTIE DU MANUEL).

Conseil d'État.

1. Le recours au conseil d'Etat contre une décision de jury de révision n'est pas suspensif, en ce sens que le conseil de discipline soit tenu de surseoir jusqu'à ce qu'il ait été statué sur ledit recours.

En conséquence, comme obéissance est provisoirement due aux ordres de service, un conseil ne commet point d'excès de pouvoir en jugeant, nonobstant le pourvoi au conseil d'Etat, les faits imputés, pour cause de service, au garde national qui a formé ce pourvoi. (*Nombreux arrêts de cassation,* 5 *décembre* 1834; *J. O.* 1834, p. 59 ; 3 *mai* 1835; *J. O.* 1835, p. 233.)

2. Le fait de l'annulation par le jury de révision de l'élection des officiers d'une compagnie n'autorise point un garde national de cette compagnie à refuser un service régulièrement

commandé, lorsqu'un arrêté de l'autorité administrative ordonne que les officiers dont l'élection a été annulée continueront de remplir leurs fonctions jusqu'à décision à intervenir du conseil d'Etat. (*C.* 28 *février* 1835; *J. O.* 1835, p. 154.)

Conseil de recensement.

1. La loi ne prescrit pas d'incompatibilité entre les fonctions de président de conseil de discipline et celles de membre du conseil de recensement. (*C.* 5 *mai* 1838; *J. O.* 1838, p. 44.) Ce principe ne s'applique pas seulement au président d'un conseil de discipline, il s'étend naturellement à tous les membres de ce conseil.

2. Lorsqu'une décision de conseil de recensement, rejetant une réclamation en radiation ou en dispense, a été produite devant le conseil de discipline, il importe peu que cette même décision n'ait point été notifiée au réclamant. (*C.* 10 *octobre* 1834; *J. O.* 1834, p. 234.)

3. Lorsqu'il est justifié par un garde national qu'il est en cours de réclamation pour faire prononcer par le jury de révision sur une décision du conseil de recensement qui a ordonné d'office son inscription au contrôle, fondée sur le domicile, il y a nécessité pour le conseil de discipline, en cas de poursuites exercées contre ce garde national pour manquement postérieur au service, de surseoir à statuer, jusqu'à ce qu'il ait été prononcé par le jury de révision sur la décision dont il s'agit. (*C.* 7 *décembre* 1843; *J. O.* 1843, p. 230.)

Conseiller de préfecture.

La dispense du service de la garde nationale spécifiée par l'article 28 de la loi du 22 mars 1831 à l'égard des membres des cours et tribunaux n'a pas été introduite en leur faveur, mais bien en faveur des justiciables.

En principe, les exceptions sont de droit strict et ne peuvent être étendues.

Il résulte de ce principe que, pour ce qui concerne la dispense facultative du service de la garde nationale établie en faveur des membres des cours et tribunaux par l'article 28 de la loi du 22 mars précitée, rapproché de l'article 5 de la loi du 27 ventôse an VIII, cette dispense n'est accordée spécialement qu'à l'égard des magistrats de l'ordre judiciaire.

Il s'ensuit, dès lors, que les conseillers de préfecture, qui, s'ils exercent parfois des fonctions judiciaires, ne les exercent que dans l'ordre administratif, ne peuvent être assimilés, en ce qui concerne la dispense facultative prescrite par l'article 28 ci-dessus rappelé, aux membres des cours et tribunaux. (*C. 27 avril* 1843 ; *J. O.* 1843, p. 202.)

Consigne.

1. Obéissance provisoire étant due, aux termes de l'article 78 de la loi, aux ordres concernant le service, il est contraire au devoir des gardes nationaux et des conseils de discipline de discuter une consigne et d'établir les motifs de ne pas y obéir. (*C.* 15 *septembre* 1832; *J. O.* 1832, p. 278.)

2. Le garde national qui, n'étant pas de service, et n'étant pas revêtu de son uniforme, tente de violer une consigne, ou se répand en injures et en menaces contre des gardes nationaux de service, n'est pas justiciable des conseils de discipline. (*C.* 6 *janvier* 1832 ; *Rec. d'arr.*)

Consuls et Vice-Consuls.

1. Les Français et les étrangers autorisés à établir leur domicile en France, accrédités par les puissances étrangères en qualité de consuls et admis par ordonnance d'*exequatur*, exercent des fonctions de police et de juridiction sur les sujets des puissances qui les ont accrédités et doivent, à ce titre, être assimilés aux membres des cours et tribunaux qui, aux termes de l'article 28 de la loi, peuvent se dispenser du service de la garde nationale.

Le conseil de discipline qui condamnerait un de ces agents pour refus de service, violerait à la fois la loi et les règles du droit international et commettrait un excès de pouvoirs. (*Nombreux arrêts de cass., et notamment* 3o *mars et* 7 *août* 1834; *J. O.* 1834, p. 186 et 212.)

2. Les réserves contenues dans l'ordonnance d'exequatur, en vertu de laquelle un consul étranger, accrédité en France, a été autorisé à y établir son domicile, ne s'appliquent pas au service de la garde nationale. Dans le cas, d'ailleurs, où ledit agent consulaire aurait été inscrit aux contrôles, il a droit, à raison des fonctions judiciaires qu'il est appelé à exercer en sa qualité de consul, à l'exemption prévue par l'article 28 de la loi. (*C.* 21 *décembre* 1837; *J. O.* 1838, p. 36.)

Contrôle du service ordinaire.

L'inscription d'un citoyen sur les contrôles de la garde nationale est présumée légale et implique obligation d'obéir aux ordres de service, tant qu'il n'a pas été formé de réclamation contre cette inscription devant l'autorité compétente, c'est-à-dire devant le conseil de recensement en premier ressort, et, en appel, devant le jury de révision. (*C.* 2 *décembre* 1831; *J. O.* 1832, p. 38.)

Mais le conseil de discipline doit surseoir à juger le garde national qui justifie d'une demande en radiation formée avant la réception des ordres de service auxquels il est prévenu d'avoir manqué. (*C.* 1er *octobre* 1836; *J. O.* 1836, p. 205.)

Corps de garde (Voir Prison).

Un corps de garde ne peut tenir lieu de prison pour les gardes nationaux condamnés par les conseils de discipline, attendu que c'est un lieu spécialement destiné au séjour et à la circulation des gardes nationaux de service et accessible au public, ce qui exclut l'idée de l'assimilation possible à une prison. (*C.* 26 *juillet* 1833; *J. O.* 1833, p. 297.)

Cours et Tribunaux.

1. Les membres des cours et tribunaux peuvent, nonobstant leur inscription, se dispenser du service de la garde nationale. (*Loi, art.* 28.)

Par cours et tribunaux, pour l'application de cette disposition de la loi, on entend :

La cour de cassation ;

La cour des comptes ;

Les cours d'appel ;

Les tribunaux de première instance ;

Les tribunaux de commerce ;

Les justices de paix ;

Les conseils de prud'hommes (*Arrêt de cass.* 7 *mars* 1845).

Les juges suppléants, les greffiers et commis greffiers assermentés, sont compris parmi les membres des cours et tribunaux et ont le droit, comme ces derniers, de se dispenser du service de la garde nationale, aux termes de l'article 28 précité. (*C.* 28 *septembre* 1833, 21 *juillet* 1832 et 31 *juillet* 1841 ; *J. O.* 1841, p. 135.)

2. La loi du 22 mars 1831, en autorisant, par son article 28, les membres des cours et tribunaux à se dispenser du service de la garde nationale, n'interdit pas ce service à ceux qui ne se trouvent pas dans le cas de l'incompatibilité prescrite par l'article 11 de la même loi à l'égard des magistrats qui ont le droit de requérir la force publique. (*C.* 12 *mai* 1832; *J. O.* 1832, p. 184.)

Les membres des cours et tribunaux autres que les procureurs généraux, procureurs de la République, juges d'instruction, juges de paix et leurs suppléants peuvent donc faire partie de la garde nationale, y occuper des grades et siéger aux conseils de discipline. (*C.* 8 *juin* 1832.)

3. Les membres des cours et tribunaux peuvent se dispenser en tout état de cause ; et quand bien même on persisterait à les commander de service, un conseil de discipline ne pourrait, sans excès de pouvoir, les condamner pour manquement à ce service. (*C.* 16 *août* 1834; *J. O.* 1834, p. 219.)

D.

Date.

1. En principe, les citations aux prévenus d'infractions à la discipline doivent être datées par l'indication du jour, du mois et de l'an où elles sont remises au domicile de l'inculpé. Elles doivent, en outre, contenir la date des manquements qui sont l'objet de la poursuite.

Les jugements doivent également être datés et indiquer la date des faits à l'occasion desquels ils ont été rendus.

2. Toutefois, aucune disposition législative ne prescrit de préciser, dans la citation devant les conseils de discipline, la date des manquements reprochés aux prévenus, lorsque, d'ailleurs, la citation contient les indications nécessaires pour préparer la défense. (*C.* 31 *mars* 1836; *J. O.* 1836, p. 115.)

3. Il n'est pas indispensable que le jugement relate la date des refus de service. Il suffit que cette date se trouve dans la citation introductive, à laquelle le jugement se réfère implicitement et nécessairement. (*C.* 18 *février* 1832; *J. O.* 1832, p. 102.)

4. Il importe peu que la citation au conseil de discipline ait donné une date erronée au manquement poursuivi, si ce manquement est constaté en fait et s'il est reconnu par le prévenu. (*C.* 30 *mars* 1838; *J. O.* 1838, p. 41.)

5. Lorsque, dans une signification, il y a différence entre deux dates, l'une écrite en toutes lettres et l'autre en chiffres, foi est due à la date écrite en toutes lettres, de préférence à la date écrite en chiffres. (*C.* 14 *juillet* 1832; *J. O.* 1832, p. 187.)

6. La substitution faite d'une date à une autre, soit dans la copie du jugement qui a été signifiée, soit dans la notification, soit dans l'acte du pourvoi, n'a pas besoin d'être approuvée, à peine de nullité desdits actes, s'il est constant que cette substi-

tution a été effectuée de la même main, de la même encre et au même moment où ont été écrits ces différents actes ; et si non-seulement le demandeur n'articule aucun dommage ni erreur par suite de cette substitution de date, mais encore si cette même date ne peut plus subsister par l'expiration de l'année à laquelle elle se rapporte. (*C.* 28 *janvier* 1842 ; *J. O.* 1842, p. 162.)

7. Il y a nullité de la copie de la citation et, par voie de conséquence, du jugement qui en a été la suite, si la citation ne contient ni la date du jour, ni celle du mois.

La nullité pour cette double omission résulte expressément des articles 116 de la loi du 22 mars 1831, et 61 du Code de procédure civile, ainsi conçu : *L'exploit d'ajournement contiendra la date des jours, mois et an, les noms, profession et domicile du demandeur, etc.*, le tout à peine de nullité. (*C.* 28 *janvier* 1843 ; *J. O.* 1843, p. 191.)

8. A défaut de l'enregistrement, qui donne une date certaine à une requête en cassation, la seule date qui doive faire foi est celle à laquelle la déclaration de pourvoi a été régulièrement reçue par le secrétaire du conseil de discipline, attendu qu'il est l'officier public institué pour donner aux recours en cassation le caractère de l'authenticité.

Il s'ensuit qu'une requête en cassation, non accompagnée de la déclaration de pourvoi, légalement constatée, ne pourrait, à défaut d'enregistrement, lors même qu'elle serait contre-signée par le secrétaire du conseil de discipline, prévaloir, quant à la date qui y serait mentionnée, sur la déclaration qui aurait été reçue à *une date postérieure* par ledit secrétaire. (*C.* 9 *décembre* 1842 ; *J. O.* 1842, p. 188.)

Défaut (Voir Opposition).

1. Si le prévenu ne comparaît pas au jour et à l'heure fixés par la citation, il est jugé par défaut.

L'opposition au jugement par défaut doit être formée dans le délai de trois jours, à compter de la notification du jugement. Cette opposition peut être faite par déclaration au bas de la signification. L'opposant est cité pour comparaître à la plus prochaine séance du conseil de discipline.

S'il n'y a pas opposition, ou si l'opposant ne comparaît pas à la séance indiquée, le jugement par défaut devient définitif. (*Loi, art.* 116.)

2. Un jugement n'est par défaut qu'autant que l'inculpé ne se présente pas et ne se défend pas. (*C.* 16 *février* 1833; *J. O.* 1833, p. 176.)

3. Tant qu'une condamnation par défaut est susceptible d'opposition, elle ne peut être prise en considération pour motiver l'application des peines de la récidive. (*C.* 6 *février* 1832; *J. O.* 1832, p. 78.)

4. Le recours en cassation contre un jugement par défaut ne peut être formé qu'après l'expiration du délai d'opposition. (*C.* 5 *novembre* 1831; *J. O.* 1832, p. 14.)

Défense.

1. La loi donne au garde national, cité comme prévenu devant le conseil de discipline, toutes les garanties propres à assurer le plein et entier exercice du droit de la défense.

S'il ne peut pas ou s'il ne croit pas devoir comparaître en personne, il a la faculté de comparaître par un fondé de pouvoirs. (*Art.* 115.)

Le prévenu ou son fondé de pouvoirs peut être assisté d'un conseil. (*Art.* 115.)

Il peut faire défaut. (*Art.* 116.)

L'instruction de chaque affaire devant le conseil est publique à peine de nullité. (*Art.* 117.)

Il a le droit, après l'appel de la cause et avant tout débat sur le fond, de proposer la récusation d'un ou plusieurs juges, de décliner, s'il y a lieu, la juridiction du conseil et de présenter toutes autres exceptions préjudicielles qu'il juge utiles à son intérêt comme prévenu. (*Art.* 118.)

Lorsque le conseil a statué sur ces exceptions et s'il est passé outre aux débats sur le fond, il fait entendre les témoins. (*Art.* 118.)

Le prévenu ou son fondé de pouvoirs et son conseil sont entendus. (*Art.* 118.)

Ils peuvent encore proposer leurs observations après que le rapporteur a résumé l'affaire et donné ses conclusions (*art.* 118), et il est ainsi donné satisfaction au principe de droit commun et d'équité qui veut que le droit de parler le dernier reste à la défense et non à l'accusation.

Le conseil doit, à peine de nullité du jugement, délibérer en secret et hors la présence du rapporteur. (*Art.* 118.)

Enfin, un recours, assujetti seulement au quart de l'amende établie par la loi pour toute autre matière, est ouvert devant la cour de cassation contre les jugements définitifs des conseils de discipline. (*Art.* 120.)

2. Si le garde national cité devant le conseil de discipline peut se faire représenter par un fondé de pouvoirs, il faut que ce fondé de pouvoirs ait reçu, à cet effet, un mandat spécial et par écrit, ou que, du moins, si le mandat a été verbal, il ne soit pas désavoué par celui qui serait supposé l'avoir donné. (*C.* 15 *octobre* 1834; *J. O.* 1834, p. 237.)

3. Le rapporteur qui n'a pas contesté devant le conseil le mandat en vertu duquel un tiers a été admis à défendre l'inculpé, n'est plus recevable à contester ce mandat devant la cour de cassation. (*C.* 16 *mars* 1833; *J. O.* 1833, p. 179.)

4. La loi n'admet pas qu'on puisse envoyer sa défense par écrit; un pareil envoi ne pourrait faire considérer comme contradictoire le jugement qui serait rendu. (*C.* 22 *octobre* 1832.)

5. Le droit de faire défaut (voir DÉFAUT) étant inhérent au droit de défense, un conseil ne pourrait motiver une aggravation de peine sur ce motif que le prévenu n'aurait pas comparu à une première citation. (*C.* 14 *juillet* 1832.)

6. Le jugement doit, à peine de nullité, contenir mention que le prévenu a été entendu dans sa défense (*C.* 24 *juillet* 1832); mais il n'y a pas obligation d'insérer au jugement les conclusions du prévenu. Il peut seulement, s'il a pris des conclusions écrites, exiger qu'elles soient jointes au jugement. (*C.* 10 *mars* 1832.)

7. On ne peut puiser dans la défense du prévenu des preuves de l'esprit d'insubordination qui lui est reproché à l'occasion du fait, objet de la poursuite. Si la défense est répréhensible, elle constitue un fait nouveau qui peut être puni, mais qui ne change pas la nature du fait principal pour lequel le prévenu a été cité. (*C.* 6 *juillet* 1833; *J. O.* 1833, p. 267.)

8. A défaut de la lecture, par le secrétaire, du rapport, du procès-verbal ou plainte et des pièces à l'appui (*Loi, art.* 118), il suffit, pour le droit de la défense, qu'il soit constaté que lecture ait été donnée de la citation contenant articulation de l'objet de la poursuite et se référant au jugement par défaut qui précisait la date des faits. (*C.* 6 *janvier* 1833; *J. O.* 1833, p. 150.)

9. Il n'est pas exigé que le jugement mentionne la substance de la justification présentée par l'inculpé. Il suffit qu'il constate que le prévenu a été entendu. (*C.* 6 *avril* 1833.)

10. Il y aurait violation du droit de la défense de la part d'un conseil de discipline qui, nonobstant des motifs de récusation proposés devant lui contre un ou plusieurs de ses membres, aurait passé outre au jugement du fond, sans avoir statué sur ces motifs de récusation, lorsqu'il est constaté par le jugement qu'avant toute défense au fond, ces motifs ont été présentés et développés dans des conclusions (*C.* 1835; *J. O.* 1835, p. 240.)

11. Le conseil de discipline qui, bien que l'inculpé lui ait demandé, par des conclusions formelles, une remise pour faire entendre des témoins, passe outre au jugement de l'affaire,

sans motiver le rejet des conclusions présentées, viole l'article 7 de la loi du 20 avril 1810 sur l'organisation de l'ordre judiciaire et l'administration de la justice, en même temps que le droit de la défense. (*C.* 17 et 30 *août* 1838; *J. O.* 1838, p. 75 et 89.)

12. Un conseil de discipline violerait le droit de la défense, s'il refusait d'apprécier la légitimité d'une excuse proposée et fondée sur l'état de maladie dans lequel se trouvait l'inculpé au moment où il était commandé de garde, et s'il rejetait ce moyen par le motif qu'il était à la connaissance des membres du conseil que l'inculpé pouvait, à cette époque, satisfaire à l'ordre de service, sans que ce dernier ait pu discuter le témoignage de ses juges. (*C.* 15 *novembre* 1838; *J. O.* 1838, p. 100.)

13. Nul ne peut être témoin et juge (*voir ces mots*) dans la même affaire, sans porter atteinte au droit de la défense. (*C.* 15 *novembre* 1838; *J. O.* 1838, p. 100.)

14. L'inculpé doit être considéré comme ayant été suffisamment mis en demeure de se défendre, lorsque les faits qui lui sont imputés ont été énoncés dans un jugement par défaut, et que, de plus, la citation s'est appuyée sur un rapport qui mentionnait expressément les faits dont il s'agit. (*C.* 8 *février* 1839; *J. O.* 1839, p. 138.)

15. Il appartient aux conseils de discipline d'interpréter les manquements réitérés aux revues pour inspection d'armes, comme une preuve de la manière dont l'inculpé accomplit son service de garde national, sans que cette appréciation puisse être considérée comme une atteinte au droit de la défense. (*C.* 15 *mars* 1839; *J. O.* 1839, p. 142.)

16. Le moyen tiré de la violation de l'article 118 de la loi, en ce que le président du conseil n'aurait pas demandé au prévenu s'il avait quelque chose à ajouter à sa défense, n'est point admissible, attendu que cette interpellation n'est point prescrite par la loi, surtout si le jugement constate que le demandeur a

été entendu dans sa défense. (*C. 5 juillet* 1839; *J. O.* 1839, p. 172.)

17. Le prévenu ou son fondé de pouvoirs ne peut se faire un moyen de cassation de ce qu'on lui aurait refusé la parole, lorsqu'il ne l'a demandée qu'au moment où le président du conseil prononçait le jugement et que son conseil avait été entendu. (*C.* 24 *août* 1832.)

18. Le président peut toujours ramener le prévenu ou son défenseur aux questions de la cause, lorsqu'il s'en écarte. Ce n'est pas là entraver le droit de défense. (*C.* 22 *octobre* 1831.)

19. Il n'y a pas violation du droit de la défense de la part du président du conseil de discipline qui retire la parole au prévenu, par le motif qu'il est sorti des bornes de la défense et de la modération, lorsque, d'ailleurs, ce prévenu a été entendu dans ses observations : dans l'espèce, le président ne fait qu'user de ses pouvoirs, en réprimant cet abus du droit de la défense. (*C.* 9 *mars* 1844; *J. O.* 1848, p. 83.)

Dégradation (Voir GRADE).

Si l'article 90 de la loi du 22 mars 1831 autorise les conseils de discipline à priver, dans certains cas, de son grade un officier, un sous-officier ou un caporal, cet article, ni aucun autre, ne prononce la peine de la *dégradation*. Il n'appartient à aucun tribunal d'aggraver les peines portées par la loi, et le conseil qui, au lieu de prononcer purement et simplement la privation du grade, ordonnerait la dégradation, commettrait un excès de pouvoirs. (*C.* 29 *septembre* 1832; *J. O.* 1832, p. 314.)

Délai (Voir CASSATION, CITATION, OPPOSITION).

Délibération des Conseils de discipline.

1. Les conseils de discipline délibèrent en secret et hors de la présence du rapporteur. (*Loi, art.* 118.)

2. Le conseil est réputé avoir délibéré en secret et hors la présence du rapporteur, lorsque le jugement constate que le conseil s'est retiré dans un appartement séparé de la salle d'audience. (C. 28 *janvier* 1837 ; *J. O.* 1837, p. 28.)

3. Le fait que le rapporteur aurait entr'ouvert la porte de la chambre où délibérait le conseil de discipline et aurait parlé aux juges n'est pas une cause de nullité du jugement, s'il est établi qu'il a parlé assez haut pour être entendu de l'auditoire et qu'il n'a rien dit qui pût influencer les juges. (C. 18 *avril* 1835.)

4. La loi n'exige pas qu'il soit dit, dans le prononcé du jugement, que la délibération a eu lieu en secret, hors la présence du rapporteur. Il suffit que le dispositif en fasse mention. Cette formalité, d'ailleurs, n'est pas prescrite à peine de nullité. Il peut suffire enfin qu'il ne soit pas établi que le rapporteur ait pris part à la délibération. (14 *juillet* 1832 ; *J. O.* 1832, p. 217.)

5. Aucune disposition de la loi n'interdit la présence du secrétaire à la délibération du conseil de discipline. (C. 26 *mai* 1832 ; *J. O.* 1832, p. 185.) Il n'y aurait nullité, qu'autant que ce secrétaire aurait participé à la délibération et que sa voix aurait été comptée. (C. 2 *février* 1833 ; *J. O.* 1833, p. 174, et 24 *août* 1832.)

6. La signature du rapporteur sur la minute du jugement n'emporte pas nullité dudit jugement, lorsqu'il est constaté que ce rapporteur n'a pas pris part à la délibération. (C. 31 *mars* 1832.)

7. La disposition de l'article 118, portant que le conseil délibérera hors la présence du rapporteur, n'est pas prescrite à peine de nullité. Il n'y aurait vice substantiel qu'autant que le rapporteur aurait pris part à la délibération. (C. 22 *octobre* 1831 et 2 *mars* 1832 ; *J. O.* 1832, p. 105.)

8. Bien qu'un jugement ne contienne pas la mention qu'il a été délibéré hors la présence du rapporteur, il est valable, s'il énonce qu'il a été délibéré secrètement. (*C.* 22 *octobre* 1831; *J. O.* 1832, p. 76.)

Délit (Caractérisation du).

1. Qualifier un fait sans l'articuler et le préciser, ce n'est pas motiver une décision.

Le jugement qui déclare l'inculpé coupable de désobéissance et d'insubordination doit préciser le fait auquel il a appliqué cette qualification, sous peine de nullité, aux termes de l'article 7 de la loi du 20 avril 1810, comme n'étant pas motivé. (*C.* 18 *mai* 1839; *J. O.* 1839, p. 161.)

2. Le jugement doit énoncer la nature du délit. Ainsi, le jugement qui condamne à la prison pour manquement à *divers ordres de service,* sans spécifier si c'étaient des services d'ordre et de sûreté et sans articuler de faits d'insubordination, est nul. (*C.* 14 *juillet* 1832; *Rec. d'arr.*)

Délit distinct.

Un conseil ne peut, à l'occasion d'un manquement qui ne serait pas par lui-même passible de la prison, prononcer cette peine, en se fondant sur des faits qui se seraient passés devant lui à une audience autre que celle où il était appelé à juger le manquement au service : ces faits d'audience ayant pu être punis immédiatement. (*C.* 9 *août* 1834; *J. O.* 1834, p. 212.)

Démission.

1. Le serment prêté par un officier, conformément à l'article 59 de la loi, forme entre cet officier et l'autorité qui l'a reçu un véritable contrat synallagmatique. La reconnaissance de l'officier devant la garde nationale assemblée n'est que la déclaration solennelle de ce contrat, dont les liens ne peuvent,

hors les cas prévus par la loi, être brisés que par le consentement mutuel des deux parties.

Ainsi, tant que la démission donnée par un officier n'a pas été formellement acceptée, cet officier doit continuer à remplir les devoirs de son grade, et demeure soumis à toutes les conséquences qu'entraîneraient les infractions aux règles et aux obligations du service. (*Instr. minist.; J. O.* 1832, p. 235.)

Mais, comme la reconnaissance et la prestation de serment constituent seules l'investiture du grade, la démission donnée avant l'accomplissement de ces formalités doit être considérée comme la non acceptation du mandat, et dès lors elle n'a pas besoin, pour être valable, d'être approuvée par le maire. (*Solut. minist.; J. O.* 1834, p. 141.)

2. Le garde national, quel que soit son grade, qui a transmis à l'autorité compétente sa démission motivée sur ce qu'il est âgé de plus de soixante ans, est, dès ce moment, dispensé du service, alors même que sa démission n'aurait point été acceptée, si, d'ailleurs, il n'est pas établi qu'elle ait été rétractée. (*C.* 27 *août* 1835; *Rec. d'arr.*)

3. Si les officiers de tous grades, élus conformément à la loi, ne sont pas, au bout de deux mois, complétement armés, équipés et habillés suivant l'uniforme, ils seront considérés comme démissionnaires et remplacés sans délai. (*Loi, art.* 55.)

L'application de cette disposition appartient exclusivement à l'autorité administrative qui a seule qualité pour déclarer démissionnaire, lorsqu'il y a lieu, l'officier qui ne s'est pas pourvu, dans le délai prescrit, de l'uniforme, de l'équipement et de l'armement de son grade.

Désobéissance.

1. La *désobéissance*, lorsqu'elle n'est point accompagnée de circonstances de nature à lui donner, en outre, le caractère de *l'insubordination*, ne donne pas lieu à l'application des peines portées aux articles 87 et 89 de la loi. (*C.* 14 *juillet* 1832,

8 *juin et* 6 *septembre* 1833; *J. O.* 1833, p. 265 et 389, 23 *août* 1839; *J. O.* 1839, p. 183.)

Elle ne constitue qu'une infraction au service ou une atteinte à la discipline punissable de la réprimande avec mise à l'ordre conformément aux articles 85, 86 et 88 de la loi. (Voir Desobéissance et insubordination.)

2. Les dispositions du n° 5 de l'article 3 du titre XI de la loi du 16 — 24 août 1790, qui ont réglé les attributions municipales relatives aux mesures à prendre pour prévenir les incendies et autres accidents calamiteux, et celles de l'article 40 de la loi du 22 mars 1831, qui prescrivent l'organisation de corps de sapeurs-pompiers dans le sein de la garde nationale, n'ont rien d'inconciliable entre elles.

D'où il suit que le corps de sapeurs-pompiers, qui est soumis aux réquisitions directes de l'autorité municipale, aux termes de l'article 93 de la loi du 22 mars, ne cesse point d'être sous l'autorité du commandant de la garde nationale, en vertu de l'article 47 de la même loi, et que, par conséquent, le chef des pompiers doit obéissance hiérarchique à ce commandant.

Il en résulte que, si cet officier de pompiers refusait d'envoyer au commandant de la garde nationale les rapports écrits sur le service de son corps demandés par ce commandant, il commettrait un acte de désobéissance justiciable du conseil de discipline et passible des peines portées en l'article 87 de la loi. (*C.* 6 *avril* 1841; *J. O.* 1841, p. 142.)

3. Le fait reproché au garde national prévenu d'avoir manqué à un service d'ordre et de sûreté, d'avoir désobéi en ne donnant point avis au chef de corps de ce qu'il ne pouvait obtempérer à la garde qui lui était commandée, n'aggrave point le manquement qu'il a commis, et ne constitue pas une insubordination passible de l'application de l'article 89 de la loi du 22 mars 1831.

Dans l'espèce, il n'existe à la charge du prévenu qu'un seul et unique manquement à un service d'ordre et de sûreté; et le conseil de discipline, qui, dans ce cas, condamne à la prison, commet un excès de pouvoirs et applique faussement l'article 89 précité. (*C*. 21 *décembre* 1843 ; *J. O.* 1843, p. 233.)

4. Le garde national à qui on n'a pas donné le mot d'ordre, alors que c'est sur ce mot seul qu'on peut reconnaître une ronde d'officier, a été justement déclaré ne s'être pas rendu coupable de désobéissance par le refus de reconnaître et de laisser entrer au poste l'officier qui se présentait à lui. (*C*. 11 *janvier* 1833 ; *J. O.* 1833, p. 151.)

5. Le fait de ne s'être pas rendu chez le capitaine de la compagnie pour recevoir un fusil, n'est qu'une infraction aux règles du service, et ne constitue pas un manquement à un service d'ordre et de sûreté.

Le conseil qui, pour ce fait, condamnerait à la prison, le jugement ne constatant pas, d'ailleurs, que l'infraction ait été accompagnée de circonstances constituant la désobéissance et l'insubordination, commettrait un excès de pouvoirs. (*C*. 10 *juillet* 1834 ; *J. O.* 1834, p. 200.)

6. Le refus, par un garde national non habillé, de conserver pendant toute la durée de son service le fourniment qui lui a été confié à cet effet, constitue bien une *désobéissance* ; mais, s'il ne s'y joint aucune circonstance qui lui donne en même temps le caractère de l'*insubordination*, il ne peut être puni de la prison. (*C*. 27 *décembre* 1834.)

Désobéissance et insubordination.

1. La réunion dans le même fait des deux circonstances de *désobéissance* et d'*insubordination* pouvant seule motiver l'application des articles 87 et 89, le conseil doit énoncer, dans son jugement, que les faits constatés à la charge du prévenu, ont le caractère de *désobéissance et insubordination ;* il faut, en outre, que le jugement énumère ces faits, et, s'il y a pourvoi, la cour de cassation examine si la qualification de désobéissance et insubordination leur a été ou non légitimement donnée. (*Plusieurs arrêts, notamment* 20 *décembre* 1833.)

2. Le fait de la désobéissance ne peut recevoir le caractère de l'insubordination que de sa relation avec le service. (*C.* 6 *septembre* 1833; *J. O.* 1833, p. 389.)

3. Aux termes de l'article 7 de la loi du 20 avril 1810, toute juridiction doit motiver ses jugements, à peine de nullité.

Est nul, dès lors, comme n'étant pas suffisamment motivé, le jugement qui, ne relatant pas les faits qui ont donné lieu à la poursuite disciplinaire, se borne à les qualifier purement et simplement de désobéissance et d'insubordination, et, par suite, à les déclarer passibles de l'application de l'article 89 de la loi du 22 mars 1831, sans faire connaître d'une manière explicite les éléments sur lesquels le conseil a basé sa conviction. (*C. 7 juin* 1844; *J. O.* 1848, p. 168.)

4. Jugé cependant que :

Pour les faits de désobéissance et d'insubordination, foi pleine et entière est due au jugement qui a déclaré le prévenu, d'après le débat contradictoire, convaincu de faits ayant *le caractère déterminé par l'article* 89 *de la loi.* (*C.* 26 *novembre* 1835; *J. O.* 1836, p. 59.)

Il n'est pas exigé, à peine de nullité, que les faits constitutifs de la désobéissance et de l'insubordination soient détaillés et précisés dans le jugement. Il suffit que ce jugement constate que le refus de service a été accompagné de circonstances qui devaient faire qualifier la conduite du prévenu de désobéissance et insubordination. (*C.* 18 *mai* 1832.)

5. La peine de la prison (voir Peines), lorsqu'elle est infligée pour désobéissance et insubordination, par application des articles 87 et 89, ne peut, sans violation de la loi, être prononcée pour plus de deux jours ou quarante-huit heures, même en cas de récidive, attendu : 1° que l'emprisonnement pour une durée de trois jours ne s'applique qu'au double refus de service d'ordre et de sûreté commis par récidive, et qui compromet essentiellement le service; 2° que la loi n'a pas attaché la même aggravation aux autres manquements contre la discipline, qu'elle a prévus et réprimés; que cette distinction résulte de la

discussion de la loi dans les chambres et de son texte, par le rapprochement des articles 89 et 92. (*C.* 6 *décembre* 1838; *J. O.* 1838, p. 107; 9 *octobre* 1840 ; *J. O.* 1840, p. 99.)

6. La *désobéissance* accompagnée d'*insubordination* est punie des arrêts ou de la prison, suivant la gravité des cas, lorsque c'est un officier qui, étant de service, s'en est rendu coupable. (*Loi, art.* 87.)

Les mots *sera puni*, employés dans l'article 87, expriment une disposition impérative qui oblige les conseils de discipline à prononcer la peine des arrêts ou celle de la prison, si le fait de la *désobéissance* et *insubordination* est reconnu constant. Les conseils ne pourraient, dans ce cas, infliger une peine moindre sans commettre un excès de pouvoirs. (*C.* 14 *septembre* 1833; *J. O.* 1833, p. 391.)

7. Le fait de *désobéissance* et *insubordination*, lorsqu'il est commis par un sous-officier, un caporal ou un garde national, *peut* être puni de la prison (*Loi, art.* 89) ; mais il résulte de la rédaction de cet article : *pourra être puni*, etc., qu'à la différence de la disposition impérative de l'article 87 concernant les officiers, il est facultatif aux conseils de discipline de ne pas condamner à la prison les sous-officiers, caporaux ou gardes nationaux coupables de désobéissance et insubordination; qu'ils peuvent infliger une peine moindre, la réprimande, par exemple, s'ils reconnaissent dans le fait reproché au prévenu des circonstances atténuantes. (*C.* 16 *avril* 1834; *J. O.* 1834, p. 212.)

8. Les conseils de discipline, de même que les tribunaux de police correctionnelle, ont le pouvoir, lorsque le fait mentionné dans la citation est dépouillé de sa gravité par suite des débats, d'appliquer la peine dont est passible le fait ainsi réduit à un caractère de gravité moins élevé.

Il s'ensuit que, lorsqu'un garde national a été cité pour désobéissance et insubordination, si le conseil ne le déclare coupable que d'avoir tenu une conduite propre à porter atteinte à la discipline, ledit garde national peut être légalement condamné à la peine portée en l'article 86 de la loi : *la réprimande avec mise à l'ordre.* (C. 18 *novembre* 1843; *J. O.* 1843, p. 224.)

9. Le jugement qui applique la peine de la prison pour manquement à un exercice et à un service d'ordre et de sûreté, et, en outre, pour désobéissance et insubordination, parce qu'il constate, en fait, que des circonstances particulières, résultant d'un refus constant de faire ce service, présentent ce caractère, ne viole aucune loi. (C. 18 *mai* 1832 ; *Rec. d'arr.*)

10. Le fait dûment constaté d'avoir quitté son rang à deux reprises, et malgré les injonctions du chef, ne constitue qu'un seul et même fait d'insubordination punissable d'un emprisonnement qui ne peut excéder deux jours, aux termes de l'article 89 de la loi du 22 mars 1831. (C. 20 *avril* 1844; *J. O.* 1848, p. 210.)

11. Ont pu être considérés comme coupables de désobéissance et insubordination :

Le garde national qui a refusé de se rendre aux revues et exercices, et qui a déclaré qu'il n'y assistera jamais (C. 14 *avril* 1832) ;

Les gardes nationaux qui, réunis en armes sous le commandement d'un officier et sur un ordre de service, se dispersent de concert, au lieu de se rendre au poste assigné (C. 12 *mai* 1832);

Le garde national qui quitte le rang, la garde nationale assemblée, et refuse d'y rentrer malgré les invitations et les ordres du commandant (C. 12 *mai* 1832);

Le garde national prévenu seulement de manquemens aux revues, mais à la charge duquel le jugement constate le fait d'avoir injurié le caporal qui portait les ordres de service et d'avoir tenu des propos contre l'institution de la garde nationale (C. 19 *mai* 1832) ;

Le garde national condamné à une garde hors de tour, qui écrit au chef de corps qu'il refuse de monter cette garde, et qui, en effet, ne la monte pas (C. 25 *mai* 1832) ;

Le garde national coupable de refus constamment continué,

même après condamnation à la réprimande, de se rendre aux revues et exercices (*C. 26 mai* 1832) ;

Celui à l'égard duquel est établi le refus constant et opiniâtre d'obtempérer à aucun ordre de service et de se rendre aux appels et revues (*C.* 1er *juin* et 1er *septembre* 1832) ;

Le garde national commandé pour un exercice, qui, au lieu de se réunir à ses camarades, vient *se targuer* devant eux et *braver* pour ainsi dire la garde nationale (*C. 8 juin* 1832) ;

Le garde national qui refuse opiniâtrément de recevoir une arme qui doit lui être remise pour le service (*C.* 14 *juillet* 1832; *J. O.* 1832, p. 188; 27 *septembre* 1841; *J. O.* 1841, p. 145) ;

Le garde national qui, sur la vaine excuse de ses fonctions de percepteur, a manqué constamment aux réunions de la garde nationale depuis son inscription sur les contrôles (*C.* 14 *juillet* 1832; *J. O.* 1832, p. 187) ;

Le garde national qui, cité pour avoir manqué à une revue, tient au porteur de la citation des propos injurieux pour les membres du conseil de discipline (*C.* 14 *juillet* 1832) ;

Le garde national qui, après une première condamnation à la réprimande avec mise à l'ordre, s'abstient obstinément de se rendre aux revues, exercices et assemblées extraordinaires de la garde nationale (*C.* 4 *août* 1832) ;

Le garde national qui refuse le service et y joint des propos injurieux (*C.* 24 *août* 1832);

Le garde national qui, depuis son inscription, a constamment refusé le service, comme par une résistance calculée (*C.* 1er *septembre* 1832) ;

Le garde national qui, après une condamnation à la réprimande avec mise à l'ordre, n'a paru que deux fois dans les rangs de la garde nationale, et s'est, avec intention, éloigné de la ville au moment d'un rappel (*C.* 15 *septembre* 1832) ;

Celui qui a constamment manqué aux revues et exercices, alors qu'il avait déjà encouru, pour désobéissance, une condamnation disciplinaire (14 *juillet* 1832) ;

Le garde national qui, faisant son service en bourgeois et armé seulement d'un fusil, refuse de prendre, pour faire faction, le sabre et la giberne qui lui sont fournis gratuitement, conformément à un ordre de l'état-major (29 *décembre* 1832), ou la cocarde aussi fournie gratuitement, en vertu du règlement de service (*C.* 14 *janvier* et 8 *février* 1832);

Le garde national qui, étant à une revue, s'y tient dans une position inconvenante, et dit à son officier : *que cela lui plaît et ne regarde personne* (*C.* 7 *septembre* 1833 ; *J. O.* 1833, p. 367);

Le garde national qui, admis dans une compagnie ou un corps dans lesquels l'uniforme et l'équipement sont obligatoires, se présente, sans uniforme, pour faire le service, s'il n'allègue pas l'absence de cet uniforme ou l'impossibilité de s'en servir, ou si la vérité de l'allégation n'est pas admise par le conseil (*C.* 21 *février* 1833; *J. O.* 1833, p. 178 ; 29 *août* et 6 *septembre* 1833; 5 *janvier* 1834; *J. O.* 1834, p. 177 ; 19 *novembre* 1838; *J. O.* 1838, p. 106);

Le chef de poste qui refuse de se revêtir de son uniforme sur l'ordre de son chef, quand il est constant qu'il a un uniforme (*C.* 20 *juin* 1834; *J. O.* 1834, p. 190);

Le sous-officier ou le caporal qui, après avoir commis une première contravention, refuse obstinément de prendre les galons, marque distinctive de son grade, en niant au chef de corps le droit de l'y contraindre (*C.* 14 *septembre* 1833 ; *J. O.* 1833, p. 391) ;

Le sergent-major qui, étant à une revue, refuse d'y faire les fonctions de son grade. (*C.* 5 *septembre* 1834; *J. O.* 1834, p. 216);

Le garde national qui, s'étant toujours abstenu de se rendre aux revues et exercices, déclare hautement qu'il ne s'y présentera jamais (*C.* 11 *octobre* 1834; *J. O.* 1834, p. 235);

Le citoyen éliminé d'un corps de musique par arrêté du maire, et qui, commandé d'un autre service en qualité de garde national, refuserait de recevoir une arme propre à ce service et de rendre celle qui lui avait été remise à titre de musicien (*C.* 6 *juin* 1835; *J. O.* 1835, p. 239);

Le garde national qui se présente sur le lieu de la revue et qui refuse de se mettre dans les rangs (*C.* 5 *juillet* 1839; *J. O.* 1839, p. 182);

Le garde national qui manque aux revues et y ajoute le refus persévérant et affecté de se revêtir de l'uniforme qu'il est affirmé qu'il possède (*C.* 24 *mai* 1834);

Le garde national qui refuse opiniâtrément d'assister à des revues pour inspection d'armes (*C.* 7 *août* 1834; *J. O.* 1834, p. 212);

Le garde national qui, dans une revue, refuse d'obéir au commandant et tient envers lui des propos contraires à la discipline (*C.* 14 *décembre* 1834);

Le garde national qui manque constamment aux exercices et revues, lorsque le jugement relève à sa charge un ensemble de faits de nature à porter essentiellement atteinte à la discipline (*C.* 19 *avril* 1833; *J. O.* 1833, p. 238);

L'officier qui abandonne son poste, lors d'une revue, pour adresser des propos offensants au commandant, et qui fait à sa compagnie des commandements tendant à la porter au désordre et à l'insubordination (*C.* 3 *avril* 1835; *J. O.* 1835, p. 190);

Le sous-officier d'artillerie qui, au moment d'une manœuvre, quitte la place à lui assignée, s'arroge le commandement alors que l'officier déclare vouloir le conserver, et n'obtempère pas à l'ordre qui lui est donné de se retirer (*C.* 5 *janvier* 1833);

Le garde national, connu pour avoir un uniforme et des armes, qui, contrairement aux prescriptions du règlement de service établi en vertu de l'article 73 de la loi, s'est présenté à une revue sans uniforme et sans armes (*C.* 30 *mai* 1833);

L'officier coupable de deux manquements successifs à un service de ronde légalement commandé (*C.* 1ᵉʳ *juin* 1833; *J. O.* 1833, p. 261);

Les gardes nationaux faisant partie d'une subdivision de cavalerie, qui, domiciliés dans la circonscription d'un commandement communal ou cantonal, n'obtempèrent pas aux ordres des officiers investis de ces commandements (*C.* 14 *février* 1834; *J. O.* 1834, p. 178);

Le garde national qui refuse d'assister aux revues et exercices, de monter une garde hors de tour, et qui écrit au commandant : *qu'il ne veut point de l'honneur de faire partie de la garde nationale* (*C.* 14 *mars* 1834);

Le garde national qui, se fondant sur les règlements relatifs à l'armée active, lesquels ne sont point applicables à la garde nationale, refuserait, nonobstant l'ordre du chef de poste, de se mettre en faction, sous le prétexte que ce ne serait point son tour, et que l'ordre ne lui serait pas intimé par le caporal de pose (*C. 8 novembre 1838; J. O. 1838, p. 96*) ;

Le garde national qui s'est rendu, sans armes, à une revue commandée de rigueur, attendu que l'appréciation du caractère de ce fait appartient souverainement aux conseils de discipline, d'après les circonstances dans lesquelles il a eu lieu (*C. 18 juillet 1840; J. O. 1840, p. 30*).

12. Ont été considérés comme ne constituant pas la désobéissance et l'insubordination :

Le refus prolongé de se rendre aux exercices et revues, à moins que le jugement ne fasse ressortir des circonstances particulières de la cause, le fait de désobéissance et insubordination (*C. 12 août 1831; J. O. 1831, p. 280; 17 février 1832; J. O. 1832, p. 102; 2 mars 1832; J. O. 1832, p. 104; 11 mai 1832; J. O. 1832, p. 162; 2 juin 1832; J. O. 1832, p. 185. 5 janvier 1836, ch. réun.*) ;

Le manquement à une revue et le fait d'un seul refus d'un service d'ordre et de sûreté, commandé comme garde hors de tour, alors même que ce refus aurait été réitéré à l'audience, à moins qu'il ne se joigne aux infractions imputées au prévenu des circonstances particulières propres à leur donner le caractère de la désobéissance et de l'insubordination. (*C. 13 décembre 1834; J. O. 1835, p. 109.*)

Le fait d'avoir manqué à un service d'ordre et de sûreté et d'avoir refusé le billet qui commandait ce service ne peut, en l'absence de circonstances aggravantes, être considéré comme constituant la désobéissance et l'insubordination, ni être puni, à ce titre, de la peine portée en l'article 89 (*C. 17 août 1833; J. O. 1833, p. 365*) ;

Le fait de ne s'être pas rendu chez le capitaine de la compagnie pour recevoir un fusil, lorsque le jugement ne constate pas que le garde national ait accompagné sa désobéissance d'aucun fait caractérisé d'insubordination (*C.* 10 *juillet* 1334 ; *J. O.* 1834, p. 200).

Destitution (Voir GRADE).

Détachement.

Le refus du service de détachement, lorsqu'il en est formé en exécution du titre V de la loi du 22 mars 1831, est, aux termes de l'article 136 de cette loi, du ressort exclusif des tribunaux de police correctionnelle. Un conseil de discipline ne peut en connaître sans excès de pouvoirs. (*C.* 27 *décembre* 1834; *J. O.* 1835, p. 110.)

Détournement d'armes ou d'effets d'équipement.

1. Le garde national prévenu d'avoir vendu à son profit les armes de guerre ou les effets d'équipement qui lui ont été confiés par l'État ou par les communes est renvoyé devant le tribunal de police correctionnelle, pour y être poursuivi à la diligence du ministère public, et puni, s'il y a lieu, de la peine portée en l'article 408 du Code pénal, sauf l'application, le cas échéant, de l'article 463 dudit Code. Le jugement de condamnation prononce la restitution, au profit de l'État ou de la commune, du prix des armes ou effets vendus. (*Loi, art.* 91.)

2. Un tambour de la garde nationale n'est pas un homme de service aux gages de la commune, dans le sens de l'article 386, n° 3, du Code pénal.

Il est un simple détenteur d'effets à lui remis à titre de dépôt pour un travail salarié, à la charge de les rendre ou de les représenter ou d'en faire un usage déterminé.

Le détournement desdits effets constitue le délit prévu par l'article 408 du Code pénal. (*Cour roy. Paris,* 2 *décembre* 1831 ; *J. O.* 1831, p. 387.)

Discipline (Atteinte à la).

1. Est puni de la réprimande avec mise à l'ordre l'officier qui, étant de service ou en uniforme, tient une conduite propre à porter *atteinte à la discipline* de la garde nationale ou à l'ordre public. (*Loi, art.* 86.)

La même peine peut, dans le même cas, et suivant les circonstances, être appliquée aux sous-officiers, caporaux et gardes nationaux. (*Loi, art.* 88.)

2. Peut également être puni de la prison, dans les limites déterminées par l'article 89, tout sous-officier, caporal et garde national qui, étant de service, est dans un état d'ivresse ou tient une conduite qui porte *atteinte à la discipline* de la garde nationale ou à l'ordre public. (*Loi, art.* 89.)

3. L'article 86 est applicable au garde national qui, étant en uniforme, tient une conduite propre à porter atteinte à la discipline ou à l'ordre public, alors même qu'il ne serait pas de service au moment où il se rend coupable de cette faute. (*C.* 2 *août* 1832; *J. O.* 1832, p. 218.)

4. Les conseils de discipline ont le pouvoir de qualifier de conduite propre à porter atteinte à la discipline, des voies de fait commises par un garde national sous les armes, et d'appliquer, dans l'espèce, la peine de la prison. (*C.* 15 *juillet* 1836; *J. O.* 1836, p. 184.)

5. Un garde national condamné à une faction hors de tour, qui, à l'occasion de ce fait, répond au chef de poste : « *Nous nous reverrons demain ; j'aurai soin de vous,* » porte atteinte à la discipline de la garde nationale, et peut être condamné aux peines de l'article 89 de la loi. (*C.* 22 *octobre* 1831; *Rec. d'arr.*)

Dispense.

1. La dispense du service de la garde nationale pour les citoyens qui, ne se trouvant d'ailleurs dans aucune des situations

énumérées aux articles 11, 12, 13 et 20 de la loi du 22 mars 1831, peuvent être inscrits au contrôle du service ordinaire, résulte ou de fonctions auxquelles la loi a attaché cette dispense, ou de certaines conditions d'âge ou d'infirmités, ou de circonstances qui autorisent soit une dispense temporaire, soit la dispense d'une garde, d'une revue, etc.

2. Peuvent se dispenser du service de la garde nationale, nonobstant leur inscription :

1° Les membres de l'Assemblée nationale ;

2° Les membres des cours et tribunaux ;

3° Les anciens militaires qui ont cinquante ans d'âge et vingt années de service ;

4° Les gardes nationaux ayant cinquante-cinq ans ;

5° Les facteurs de poste aux lettres, les agents des lignes télégraphiques, et les postillons de l'administration des postes reconnus nécessaires au service. (*Loi, art.* 28.)

3. Sont dispensées du service ordinaire les personnes qu'une infirmité met hors d'état de faire le service.

Toutes ces dispenses et toutes les autres dispenses temporaires demandées pour cause d'un service public sont prononcées par le conseil de recensement, sur le vu des pièces qui en constatent la nécessité.

Les absences constatées sont un motif suffisant de dispense temporaire.

En cas d'appel, le jury de révision statue. (*Loi, art.* 29.)

4. Les citoyens auxquels l'article 28 de la loi accorde la faculté de se dispenser du service, nonobstant leur inscription sur le contrôle, ont le droit de proposer cette exception devant les conseils de discipline, et le conseil qui se déclarerait incompétent pour connaître de ladite exception, qui est péremptoire, commettrait une violation de la loi. (*C.,* 15 *février,* 1845 ; *J. O.,* 1848, p. 223.)

5. Nonobstant le droit qu'ont les conseils de recensement et les jurys de révision de prononcer sur les faits qui motivent

l'inscription sur les contrôles, il appartient aux conseils de discipline, lorsque les faits qui donnent lieu à une exemption légale, ne sont pas contestés, et lorsque cette exemption résulte d'une qualité certaine, d'examiner si le service est obligatoire et s'ils peuvent prononcer une peine. (*C. 16 août 1834; J. O. 1834,* p. 219.)

6. Les dispenses pour causes d'infirmités et les dispenses temporaires pour cause de service public ou d'absence constatée ne peuvent être prononcées que par les conseils de recensement, et, en cas d'appel, par les jurys de révision. (*Loi, art.* 28.)

7. Les conseils de discipline commettent un excès de pouvoirs en appliquant une dispense qui ne peut être invoquée que devant le conseil de recensement ou le jury de révision. (*C. 10 octobre 1832; J. O. 1832,* p. 333.)

8. Il importe de distinguer, à l'égard des juridictions qui ont droit de les accorder, entre les dispenses demandées pour cause même temporaire avant tout service commandé, et les excuses alléguées relativement aux ordres de service auxquels il n'a pas été satisfait.

Dans le premier cas, c'est aux conseils de recensement qu'il appartient de prononcer les dispenses temporaires dont il s'agit. (*Article 29 de la loi du 22 mars 1831.*)

Dans le second cas, les conseils de discipline sont seuls compétents pour apprécier le mérite des excuses présentées. (*C. 13 février 1847; J. O.* 1848, p. 35.)

9. Le garde national qui a formé devant le conseil de recensement une demande en dispense pour infirmité, est astreint au service jusqu'à ce que la dispense ait été accordée, sauf, en cas d'urgence, à se faire excuser par ses chefs. (*C. 30 décembre 1831; J. O.* 1832, p. 42.)

10. Un maire ne peut, par arrêté, dispenser momentanément du service tous les citoyens qui se trouvent dans une situation donnée.

Un pareil arrêté ne peut autoriser le conseil à acquitter un garde national qui s'en est appuyé pour refuser le service (*C.* 11 *octobre* 1832; *J. O.* 1832, p. 332.)

11. Le chef du corps ne peut astreindre au service les citoyens qui en ont été dispensés par décision du conseil de recensement.

Tant que dure cette dispense, et qu'elle n'a pas été régulièrement rapportée, elle doit produire son effet, et l'article 78 de la loi, relatif à l'obéissance provisoire, ne saurait y porter atteinte.

Dans l'espèce, un conseil de discipline commettrait un excès de pouvoirs si, méconnaissant les dispenses dont il s'agit, ou entreprenant de les restreindre, il condamnait un garde national prévenu de manquement au service, alors que celui-ci aurait justifié d'une décision du conseil de recensement, laquelle, bien qu'elle ne l'ait dispensé du service qu'à titre provisoire, mais sans avoir toutefois limité la durée de la dispense, n'aurait point été légalement rapportée avant la transmission des ordres de service. (*C.* 30 *janvier* 1840; *J. O.* 1840, p. 13.)

12. Le garde national à qui son supérieur hiérarchique a permis de ne pas faire un service ne peut être poursuivi pour ce manquement, sous le prétexte que le chef aurait excédé ses pouvoirs. En ce cas, ce dernier seul pourrait être poursuivi. (*C.* 16 *juillet* 1833; *J. O.* 1833, p. 269.)

13. Le chef de corps a le droit, préférablement aux officiers inférieurs, d'accorder une dispense de service, sauf, en cas d'abus, à se voir traduit devant la juridiction disciplinaire.

Le conseil de discipline qui déclare cette dispense irrévocable, quel qu'en ait été le motif, ne viole pas la loi. (*C.*, 29 août 1833; *J. O.*, 1833, p. 366.)

14. Les conseils de discipline doivent surseoir à statuer sur les refus de service, lorsqu'il est constant que, avant de recevoir ces ordres, le garde national avait formé une demande en radiation ou en dispense devant le conseil de recensement, même

dans le cas où cette demande aurait été rejetée, s'il y a appel devant le jury de révision. (*C.* 13 *octobre* 1831; *J. O.* 1831, p. 384.)

15. Un conseil de discipline est compétent pour connaître des refus de service, quoique le prévenu se soit pourvu devant le jury de révision, si ces refus sont antérieurs au jour où le jury a été saisi, encore bien que la citation devant le conseil ait été donnée postérieurement à l'introduction de l'instance devant le jury de révision. (*C.* 10 *octobre* 1832; *Rec. d'arr.*)

16. Le recours formé devant le jury de révision contre une décision du conseil de recensement suspend l'effet de cette décision.

Cette exception peut, être opposée devant le conseil de discipline qui doit surseoir à statuer sur le refus de service, sauf à fixer un délai pour faire vider la question préjudicielle. (*C.* 13 et 20 *octobre* 1831; *J. O.* 1831, p. 384 et 385.)

Domicile (Voir ABSENCE, CITATION, SIGNIFICATION).

1. Les questions de domicile, relativement à l'inscription sur les contrôles de la garde nationale, sont de la compétence exclusive du conseil de recensement et du jury de révision ; et l'inscription effectuée par le conseil de recensement, bien qu'elle ait été attaquée devant le jury, doit provisoirement recevoir son exécution, tant qu'il n'est pas justifié qu'elle a été infirmée par le jury. (*C.* 31 *décembre* 1841 ; *J. O.* 1841, p. 156.)

2. Le citoyen inscrit sur les contrôles de la garde nationale d'une commune y doit le service, nonobstant tout changement de domicile, au moins provisoirement jusqu'à sa radiation, laquelle ne peut être prononcée que par l'autorité administrative et non par le conseil de discipline. (*C.* 17 *mars* et 1ᵉʳ *juin* 1832 ; *Rec. d'arr.*)

3. Le changement de domicile ne peut empêcher la condamnation pour des fautes commises antérieurement à la demande

adressée, à ce sujet, au conseil de recensement. (*C.* 18 *février* 1832; *J. O.* 1832, p. 102.)

4. Un conseil de discipline peut condamner un garde national pour refus de service, quoique celui-ci allègue un changement de domicile, s'il n'a fait aucune diligence pour se faire rayer des contrôles et ne justifie pas non plus d'un service dans la garde nationale de son nouveau domicile, la loi exigeant l'obéissance provisoire aux services commandés. (*C.* 18 *novembre* 1831; *Rec. d'arr.*)

5. Il suffit que, au moment où le jugement d'un conseil de discipline est rendu contre un garde national, ce citoyen se trouve inscrit sur le contrôle de la commune, pour qu'il soit mal fondé à se prévaloir, contre ce jugement, d'une décision postérieure du jury de révision qui l'aurait déclaré domicilié dans une autre commune. (*C.* 1ᵉʳ *septembre* 1832; *Rec. d'arr.*)

6. Le garde national qui, malgré sa déclaration de changement de domicile, a continué de résider dans le premier domicile, a pu y être cité, si, dans le fait, il ne l'a pas quitté. (*C.* 21 *juillet* 1832; *Rec. d'arr.*)

7. Le citoyen nommé chef de bataillon des gardes nationales de communes dans la circonscription desquelles il n'a point son domicile réel, ne peut être astreint, tant qu'il reste en possession de son grade, à faire le service dans la commune où il est domicilié, la loi n'exigeant point que le même citoyen fasse deux fois le service. (*C.* 17 *août* 1833; *J. O.* 1833, p. 365.)

8. Il suffit qu'un citoyen, en possession du grade de commandant de la garde nationale d'une commune voisine, ait excipé de cette qualité au moment de l'ordre de service à lui donné dans la commune de son domicile, pour que le conseil doive, sur sa demande, surseoir à statuer sur l'infraction reprochée. (*C.* 17 *août* 1833; *J. O.* 1833, p. 365.)

9. Le conseil de discipline ne méconnaît point le principe

de son incompétence pour connaître la question d'inscription à raison du domicile, lorsqu'il examine si les manquements au service sont ou non antérieurs au recours formé contre cette inscription. (*C.* 5 *janvier* 1833; *J. O.* 1833, p. 149.)

10. A Paris, le fait d'avoir transporté son domicile d'un arrondissement dans un autre ne fait cesser, pour le garde national, l'obligation au service, dans le premier de ces deux arrondissements, qu'autant qu'il a fait sa déclaration, à fin d'inscription, à la mairie de sa nouvelle résidence, ainsi que lui en impose le devoir l'article 2 de la loi du 14 juillet 1837, spéciale au département de la Seine.

Il en résulte que, dans l'espèce, le garde national qui n'a point accompli cette formalité n'échappe pas immédiatement à l'obligation du service dans le bataillon dont il faisait partie, et que, en cas de refus de sa part, il reste passible des peines portées par la loi.

Dans le cas où le refus dont il s'agit proviendrait de ce que le changement de domicile a empêché le garde national d'avoir connaissance des ordres de service qui lui ont été adressés, c'est une exception d'une autre nature qui devrait être proposée au conseil, lequel a seul droit de l'apprécier. (*C.* 2 *octobre* 1840; *J. O.* 1840, p. 72.)

E.

Élection.

1. Le recours formé devant le jury de révision contre la validité de l'élection d'un officier n'enlève pas à ce dernier le droit de siéger au conseil de discipline, la présomption légale étant en faveur de l'élection. (*C.* 17 *mars* 1832; *J. O.* 1832, p. 109.)

2. Les citoyens portés au contrôle de réserve de la garde nationale n'ayant pas droit de prendre part aux élections, on ne peut se faire un moyen de cassation de la non-participation de ces citoyens à la nomination des officiers et des sous-officiers

composant le conseil de discipline. (*C.* 22 *octobre* 1831 ; *J. O.*
1832, p. 10.)

3. Le fait de l'annulation par le jury de l'élection des officiers d'une compagnie n'autorise pas un garde national de cette
compagnie à refuser un service régulièrement commandé, lorsqu'un arrêté de l'autorité administrative ordonne que lesdits
officiers dont l'élection a été annulée continueront de remplir
leurs fonctions jusqu'à décision à intervenir du conseil d'Etat.
(*C.* 28 *février* 1835 ; *J. O.* 1835, p. 154.)

4. Le pourvoi formé devant le jury de révision contre la validité de l'élection des officiers, n'autorise pas un garde national
à refuser le service, et le conseil devant qui cette exception préjudicielle est produite n'est pas obligé de surseoir à prononcer
sur les refus de service imputés à ce garde national. (*C.* 17 *mars*
1832 ; *J. O.* 1832, p. 109.)

5. Le garde national qui a été élu officier, mais dont l'élection a été annulée par décision du jury de révision, ne peut se
fonder, pour refuser de faire le service comme simple garde, sur
ce que la décision dont il s'agit est l'objet d'un recours formé
au conseil d'Etat par le ministre de l'intérieur.

Les décisions des jurys en cette matière étant sans recours
(*art.* 54 *de la loi du* 22 *mai* 1831), le pourvoi du ministre n'en
peut arrêter l'exécution.

Il est de principe, d'ailleurs (*art.* 3 *du décret du* 22 *juillet*
1806), que le recours au conseil d'Etat n'est point suspensif.

Dès lors, le garde national est tenu, dans l'espèce, de continuer provisoirement de faire le service comme simple garde,
aux termes de l'article 78 de la loi du 22 mars 1831. (*C.* 21 *juin*
1844 ; *J. O.* 1848, p. 212.)

Emprisonnement (Voir 1ʳᵉ Partie, Titre IX, et le mot Prison).

1. La peine de l'emprisonnement, prononcée en vertu de
la loi du 22 mars 1831, peut se compter par heures, attendu

qu'en autorisant les conseils de discipline à prononcer la peine de la prison pendant un temps qui ne peut *excéder* deux jours, et, en cas de rédicive, trois jours, la loi a fixé un maximum et pas de minimum. (*C.* 22 *octobre* 1831; *J. O.* 1832, p. 10.)

2. Pour l'exécution des condamnations à l'emprisonnement, le rapporteur transmet une expédition du jugement en forme exécutoire, ou un extrait du jugement revêtu de sa réquisition pour l'arrestation, au maire de la commune, qui le remet aux agents de la force publique, et les requiert d'en assurer l'exécution. (*Inst. du* 25 *octobre* 1831; *J. O.* 1831, p. 331.)

3. Les gendarmes ou gardes champêtres et agents de police, chargés d'exécuter une condamnation à l'emprisonnement, ne peuvent réclamer de frais de capture. (*Lettres min.; J. O.* 1833, p. 88.)

4. Si un garde national arrêté réclame contre la régularité de son arrestation, il y a lieu d'en référer au rapporteur; mais si les agents de la force publique procèdent néanmoins à l'arrestation, le garde national doit obéir, et c'est lorsqu'il est constitué prisonnier qu'il peut adresser ses réclamations au juge de paix, juge d'instruction ou officier du ministère public du tribunal civil, conformément aux articles 615, 616, 617 et 618 du Code d'instruction criminelle.

5. La résistance aux agents chargés de l'arrestation peut être punie des peines portées aux articles 209 et suivants du Code pénal. (*J. O.* 1832, p. 101.)

Enregistrement (Voir Date).

1. Tous actes de poursuite devant les conseils de discipline, tous jugements, recours et arrêts rendus en vertu de la loi sur la garde nationale, sont dispensés du timbre et enregistrés gratis. (*Loi, art.* 121.)

2. La formalité de l'enregistrement n'est pas obligatoire pour les actes de poursuite disciplinaire, à peine de nullité. (*C.* 18 *mai* 1832; *J. O.* 1832, p. 245.)

Équipement.

1. L'ordre du jour de l'état-major de la garde nationale, qui prescrit aux hommes de garde non pourvus de gibernes et de sabres de porter pendant leur service les gibernes et sabres déposés à cet effet à la mairie, rentre dans les dispositions particulières et les ordres de détail énoncés dans le § 2 de l'article 73 de la loi, et n'a pas besoin, pour sa régularité, d'être revêtu de toutes les formes prescrites pour le règlement général de service. (*C.* 29 *décembre* 1832; *J. O.* 1832, p. 248.)

2. Le refus par un garde national de porter, pendant sa faction, un sabre-briquet et une giberne fournis par la mairie, lorsque le chef de poste le lui ordonne en vertu d'un ordre du jour de l'état-major, constitue la désobéissance et l'insubordination. (*C.* 29 *décembre* 1832; *J. O.* 1832, p. 248.)

Erreur.

1. Lorsque la peine prononcée par l'arrêt est celle que porte la loi, il n'y a point lieu à demander l'annulation de l'arrêt parce qu'il y aurait eu erreur dans la citation du texte de la loi. (*C.* 4 *août* 1838; *J. O.* 1838, p. 69.)

2. On ne saurait tirer un motif de pourvoi d'une erreur contenue dans une première expédition d'un jugement signifié à un condamné par le rapporteur, lorsque ce dernier s'est désisté de la première signification, et en a fait faire une seconde en rectifiant l'erreur par une nouvelle et régulière expédition. (*C.* 6 *mars* 1835; *J. O.* 1835, p. 173.)

3. Il est de principe que l'opposition remet tout en question, et que, dès lors, le juge peut, dans ce cas, rectifier les erreurs

qu'il aurait commises dans le premier jugement ; *à fortiori,* ne saurait-il y avoir lieu à contestation sur ce point, si le jugement contradictoire a réduit la peine prononcée par le jugement par défaut, puisque le demandeur serait sans intérêt à cet égard. (*C.* 6 *juillet* 1838 ; *J. O.* 1838, p. 55.)

Étrangers.

1. Les étrangers admis à la jouissance des droits civils, conformément à l'article 13 du Code civil, peuvent être appelés au service de la garde nationale, lorsqu'ils ont acquis en France une propriété ou qu'ils y ont formé un établissement. (*Loi, art.* 10.)

2. L'exception d'extranéité, lorsqu'elle est légalement justifiée, est péremptoire et doit avoir son effet nonobstant l'inscription aux contrôles. Elle n'est pas seulement pour l'étranger un droit de se dispenser du service de la garde nationale, mais elle est aussi un empêchement légal à l'admission de cet étranger dans les rangs, lorsqu'il n'est pas établi qu'il se trouve dans les conditions énumérées à l'article 10 de la loi du 22 mars 1831. (*C.* 10 *juillet* 1834 ; *J. O.* 1834, p. 201.)

3. Le service de la garde nationale est obligatoire pour l'étranger inscrit sur les contrôles par l'autorité compétente, jusqu'à ce qu'il ait obtenu par la voie légale sa radiation des contrôles, et son pourvoi n'est admis qu'autant qu'il produit un certificat de la chancellerie, constatant qu'il n'a pas été admis à jouir des droits civils en France. (*C.* 13 *février* 1835 ; *J. O.* 1835, p. 212.)

4. A supposer qu'un individu inscrit sur les contrôles de la garde nationale et membre d'un conseil de discipline, fût un étranger ne réunissant pas les conditions d'aptitude énumérées à l'article 10 de la loi du 22 mars 1831, il suffit que sa radiation n'ait pas été provoquée devant le conseil de recensement, ni sa qualité contestée par le prévenu devant le conseil de discipline où il siégeait, pour qu'il soit présumé avoir eu le droit d'y siéger. (*C.* 29 *décembre* 1832 ; *Rec. d'arr.*)

Exception.

1. Les exceptions, ainsi que les questions préjudicielles, doivent être présentées avant toute discussion de l'affaire; mais le prévenu n'est pas présumé y avoir renoncé, parce qu'il répond, avant de les proposer, aux interpellations sur ses nom et prénoms. (*C. 6 septembre* 1833 ; *J. O.* 1833, p. 367.)

2. Si le prévenu décline la juridiction du conseil de discipline, le conseil statue d'abord sur sa compétence; s'il se déclare incompétent, l'affaire est renvoyée devant qui de droit. (*Loi du 22 mars* 1831, art. 118.)

3. Lorsque la compétence est contestée, le conseil doit nécessairement statuer avant de juger l'affaire au fond, et le faire par un jugement séparé. (*C. 22 octobre* 1831.) Mais il ne serait pas indispensable de statuer par un jugement séparé, si la compétence n'était formellement et positivement contestée. (*C. 27 avril* 1833.)

Un jugement serait nul si, lorsque la compétence a été contestée par plusieurs moyens différents, il rejetait le déclinatoire en ne statuant que sur un seul des moyens. (*C.* 13 *mars* 1834.)

4. Dans le cas de déclinatoire proposé au conseil de discipline à la fin d'incompétence, il importe peu que la décision sur ce point n'ait été motivée qu'au moment où il a été jugé au fond, s'il est constant que le conseil a préalablement statué d'une manière distincte sur le déclinatoire. (*C.* 11 *février* 1837 ; *J. O.* 1837, p. 30.)

5. Un conseil qui prononce, non sur une question d'incompétence, mais sur une question préjudicielle, n'est pas tenu de le faire par jugement distinct. Il suffit que le jugement statue par des motifs séparés, sur cette exception et sur le fond. (*C.* 16 *juin* 1832 ; *Rec. d'arr.*)

6. Le conseil qui, sur l'opposition d'un garde national à un jugement qui le condamne par défaut pour refus de service, se borne à confirmer son premier jugement sans statuer préalablement sur l'exception d'incompétence opposée par le prévenu, rend une décision nulle pour défaut de motifs et pour violation de l'article 118 de la loi du 22 mars 1831, d'après lequel l'exception d'incompétence doit être décidée avant la question du fond. (*C.* 22 *octobre* 1831 ; *J. O.* 1831, p. 386.)

7. Aux termes de l'article 7 de la loi du 20 avril 1810, *tout jugement qui n'est pas motivé est nul*, et ce principe, général pour toutes les juridictions, s'applique nécessairement aussi aux conseils de discipline de la garde nationale.

Il s'ensuit que, dans le cas où la compétence d'un conseil de discipline ayant été déclinée contradictoirement, ce conseil se déclarerait compétent en rejetant l'exception d'incompétence sans motiver sa décision, et passerait au jugement du fond, il y aurait de sa part violation de la disposition prescrite par l'article 7 de la loi du 20 avril 1810 précitée. (*C.* 18 *novembre* 1843 ; *J. O.* 1843, p. 227.)

8. Lorsque l'inculpé, qui a proposé une exception préjudicielle d'incompétence du conseil de discipline, abandonne de suite ce moyen en consentant à l'audition des témoins pour être, sur le tout, statué par un seul et même jugement, il ne saurait résulter une nullité de ce qu'il n'a pas été statué sur l'exception par un jugement distinct. (*C.* 4 *juillet* 1835 ; *Rec. d'arr.*)

9. Le conseil de discipline, qui passe outre au jugement du fond, sans statuer sur les conclusions préalablement présentées au sujet de la citation, viole l'article 7 de la loi du 20 avril 1810 et l'article 118 de la loi du 22 mars 1831. (*C.* 2 *août* 1839 ; *J. O.* 1839, p. 183.)

10. Le recours formé devant le jury de révision contre une décision du conseil de recensement suspend l'effet de cette décision.

Cette exception peut être opposée devant le conseil de discipline qui doit surseoir à statuer sur le refus de service, sauf à fixer un délai pour faire vider la question préjudicielle. (C. 13 et 20 *octobre* 1831 ; *J. O.* 1831, p. 384 et 385.)

11. Le conseil ne peut rejeter une exception préjudicielle résultant d'une demande à fin de radiation des contrôles, lorsqu'il est établi que la demande est réellement pendante. (C. 24 *décembre* 1831 ; *Rec. d'arr.*)

12. Lorsqu'une exception préjudicielle a été proposée en vertu de conclusions formelles, soit par le rapporteur, soit par l'inculpé, le conseil doit statuer par jugement séparé sur cette exception, et, s'il ne le fait pas, il viole l'article 118 de la loi. (C. 20 *septembre* 1833 ; *Rec. d'arr.*)

Excès de pouvoir.

C'est l'acte par lequel un juge ou un tribunal sort du cercle de ses attributions et fait ce que la loi ne lui donne pas droit de faire.

Excuse.

1. Il importe de distinguer, à l'égard des juridictions qui ont le droit de les accorder, entre les dispenses demandées pour cause même temporaire avant tout service commandé, et les excuses alléguées relativement aux ordres de service auxquels il n'a pas été satisfait.

Dans le premier cas, c'est aux conseils de recensement qu'il appartient de prononcer les dispenses temporaires dont il s'agit. (*Art.* 29 *de la loi du* 22 *mars* 1831.)

Dans le second cas, les conseils de discipline sont seuls compétents pour apprécier le mérite des excuses présentées. (C. 13 *février* 1847 ; *J. O.* 1848, p. 35.)

2. Le conseil qui, appréciant les circonstances du fait qui

aurait empêché un garde national d'assister à des réunions, décide que ces circonstances constituent une excuse valable, ne viole pas la loi. (*C. 6 décembre* 1834 ; *Rec. d'arr.*)

3. Les conseils de discipline ont exclusivement le droit d'apprécier la légitimité des excuses tirées de l'absence accidentelle en matière de manquement à un service commandé. (*C. 15 mars* 1839 ; *J. O.* 1839, p. 141.)

4. Les conseils de discipline ont le droit de décider si tel délit que la loi a prévu, et qu'elle déclare pouvoir être puni d'une peine déterminée, est excusable de la part de celui qui l'a commis, et, dans ce cas, de ne prononcer aucune peine contre lui.

Mais, s'ils jugent le délit constant et punissable, ils doivent appliquer dans l'espèce la peine portée par la loi et dans les limites qu'elle a fixées elle-même à l'égard de la peine à prononcer : d'où il suit qu'ils violeraient la loi s'ils appliquaient une autre peine au délit dont il s'agit.

C'est ainsi, par exemple, qu'il y a obligation, pour les conseils de discipline de la garde nationale du département de la Seine, de condamner à un jour de prison au moins (*art.* 2 *de la loi du* 14 *juillet* 1837) tout garde national prévenu et reconnu coupable de ne s'être point conformé aux prescriptions formelles de ladite loi, en ce qui concerne l'inscription au registre matricule. (*C.* 14 *juillet* 1838 ; *J. O.* 1838, p. 92.)

5. Quoi qu'il en puisse être de la force probante d'un certificat produit, le conseil de discipline est le maître d'apprécier l'excuse, de l'admettre ou de la rejeter.

S'il est constaté par le jugement que, bien qu'il y ait eu ordre de service, le garde national n'en a pas été prévenu, ce moyen d'excuse suffit au conseil pour justifier le renvoi de la plainte.

La cour n'a point à contrôler l'appréciation d'une excuse faite par le conseil de discipline et fondée sur des raisons d'urgence.

L'excuse puisée dans le fait de non-convocation régulière suffit pour justifier le renvoi de la poursuite qu'a pu prononcer

le conseil de discipline, sans avoir égard aux autres circonstances
de la cause. (*C.* 14 *mars* 1834 ; *J. O.* 1834, p. 183.)

6. Le jugement qui a reconnu et constaté, à la charge de
l'inculpé, un fait punissable d'après la loi, ne peut le renvoyer
de la citation dans l'espoir qu'il fera mieux son service à l'avenir, la loi n'admettant pas une semblable excuse. (*C.* 31 *mars*
1832 ; *J. O.* 1832, p. 111.)

7. Si, dans la poursuite des crimes et délits, *la question in-
tentionnelle* peut être agitée comme motif d'acquittement, elle
ne peut être qu'un motif d'atténuation dans la poursuite des
contraventions, et spécialement en matière d'infractions au
service de la garde nationale.

Il suit de là qu'un conseil de discipline qui, en matière de
contraventions prévues et réprimées par la loi sur la garde
nationale, reconnaîtrait que le prévenu a réellement commis
l'une de ces contraventions, mais le renverrait de la poursuite
par le motif qu'il *n'a pas eu l'intention* de commettre ladite
contravention, excéderait ses pouvoirs et violerait la loi.

A fortiori en serait-il ainsi si le prévenu était officier, puisqu'à l'égard des officiers la disposition pénale est plus impérative encore. (*C.* 5 *juillet* 1839 ; *J. O.* 1839, p. 180.)

8. L'officier qui, étant chef de poste, permet à un factionnaire d'abandonner son arme pendant sa faction, alors surtout
qu'il existe des ordres formellement contraires à cet égard,
commet une infraction au service, et le conseil de discipline,
si le fait est constaté, est tenu d'y appliquer la peine portée en
l'article 85 de la loi du 22 mars 1831 (la réprimande).

Le conseil de discipline qui, dans l'espèce, absout l'inculpé de
la peine précitée, en se fondant sur ce qu'il est tout nouvellement
en fonctions, et qu'il fera mieux son service à l'avenir, viole
ledit article 85, en ce qu'il crée une excuse non admise par
la loi, et qu'il s'arroge le droit de grâce. (*C.* 20 *juillet* 1844 ;
J. O. 1848, p. 215.)

9. La cour de cassation ne peut avoir aucun égard aux

excuses qu'un garde national fait valoir pour se justifier d'un refus de service. C'est uniquement devant le conseil de discipline que ce moyen doit être produit. (*C. 24 août* 1832; *Rec. d'arr.*)

Exécution des jugements (Voir 1ʳᵉ Partie, Titre IX, et le mot EMPRISONNEMENT).

Exemption (Voir DISPENSE).

Exercice (Voir REVUE).

1. Les manquements à l'exercice ne constituent que de simples infractions aux règles du service, passibles de la réprimande, aux termes des articles 85 et 88 de la loi du 22 mars 1831, et les infractions de cette nature, quoique réitérées, lorsqu'elles ne sont d'ailleurs accompagnées d'aucune circonstance qui leur imprime un autre caractère, ne peuvent être qualifiées *désobéissance* et *insubordination*, ni être punies, par les conseils de discipline, d'une autre peine que celle portée par l'article 85 précité. (*C. 5 janvier* 1836; *Rec. d'arr.*)

2. Le simple manquement à l'exercice qui précéderait la garde montante ne peut être considéré comme un refus d'un service d'ordre et de sûreté, alors même que cet exercice serait prescrit par un ordre du jour. Un tel manquement ne constitue qu'une infraction aux règles de la discipline, punissable, suivant les circonstances, soit de la réprimande, aux termes des articles 85 et 88, soit d'une faction hors de tour, conformément à l'article 82. (*C. 4 juillet* 1834; *Rec. d'arr.*)

3. Le refus constant de se rendre aux exercices, lorsque le jugement constate à la charge du prévenu un ensemble de faits capables de porter atteinte à la discipline, d'être des plus récalcitrants, de donner par sa conduite un mauvais exemple, et de porter essentiellement atteinte à la discipline, peut être considéré comme constituant désobéissance et insubordination, et,

à ce titre, être puni de la prison. (*C.* 19 *avril* 1833 ; *J. O.* 1833, p. 238.)

4. Les exercices d'instruction prescrits aux officiers par le règlement de service local, pour les rendre capables d'exercer le commandement, constituent, à l'égard desdits officiers, un service de la nature de ceux qui sont spécifiés par le § 4 de l'article 87 de la loi, et, en cas de manquement à ces exercices d'instruction, ils sont punissables des arrêts ou de la prison, comme ayant manqué à un service commandé. (*C.* 5 *août* 1843 ; *J. O.* 1840 à 1844, p. 213.)

5. Dans les compagnies d'artillerie de la garde nationale, les exercices et manœuvres du canon, régulièrement commandés, doivent être assimilés aux services d'ordre et de sûreté, par analogie avec ce qui a été établi par la jurisprudence à l'égard des revues pour l'inspection des armes.

Cette assimilation, qui s'explique en principe par des considérations prises dans l'intérêt même de la sécurité des artilleurs, serait d'autant moins contestable encore, si les ordonnances constitutives desdites compagnies d'artillerie ont prescrit, en faveur des artilleurs, une dispense de service ordinaire pendant un temps déterminé, lequel devra être exclusivement consacré aux exercices et manœuvres du tir.

Dans ce cas, et ces ordonnances ayant légalement et constitutionnellement disposé, en vertu de la faculté d'organiser des corps d'artillerie qu'a conférée au pouvoir exécutif l'article 38 de la loi du 22 mars 1831, il en résulte que les artilleurs sont tenus d'assister aux exercices et manœuvres régulièrement commandés dans leurs compagnies, sous peine d'encourir, par suite de l'assimilation au service d'ordre et de sûreté, l'application de l'article 89, pour double manquement auxdits exercices et manœuvres. (*C.* 25 *juillet* 1839 ; *J. O.* 1839, p. 189.)

Extranéité (Voir ÉTRANGER).

F.

Faction (Voir ABANDON).

La loi du 22 mars 1831 est une loi générale et complète sur le service de la garde nationale, et il ne peut être suppléé à son silence sur les détails du service que par les règlements faits en la forme déterminée par l'article 73 de ladite loi.

Il s'ensuit que, en aucun cas, il n'y a lieu de recourir aux règlements qui régissent l'armée active tant que la garde nationale n'est pas mobilisée.

Ainsi, et par application de ce principe, qui résulte des articles 161 et 162 de la loi du 22 mars 1831, le chef de poste qui donne l'ordre à un garde national de se mettre en faction doit être obéi, aux termes de l'article 78 de la loi précitée, et le garde national qui s'y refuserait sous le prétexte que ce n'est pas son tour, et que l'ordre ne lui est pas intimé par le caporal de pose, se rendrait coupable de désobéissance et d'insubordination, et par suite passible de la peine portée en l'article 89 de la loi. (*C. 3 novembre* 1838 ; *J. O.* 1838, p. 96.)

Faction hors de tour.

Les chefs de poste peuvent punir d'une faction hors de tour tout garde national qui s'absente du poste sans autorisation. (*Loi, art.* 82.) Voir ABSENCE OU ABANDON DU POSTE.

Faits (Énonciation et qualification des) (Voir MOTIFS).

1. Tout jugement doit, à peine de violation de l'article 7 de la loi du 20 avril 1810, renfermer les motifs sur lesquels s'appuie la condamnation, ou au moins énoncer le fait auquel s'applique la condamnation. (*C.* 19 *décembre* 1835 ; *J. O.* 1836, p. 31.)

2. La fausse qualification d'un fait donne lieu à cassation, alors

même que la peine serait légale si le fait eût été exactement qualifié. (*C.* 11 *mars* 1837; *Rec. d'arr.*)

3. La preuve que les conseils de discipline sont souverains appréciateurs des faits, quant à leur certitude, réside dans l'article 118 de la loi du 22 mars 1831, qui admet des témoins et des débats devant ces conseils. (*C.* 18 *mai* 1839; *J. O.* 1839, p. 160.)

4. En principe, la qualification attribuée au fait par un officier rapporteur dans la citation ne lie pas le conseil de discipline.

Ce conseil peut, dès-lors, donner au fait dont il s'agit le caractère de simple manquement et d'infraction aux règles de la discipline, bien que le rapporteur l'ait qualifié de désobéissance et d'insubordination. (*C.* 18 *mars* 1847; *J. O.* 1848, p. 37.)

Fêtes et Cérémonies publiques (Voir CÉRÉMONIE).

Fonctionnaire public.

L'invitation faite par l'autorité administrative à un fonctionnaire public d'assister, en sa qualité et conformément aux prescriptions du décret du 24 messidor an XII, à une cérémonie publique, est obligatoire pour ce fonctionnaire, et doit, par conséquent, le dispenser d'obéir, comme garde national, à l'ordre que lui aurait donné le chef de corps de se réunir à sa compagnie pour cette même cérémonie.

Dans l'espèce, l'obligation résultant de l'invitation faite par l'autorité constitue un service public qui emporte, aux termes de l'article 29 de la loi du 22 mars 1831, dispense temporaire et accidentelle; d'où il suit que, si le chef de corps refusait de faire droit à la réclamation motivée que lui aurait adressé le fonctionnaire public pour être dispensé de faire le service comme garde national, il y aurait de sa part illégalité.

De même aussi, le conseil de discipline qui condamnerait à la prison le même fonctionnaire, pour manquement à ce service, violerait les prescriptions du décret de messidor et de la loi du 22 mars, et appliquerait faussement la peine portée en l'article 89 de la même loi. (*C. 5 août* 1841; *J. O.* 1840 à 1844, p. 138.)

Formule exécutoire.

Le moyen tiré de ce que le jugement signifié n'est pas revêtu de la formule exécutoire n'invaliderait point, alors même qu'il existerait en fait, la substance du jugement au fond. (*C. 5 juillet* 1839; *J. O.* 1839, p. 182.)

Fourniment (Voir Équipement, Cocarde).

Frais.

1. Tous actes de poursuite devant les conseils de discipline, tous jugemens, recours et arrêts rendus en vertu de la présente loi, seront dispensés du timbre et enregistrés gratis. (*Loi, art.* 121.)

2. La procédure devant les conseils de discipline étant gratuite, à raison de la combinaison des articles 92, 111, et 121 de la loi, et de la qualité des officiers et agents de la force publique appelés à coopérer à cette procédure, les conseils ne peuvent prononcer de condamnations aux dépens. (*C.* 31 *mars* 1832; *J. O.* 1832, p. 160.)

3. Toutefois, les gardes nationaux peuvent être régulièrement condamnés à des dépens toutes les fois que ces dépens ne sont pas des droits de timbre, d'enregistrement et de greffe, ou de vacations et salaires d'agents, lorsque, par exemple, ce sont des indemnités accordées à des témoins entendus dans l'instance, tant à la requête du prévenu qu'à celle du ministère public. (*C.* 19 *et* 26 *janvier* 1833; *Rec. d'arr.*)

4. Les huissiers ont qualité pour signifier les actes de juridiction disciplinaire, pourvu que ces significations ne soient pas mises à la charge des condamnés, les citations et significations

devant avoir lieu sans frais. (*C.* 24 *décembre* 1832; *J. O.* 1833, p. 91.)

G.

Galons.

Le refus obstiné, par un sous-officier ou un caporal, de prendre les galons, marque distinctive de son grade, peut légalement être caractérisé de désobéissance et d'insubordination, et motiver l'application de l'article 89 de la loi. (*C.* 14 *septembre* 1833; *J. O.* 1833, p. 391.)

Garde (Tour de).

Pour faire valoir, comme excuse d'un manquement au service, l'échange d'un tour de garde, on doit en justifier : le témoignage du sergent-major peut être invoqué, l'échange ne pouvant avoir lieu que par son intermédiaire. (*C.* 9 *février* 1833; *J. O.* 1833, p. 176.)

Garde hors de tour (Voir Chef de corps).

1. Sur l'ordre du chef de corps, indépendamment du service régulièrement commandé, et que le garde national, le caporal ou le sous-officier doit accomplir, il sera tenu de monter une garde hors de tour lorsqu'il aura manqué pour la première fois au service. (*Loi, art.* 83.)

2. Au chef de corps seul appartient d'imposer une garde hors de tour pour un premier manquement au service. Le conseil de discipline qui appliquerait cette punition commettrait un excès de pouvoirs. (*C.* 18 *août* 1832 *et* 16 *mars* 1833 ; *Rec. d'arr.*)

3. Le pouvoir conféré au chef de corps, par l'article 83 de la loi du 22 mars 1831, d'infliger des gardes hors de tour pour les infractions au service ou à la discipline est purement facultatif. Il en résulte que le conseil de discipline est compétent pour réprimer ces infractions lorsqu'il en est saisi par le renvoi du chef

de corps, dans la forme prescrite par l'article 110 de la loi du 22 mars 1831. (*C. 18 mars 1847 ; J. O. 1848, p. 37.*)

4. Les gardes hors de tour constituent un service d'ordre et de sûreté. On doit les monter aux termes de l'article 78 de la loi, sauf à réclamer devant qui de droit. (*C. 12 mai 1832; J. O. 1832, p. 184.*)

5. Le chef de corps n'est pas forcé de faire traduire devant le conseil de discipline le garde national qui, après une garde hors de tour, manque une seconde fois au service. Il peut encore user à son égard du pouvoir que lui confère l'article 83 de la loi. (*C. J. O. 1833, p. 208.*)

6. Les conseils de discipline ne sont pas compétents pour examiner si le chef de corps a fait une juste application du pouvoir que lui confère l'article 83 de la loi, d'infliger une garde hors de tour. (*C. 29 novembre 1832; J. O. 1833, p. 92.*)

7. Un conseil de discipline viole l'article 78 de la loi lorsqu'il juge qu'un garde national, commandé d'une garde hors de tour, a pu se dispenser de la monter, par le motif que cette garde lui a été mal à propos commandée. (*C. 9 février 1833; J. O. 1833, p. 175.*)

8. Le garde national condamné à une garde hors de tour ne peut se faire remplacer pour ce service ainsi qu'il pourrait le faire pour un autre dans les limites de l'article 27 de la loi du 22 mars 1831, attendu que la garde hors de tour étant une peine disciplinaire, le citoyen qui l'a encourue doit l'acquitter en personne. (*C. 3 juillet 1835 ; Rec. d'arr.*)

9. De ce qu'un premier manquement à un service d'ordre et de sûreté a été puni de la réprimande par jugement du conseil de discipline, et d'une garde hors de tour de la part du chef de corps, laquelle a été montée, il ne s'ensuit point qu'en cas d'un second manquement de même nature le conseil de discipline ne puisse prononcer la peine de la prison.

Dans l'espèce, la garde commandée hors de tour n'efface point le premier manquement de telle sorte que le conseil n'en puisse faire état et le joindre au second manquement pour appliquer l'article 89, le prévenu ayant, par le fait, manqué une seconde fois au service d'ordre et de sûreté, et se trouvant passible, dès-lors, de la peine portée audit article. (*C.* 13 *mars* 1841 ; *J. O.* 1840 à 1844, p. 118.)

10. Le manquement à deux gardes hors de tour est punissable de la peine de la prison par application de l'article 89 de la loi. (*C.* 10 *septembre* 1836; *J. O.* 1836, p. 215.)

11. Il y a lieu de faire l'application de l'article 89, pour second refus de service, au garde national qui manque à une garde hors de tour, lorsque cette garde a été infligée pour un premier refus de service d'ordre et de sûreté, mais non lorsqu'elle l'a été pour un manquement aux exercices. (*C.* 15 *juin* 1832 ; *J. O.* 1832, p. 185.)

12. La peine d'une garde hors de tour n'est pas applicable aux sergents-majors. (*C.* 14 *mars* 1834; *J. O.* 1834, p. 184.)

Garde à cheval.

1. Les compagnies spéciales, et particulièrement les gardes nationaux à cheval, peuvent être commandés, pour faire le service ordinaire concurremment avec les gardes nationaux des autres compagnies, et sans leurs chevaux, ou sans qu'on soit tenu de leur fournir une écurie pour leurs chevaux. (*C.* 6 *février* 1832, *Rec. d'arr.*)

2. Le fait d'un garde national à cheval, commandé pour le service ordinaire, de s'être présenté au poste en tenue et de s'être retiré sans même entrer au poste, parce qu'il n'y avait pas d'écurie pour son cheval, a pu être considéré comme un abandon du poste dans le sens de l'article 89 de la loi. (*C.* 6 *février* 1832; *Rec. d'arr.*)

3. Les subdivisions de cavalerie composées de citoyens domiciliés dans la circonscription d'un commandant communal ou cantonal, sont soumises à l'autorité de ce chef, et doivent optempérer à ses ordres, sous peine de désobéissance et d'insubordination. (*C. 14 février* 1834; *J. O.* 1834, p. 178.)

Gardes champêtres et forestiers.

1. La disposition de l'article 12 de la loi du 22 mars 1831, d'après laquelle les gardes champêtres et forestiers ne sont pas appelés au service de la garde nationale, est générale et absolue, et s'applique sans dictinction à ceux qui exercent leurs fonctions avec ou sans rétribution.

Il importe peu également que le garde champêtre réside ou ne réside point dans la commune où il exerce ses fonctions, et qu'il soit revêtu, dans une autre commune, du titre de membre du conseil municipal.

Il suffit de la qualité de garde champêtre dûment constatée pour que l'individu qui en est revêtu soit exempt du service de la garde nationale dans quelque commune que ce soit, fût-elle même étrangère à celle de son domicile.

Il en résulte que le conseil qui rejetterait l'exception de dispense ou d'exemption invoquée par un garde champêtre à raison de sa qualité, violerait l'article 12 de la loi du 22 mars 1831. (*C.* 18 *novembre* 1843; *J. O.* 1840 à 1844, p. 225.)

2. Les gardes champêtres des particuliers ne sont pas compris dans l'exception portée à l'article 12 de la loi, n° 4, et peuvent dès-lors être appelés au service de la garde nationale. (*C.* 15 *septembre* 1832; *Rec. d'arr.*)

3. Il n'appartient pas aux conseils de statuer sur l'incompatibilité qui résulte de la qualité de *garde forestier* d'après l'article 12 de la loi du 22 mars, alors surtout que ce garde a été maintenu sur le contrôle par le jury de révision. (*C.* 14 *juillet* 1832; *Rec. d'arr.*)

4. Les gardes champêtres sont au nombre des agents de la

force publique autorisés à faire des significations relatives.à la juridiction des conseils de discipline. (*C.* 28 *décembre* 1832; *Rec. d'arr.*)

Giberne (Voir Équipement).

Grâce (Voir Amnistie).

1. Le président de la République a le droit de faire grâce, mais il ne peut exercer ce droit qu'après avoir pris l'avis du conseil d'Etat. (*Constitution du 4 novembre* 1848, *art.* 55.)

2. A la différence de l'amnistie, qui est accordée dans un intérêt général, qui couvre du voile de l'oubli les condamnations et poursuites encourues, et en efface le souvenir et l'effet, les lettres de grâce individuelles sont limitées à la remise de tout ou partie des peines prononcées, et laissent subsister la culpabilité des grâciés. (*C.* 19 *juillet* 1839; *J. O.* 1839, p. 186.)

Dès lors, si un garde national auquel il a été fait remise de la peine de la prison, prononcée contre lui pour infraction au service, vient à commettre une nouvelle infraction, le conseil de discipline peut faire état de la première condamnation, qui subsiste toujours, moins son effet, et la reprendre, soit pour appliquer la peine de la récidive, conformément à l'article 89 de la loi du 22 mars 1831, soit même, suivant les circonstances, pour se déclarer incompétent et renvoyer en police correctionnelle, aux termes de l'article 92 de la même loi.

3. Vu le peu de gravité des condamnations en matière de discipline de la garde nationale, il n'est donné suite aux recours en grâce que dans des cas exceptionnels. (*J. O.* 1832, p. 243.)

Les grâces accordées aux gardes nationaux ne sont notifiées que par la voie ministérielle et non par ampliation de la décision. (*J. O.* 1833, p. 145.)

Grade (Voir Ancienneté, Destitution).

1. Les officiers, sous-officiers et caporaux sont élus pour trois ans. Ils peuvent être réélus. (*Loi, art.* 60.)

Les grades conférés directement par l'autorité, conformément aux articles 57, 58, 64, 65, 101, 102 et 103 de la loi du 22 mars 1831, 7 et 23 de la loi du 14 juillet 1837, ont cette même durée triennale.

Toutefois, les élections générales devant avoir lieu à une époque commune, les titulaires des grades ou emplois conférés soit par élection, soit par nomination, dans l'intervalle d'une élection générale à l'autre, n'en sont investis que pour le délai qui doit s'écouler jusqu'aux prochaines élections.

2. Les officiers, sous-officiers et caporaux élus pour trois ans, aux termes de l'article 60 de la loi, ne peuvent, de plein droit et avant d'avoir été légalement remplacés, cesser d'exercer leurs fonctions par le motif que la durée de leur mandat est expirée. (*C.* 19 *août* 1837; *J. O.* 1837, p. 151.)

3. Le fait de l'annulation, par le jury, de l'élection des officiers d'une compagnie n'autorise pas un garde national de cette compagnie à refuser un service régulièrement commandé, lorsqu'un arrêté de l'autorité administrative ordonne que lesdits officiers, dont l'élection a été annulée, continueront de remplir leurs fonctions jusqu'à décision à intervenir du conseil d'Etat. (*C.* 28 *février* 1835; *J. O.* 1835, p. 154.)

4. Sur l'avis du maire et du sous-préfet, tout officier de la garde nationale peut être suspendu de ses fonctions pendant deux mois par arrêté motivé du préfet pris en conseil de préfecture, l'officier préalablement entendu dans ses observations. L'arrêté du préfet est transmis immédiatement par lui au ministre de l'intérieur.

Sur le rapport du ministre, la suspension peut être prolongée par un décret du président de la République.

Si, dans le cours d'une année, ledit officier n'a pas été rendu à ses fonctions, il est procédé à une nouvelle élection. (*Loi*, *art.* 61.)

5. Est privé de son grade tout officier, sous-officier ou caporal qui, après avoir subi une condamnation du conseil de discipline, se rend coupable d'une faute qui entraîne l'emprisonnement, s'il s'est écoulé moins d'un an depuis la première condamnation. Peut également être privé de son grade tout officier, sous-officier et caporal qui a abandonné son poste avant qu'il ne soit relevé.

Tout officier, sous-officier et caporal privé de son grade par jugement ne peut être réélu qu'aux élections générales. (*Loi*, *art.* 90.)

6. Le préfet, sur le rapport des maires et des chefs de corps, peut révoquer les rapporteurs, rapporteurs-adjoints, secrétaires et secrétaires-adjoints près les conseils de discipline, nommés conformément aux articles 102 et 103 de la loi du 22 mars 1831. (*Loi*, *art.* 103.)

Ce droit de révocation ou de remplacement est inhérent au droit de nomination, d'où il suit que l'autorité qui a pu conférer directement un emploi dans la garde nationale, en vertu des articles énumérés au n° 1 ci-dessus, a la faculté de retirer cet emploi et de nommer un autre titulaire.

7. Aux termes de l'article 90 de la loi du 22 mars 1831, tout officier doit être privé de son grade, lorsque, après avoir subi une condamnation du conseil de discipline, il s'est rendu coupable d'une faute qui entraîne l'emprisonnement, s'il s'est écoulé moins d'un an depuis la première condamnation.

Il en résulte qu'un officier qui, après avoir été condamné déjà à la réprimande dans le courant de l'année, encourt une seconde condamnation comme ayant manqué à des exercices d'instruction, pour lesquels il avait été régulièrement commandé, est passible de la privation de son grade.

Il importe peu que ces exercices ne puissent être, en principe, assimilés au service d'ordre et de sûreté, attendu que ce principe ne s'applique pas aux officiers, qui restent régis par les dispositions spéciales de l'article 87, comme les sous-offficiers et gardes nationaux le sont par les dispositions tout aussi spéciales de l'article 89.

Il suffit que le règlement de service local ait déclaré ces exercices obligatoires pour que l'officier qui, par sa situation, doit donner l'exemple de l'exactitude et de l'obéissance, soit tenu d'y assister.

Il s'ensuit dès lors que les exercices d'instruction prescrits aux officiers par le règlement de service local pour les rendre capables d'exercer le commandement dont ils sont investis, constituent, à l'égard desdits officiers, un service de la nature de ceux qui sont spécifiés par le § 4 de l'article 87, et qu'en cas de manquements à ces exercices d'instruction, ils sont punissables des arrêts ou de la prison, comme ayant manqué à un service commandé. (*C.* 5 *août* 1843; *J. O.* 1840 à 1844, p. 213.)

8. Il n'y a récidive de la part d'un garde national qu'autant qu'il a commis dans la même année deux fautes entraînant par elles-mêmes la peine de l'emprisonnement.

Ainsi, le caporal qui, après avoir été condamné à vingt-quatre heures de prison, n'aurait commis dans la même année qu'une simple infraction passible seulement de la réprimande, ne pourrait, sous prétexte de récidive, être privé de son grade ni condamné à l'emprisonnement. (*C.* 31 *mai* 1833; *Rec. d'arr.*)

9. Il n'est point facultatif aux conseils de discipline de ne pas prononcer la privation du grade contre l'officier; le sous-officier ou le caporal condamné à l'emprisonnement après avoir subi dans l'année une première condamnation du conseil de discipline. (*C.* 27 *juin* 1835; *Rec. d'ar.*)

10. L'officier déjà condamné à la peine de la réprimande par jugement contradictoire dûment signifié et devenu définitif, faute d'appel dans les délais, encourt, par le fait d'une nouvelle condamnation à vingt-quatre heures de prison dans l'espace de l'année, la privation de son grade. (*C.* 1er *juin* 1833; *J. O.* 1833, p. 261.)

11. La destitution du grade est facultative, dans le cas d'abandon du poste. Elle est impérativement ordonnée par l'article 90 de la loi du 22 mars à l'égard de l'officier, du sous-officier ou du caporal déjà condamné, qui se rend coupable d'une faute passible de l'emprisonnement. Elle est, de sa nature, purement administrative, et l'accessoire de la peine principale. (*C.* 28 *décembre* 1832; *J. O.* 1833, p. 118.)

12. L'article 90 de la loi du 22 mars 1831, qui autorise les conseils de discipline à priver, en certains cas, de son grade, un officier, un sous-officier ou un caporal, ne prononçant pas la *dégradation*, les conseils ne peuvent infliger cette aggravation de peine sans commettre un excès de pouvoirs. (*C.* 29 *septembre* 1832; *J. O.* 1832, p. 314.)

Gens de mer (Voir MARINS).

Les syndics des gens de mer ne doivent pas, aux termes de l'article 12 de la loi, et en leur qualité d'agents commissionnés du service de mer en activité de service, être appelés au service de la garde nationale. (*C.* 21 *juin* 1844; *J. O,* 1848, p. 169.)

Greffiers et Commis greffiers (Voir COURS ET TRIBUNAUX).

1. Les greffiers et commis greffiers assermentés près les tribunaux étant classés, d'après les lois sur l'organisation judiciaire, et spécialement par l'article 36 du décret du 6 juillet 1810, parmi les membres des cours et tribunaux, ont droit à la dispense facultative du service de la garde nationale accordée à ces derniers par l'article 28 de la loi du 22 mars 1831.

Cette disposition de la loi étant impérative, il y a obligation pour les conseils de discipline de faire droit à l'exception réclamée par les greffiers et commis greffiers dont il s'agit, s'ils justifient qu'ils étaient en possession de leurs fonctions au moment où les ordres de service leur ont été adressés.

Dès lors, ces conseils, dans le cas où ils appliqueraient une peine à raison de ce que ces ordres de service n'auraient point

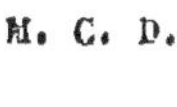

été exécutés, commettraient un excès de pouvoirs et violeraient l'article 28 de la loi du 22 mars 1831, ainsi que les lois précitées sur l'organisation judiciaire. (*C.* 31 *juillet* 1841 et 24 *décembre* 1847 ; *J. O.* 1841, p. 135, et 1849, p. 276.)

2. Les greffiers de justice de paix sont compris dans la classification des membres des cours et tribunaux, et peuvent, comme ces derniers, se dispenser du service, aux termes de l'article 28 de la loi du 22 mars 1831. (*C.* 21 *mars* 1834; *J. O.* 1834, p. 185.)

H.

Hiérarchie (Voir Obéissance).

Le commandement appartient à celui qui a la supériorité du grade, et les règlements de service faits en exécution de l'article 73 de la loi ne peuvent déroger aux règles hiérarchiques établies par le législateur. (*C.* 14 *février* 1834 ; *J. O.* 1834, p. 178.)

Honneurs funèbres.

1. Le garde national commandé pour accompagner le convoi d'un officier, sous-officier ou garde national, en exécution du décret de messidor an XII, dès qu'il est constant que cet ordre n'a pas eu pour motif le maintien de la tranquillité publique, ne peut, en cas de refus, être considéré comme ayant manqué à un service d'ordre et de sûreté, et par suite encourir l'application de l'article 89 de la loi du 22 mars 1831.

Le motif en est que les dispositions impératives du décret précité ne sont point applicables à la garde nationale, spécialement régie par la loi d'organisation du 22 mars 1831.

Il en résulte que le conseil de discipline qui cumulerait avec le manquement dont il s'agit un précédent refus de service d'ordre et de sûreté pour condamner à la prison, ferait, dans l'espèce, une fausse application de l'article 89. (*C.* 8 *décembre* 1843; *J. O.* 1840 à 1844, p. 232.)

2. Le service commandé à la garde nationale pour rendre les honneurs funèbres à la mémoire d'un officier d'infanterie en retraite, membre de la Légion-d'honneur, ne constitue pas un service d'ordre et de sûreté dans le sens de l'article 89 de la loi du 22 mars 1831.

En conséquence, le garde national qui, puni d'une garde hors de tour pour avoir manqué à un service de cette nature, manquerait également à cette garde, ne saurait être passible, comme ayant commis un double manquement à un service d'ordre et de sûreté, de la peine portée en l'article 89 précité, sans violation dudit article.

Dans l'espèce, le seul fait justiciable du conseil de discipline est le manquement à la garde commandée hors de tour. (*C. 7 octobre* 1847 ; *J. O.* 1848, p. 169.)

Huissiers.

1. Les huissiers-audienciers près les conseils de prud'hommes, non plus que ceux qui sont attachés aux tribunaux en général, ne sont pas compris au nombre des personnes que la loi du 22 mars 1831 dispense du service de la garde nationale à raison de leur position ou de leur qualité. (*C. 27 juin* 1845 ; *J. O.* 1848, p. 243.)

2. Les huissiers ont qualité pour signifier les actes de juridiction disciplinaire, pourvu que ces significations ne soient pas mises à la charge des condamnés, les citations et significations devant avoir lieu sans frais. (*C. 29 décembre* 1832 ; *J. O.* 1833, p. 91.)

I.

Incompatibilité (Voir JUGE, TÉMOIN).

1. Le service de la garde nationale est incompatible avec les fonctions des magistrats qui ont le droit de requérir la force publique (*Loi, art.* 11.)

L'incompatibilité s'applique aux ministres, préfets, sous-préfets, maires et adjoints, commissaires de police, procureurs de la République, juges d'instruction, juges de paix, etc.

Elle s'applique également aux suppléants des juges de paix. (*C. 20 octobre 1831; J. O. 1831, p. 385, et plusieurs autres arrêts.*)

Elle s'applique aux membres des commissions sanitaires. (*C. 22 août 1834; J. O. 1834, p. 222.*)

Elle ne s'applique pas :

Aux présidents des tribunaux civils (*C. 27 avril 1833; Rec. d'arr.*);

Aux conseillers de préfecture, si ce n'est lorsqu'ils remplissent accidentellement les fonctions de préfet, et alors l'incompatibilité est temporaire (*C. 12 décembre 1832*);

Aux conseillers municipaux, si ce n'est lorsqu'ils remplissent accidentellement les fonctions de l'autorité municipale, et, dans ce cas, l'incompatibilité est temporaire (*C. 6 mars et 28 août 1832*).

2. Les conseils de recensement, en première instance, et les jurys de révision, en dernier ressort, sont juges des incompatibilités.

Toutefois, alors même que le conseil de recensement ou le jury aurait maintenu sur les contrôles de la garde nationale un fonctionnaire auquel s'applique l'incompatibilité, et s'il était poursuivi pour refus de service, le conseil de discipline ne devrait pas le condamner, autrement son jugement serait entaché d'excès de pouvoirs. (*Jurisprudence constante de la cour de cassation.*)

Incompétence (Voir Ire Partie, Titre VI, et le mot Exception).

Infirmités (Voir Maladie).

1. Sont dispensées du service de la garde nationale les personnes qu'une infirmité met hors d'état de faire le service. (*Loi, art. 29.*)

Il s'agit, dans cette disposition de la loi, des infirmités, desquelles il résulte une impossibilité habituelle, ou tout au moins d'une certaine durée, d'accomplir le service de la garde nationale.

Aux termes de l'article 29 de la loi, c'est aux conseils de recensement en premier ressort, et aux juges de révision en appel, qu'il appartient exclusivement de constater la réalité de ces infirmités, et d'accorder, s'il y a lieu, une dispense du service ordinaire.

2. Un conseil de discipline ne peut, sans excès de pouvoirs et empiètement sur les attributions des conseils de recensement et des jurys de révision, apprécier une cause de dispense fondée sur des infirmités, et déclarer la dispense acquise à raison de ces infirmités. (*C. 10 octobre* 1832; *J. O.* 1832, p. 314.)

3. Le garde national qui a formé devant le conseil de recensement une demande en dispense pour infirmité, est astreint au service jusqu'à ce que la dispense ait été accordée, sauf, en cas d'urgence, à se faire excuser par ses chefs. (*C.* 30 *décembre* 1831; *J. O.* 1832, p. 42.)

Injures (Voir CONSIGNE).

1. Est puni des arrêts ou de la prison, suivant la gravité des cas, tout officier qui, étant de service, s'est rendu coupable des fautes suivantes : le manque de respect, les propos offensants et les insultes envers des officiers d'un grade supérieur; les propos outrageants envers un subordonné. (*Loi, art.* 87.)

2. Les injures adressées par un sous-officier, un caporal ou un garde national à un supérieur, constituent ou l'insubordination ou une atteinte à la discipline, et peuvent, à ce titre, être punies soit de la prison, aux termes de l'article 89 de la loi, soit de la réprimande simple ou de la réprimande avec mise à l'ordre, en vertu des articles 85, 86 et 88.

3. Le fait imputé à un garde national de s'être rendu coupable de propos offensants envers son chef *dans le service ou*

à l'occasion du service, et d'avoir tenu une conduite propre à porter atteinte à l'ordre et à la discipline, constitue la double contravention définie et réprimée par les articles 87 et 89 de la loi du 22 mars 1831 ; et le conseil de discipline qui, après avoir reconnu la vérité du fait incriminé, se déclare incompétent, et renvoie à se pourvoir devant qui de droit, par le motif que *ni l'inculpé ni son supérieur n'étaient en uniforme*, commet un excès de pouvoirs et viole expressément les articles 87 et 89 ci-dessus rappelés.

Le motif en est, pour ce qui concerne le garde national inculpé, qu'il ne peut ignorer la qualité de son supérieur, lorsque, surtout, eu égard à son grade, ce dernier a été reconnu conformément à l'article 59 de la loi du 22 mars 1831 ; et, en ce qui regarde le déclinatoire admis par le conseil de discipline qu'aucune disposition de la loi précitée ne subordonne les égards ou la déférence d'un garde national envers son supérieur, quant au service, à la nécessité pour celui-ci d'être revêtu de son uniforme. (*C. 17 avril* 1845 ; *J. O.* 1848, p. 240.)

4. Le conseil de discipline est compétent pour connaître de la prévention résultant d'injures adressées par des gardes nationaux à un officier de leur compagnie, par suite et à l'occasion d'un acte de service accompli par cet officier à ce titre. (*C. 11 février* 1837 ; *J. O.* 1837, p. 30.)

5. Les injures proférées à une revue par un officier envers l'officier commandant, tous deux en uniforme et assistant à la revue en vertu d'un ordre de service, constituent un acte d'indiscipline justiciable du conseil de discipline et non des tribunaux correctionnels. (*C. 8 mars* 1834 ; *Rec. d'arr.*)

6. Le jugement qui constate l'existence de propos injurieux attribués au prévenu est suffisamment motivé, bien qu'il ne relate pas ces propos. (*C. 29 décembre* 1832 ; *Rec. d'arr.*)

7. Le conseil de discipline est incompétent pour connaître des injures proférées par un garde national contre un officier, s'il n'est pas constant qu'elles aient été proférées dans l'exercice

ou à l'occasion de ses fonctions d'officier de la garde nationale. (*C. 16 mars 1833; J. O. 1833, p. 180.*)

8. L'outrage fait par geste ou par menace à l'un des membres des conseils de discipline, dans l'exercice et à l'occasion de l'exercice de ses fonctions, est punissable des peines portées aux articles 223 et 226 du Code pénal. (*Tribunal de police correctionnelle, 16 décembre 1831; J. O. 1832, p. 45.*)

Inscription aux contrôles (Voir Ire Partie, Titre VI, et le mot JURY DE RÉVISION).

1. L'inscription d'un citoyen aux contrôles de la garde nationale est présumée légale tant qu'il n'a pas été réclamé devant qui de droit, c'est-à-dire devant le conseil de recensement en premier ressort, ou en appel devant le jury de révision. (*C. 2 décembre 1831; J. O. 1832, p. 38.*)

2. Un conseil de discipline ne peut s'immiscer dans la formation ou la modification du registre matricule, non plus que des contrôles du service ordinaire ou de la réserve.

Il se borne, lorsque l'inculpé prétend n'être pas justiciable du conseil, à constater le fait de l'inscription, qui fixe sa juridiction.

3. Dans l'étendue du département de la Seine, tous les Français appelés par la loi au service de la garde nationale, et qui ne sont pas portés sur le registre matricule, sont tenus de se faire inscrire à la mairie de leur résidence.

Cette inscription doit être faite dans les deux mois de l'accomplissement des conditions qui rendent obligatoire le service de la garde nationale.

Ce délai ne court, pour les Français âgés de moins de vingt et un ans, que du jour où ils ont satisfait à la loi du recrutement.

En cas de changement de résidence, la déclaration à fin d'inscription doit être faite, dans le même délai, à la mairie de l'arrondissement municipal ou de la commune de la nouvelle résidence.

Tout Français qui ne s'est pas conformé aux dispositions précédentes, et dont l'inscription d'office au contrôle du service ordinaire est devenue définitive, est, par ce seul fait, constitué en état de refus de service, et renvoyé par le maire devant le conseil de discipline, qui peut le condamner à un emprisonnement d'un jour au moins, de cinq jours au plus.

Ne sont pas tenus de se faire inscrire les citoyens exceptés ou dispensés du service par les articles 11, 12, 13, 20, 28 et 29 de la loi du 22 mars 1831. (*Loi du 14 juillet 1837, art. 2.*)

4. Les conseils de discipline ne sont pas compétents pour examiner si tel ou tel officier est ou non valablement inscrit sur les contrôles de la garde nationale et sur le tableau des citoyens appelés à composer le conseil de discipline. (*C. 18 mai* 1832; *Rec. d'arr.*)

5. De ce qu'un citoyen a été rayé du contrôle du service ordinaire par une décision du conseil de recensement, il ne s'ensuit pas que ce conseil ne puisse postérieurement, lors de la révision des contrôles, ordonner l'inscription du même citoyen, s'il juge que le motif de l'exemption n'existe plus. Cette décision est parfaitement régulière et doit produire son effet tant qu'elle n'a pas été réformée par le jury de révision. (*C. 24 janvier* 1846; *J. O.* 1848, p. 243.)

6. L'obligation qu'impose l'article 17 de la loi du 22 mars 1831 d'inscrire sur les contrôles, au mois de janvier de chaque année, les nouveaux gardes nationaux recensés n'emporte point nullité à l'égard des inscriptions faites dans un autre mois que celui de janvier. (*C. 31 décembre* 1841; *J. O.* 1841, p. 156.)

7. Aucune disposition de la loi n'exige que l'inscription aux contrôles de la garde nationale doive, pour être régulière, être précédée d'une citation, ni suivie d'une notification. (*C. 31 décembre* 1841; *J. O.* 1841, p. 156.)

Inspection d'armes (Voir ARMES, n°s 8 et suivants).

1. Il est de principe que la garde commandée constitue un service d'ordre et de sûreté. Il en est de même de toute revue ordonnée pour l'inspection des armes, et le garde national qui manque, à la fois, à ces deux natures de service, se rend coupable du double refus de service, passible de la prison, aux termes de l'article 89 de la loi. (*C.* 27 *septembre* 1841 ; *J. O.* 1841, p. 145.)

2. Bien que le manquement à une revue et inspection d'armes doive, d'après la loi du 14 juillet 1837, être assimilé à un manquement à un service d'ordre et de sûreté, cette loi n'a pas dérogé à l'article 89 de la loi générale du 22 mars 1831 qui, pour l'application de la peine de l'emprisonnement, exige que le garde national ait, pour la seconde fois, manqué à un service d'ordre et de sûreté.

En conséquence, le conseil de discipline qui, pour un seul manquement de cette espèce, prononcerait la peine de vingt-quatre heures de prison, ferait une fausse interprétation de l'article 20 de la loi de 1837, violerait formellement l'article 89 de celle de 1831, et commettrait un excès de pouvoirs. (*C.* 19 *mars* 1847 ; *J. O.* 1848, p. 38.)

3. Les gardes nationaux, bien qu'ils ne soient pas armés, ne sont pas dispensés des revues pour inspection d'armes, lorsqu'elles sont considérées et commandées comme service d'ordre et de sûreté. (*C.* 16 *mars* 1843 ; *J. O.* 1840 à 1844, p. 196.)

4. Le manquement à une revue pour inspection d'armes, motivé sur ce que les gardes nationaux commandés n'avaient point d'armes, n'est point une excuse suffisante si le fait n'est point prouvé.

Dans ce cas, et si le règlement de service a déclaré ce service obligatoire, en l'assimilant à un service d'ordre et de sûreté, le manquement dont il s'agit peut être considéré comme un manquement à un service d'ordre et de sûreté. (*C.* 15 *mars* 1839 ; *J. O.* 1839, p. 142.)

Insubordination (Voir DÉSOBÉISSANCE ET INSUBORDINATION).

Insultes (Voir INJURES).

Intention (Voir EXCUSE, n° 7).

Interrogatoire.

En matière de discipline de la garde nationale, l'interrogatoire de l'inculpé n'est pas une formalité essentielle. Il suffit que la plainte ou le rapport soit lu à l'audience. (*C.* 29 *décembre* 1832; *J. O.* 1833, p. 148.)

J.

Jours fériés.

1. Les conseils de discipline peuvent juger les jours fériés, attendu qu'aucune disposition de la loi du 22 mars 1831 ne le leur interdit; que l'article 104 de cette loi les déclare permanents et que, d'ailleurs, d'après la loi du 4 août 1798, il peut être vaqué aux actes de la justice criminelle les jours fériés. (*C.* 28 *décembre* 1832; *J. O.* 1832, p. 145, et *J. O.* 1833, p. 119.)

2. L'article 1037 du Code de procédure civile qui, en droit général, défend de faire aucune signification ni exécution les jours de fête légale, n'est point applicable en matière de justice répressive.

En conséquence la citation devant un conseil de discipline peut être donnée et la signification d'un jugement peut être faite un jour férié (*C. plus arr. notamment* 19 *novembre* 1838; *J. O.* 1838, p. 106, et 5 *juillet* 1839; *J. O.* 1839, p. 182.)

Juge (Voir Ire Partie, et aussi les mots JUGEMENT, RÉCUSATION, TÉMOIN).

§ 1er. — *Dispositions générales.*

1. La loi ne prescrit pas d'incompatibilité entre les fonctions de président du conseil de discipline et celles de membre du conseil de recensement. (*C. 5 mai* 1838; *J. O.* 1838, p. 44.) Ce principe ne s'applique pas seulement au président d'un conseil de discipline; il s'étend naturellement à tous les membres de ce conseil.

2. La disposition de l'article 105 de la loi du 22 mars 1831, qui prescrit de déposer au lieu des séances du conseil de discipline le tableau des membres de ce conseil, met chaque garde national en demeure d'en prendre connaissance; dès lors, c'est au moment de la comparution devant le conseil que le garde national cité doit proposer son exception tirée de ce que ce conseil n'est pas composé des membres portés au tableau, et, le cas échéant où un juge non inscrit aurait siégé, il y aurait présomption légale, si l'exception précitée n'a pas été préalablement proposée, qu'il été régulièrement appelé à remplacer dans le conseil un juge empêché. (*C.* 18 *juillet* 1840; *J. O.* 1840 à 1844, p. 29.)

3. Nul ne peut être témoin et juge dans la même affaire, sans porter atteinte au droit de la défense. (*C.* 15 *novembre* 1838; *J. O.* 1838, p. 100.)

4. Le chef de corps qui ne se borne point à renvoyer au rapporteur purement et simplement les rapports à lui faits par l'adjudant-major et constatant à la charge d'un officier un manquement au service, mais impute lui-même audit officier, dans une lettre écrite au ministère public, d'avoir commis, en outre, un acte d'insubordination à l'occasion du manquement qui lui est reproché, doit être considéré comme ayant émis une opinion personnelle sur les faits de l'inculpation, et dès lors il se trouve dans le cas de la récusation, aux termes de l'article 378,

n° 8, du Code de procédure civile; de même aussi, il peut être cité comme témoin par l'inculpé.

Dans tous les cas, ledit chef de corps ne saurait, dans l'espèce, siéger comme juge au conseil de discipline, sans vicier par sa présence la composition dudit conseil.

Par la même raison, si le conseil de discipline se refusait à accorder la récusation, et par suite à modifier sa composition, et s'il condamnait l'inculpé en basant la condamnation sur les circonstances d'insubordination relatées dans la lettre du chef de corps, il s'exposerait à voir son jugement annulé de tout point, puisque, dans l'espèce, il n'aurait pu valablement statuer sur la prévention. (*C.* 14 *juin* 1839 ; *J. O.* 1839, p. 165.)

5. Le pouvoir, que donne au chef de corps l'article 83 de la loi du 22 mars 1831 d'infliger des gardes hors de tour, ne fait point obstacle à ce que le chef de corps exerce en même temps les fonctions de juge comme membre du conseil de discipline, la loi n'ayant point prescrit d'incompatibilité à cet égard. (*C.* 21 *février* 1839 ; *J. O.* 1839, p. 139.)

6. Le recours formé devant le jury de révision contre la validité de l'élection d'un officier, n'enlève pas à ce dernier le droit de siéger au conseil de discipline, la présomption légale étant en faveur de l'élection. (*C.* 17 *mars* 1832 ; *J. O.* 1832, p. 109.)

7. La présence dans un conseil d'un citoyen âgé de plus de soixante ans, n'est pas un moyen de nullité du jugement auquel il a concouru, l'âge de soixante ans ne formant point un titre d'exclusion, mais seulement un motif de dispense dont on peut user ou ne pas user. (*C.* 11 *janvier* 1833 ; *Rec. d'arr.*)

8. Le garde national qui fait partie du corps de musique, sans être salarié, peut siéger au conseil de discipline. (*C. J. O.* 1832, p. 111.)

9. Les juges contre lesquels une récusation est proposée restent membres du conseil jusqu'après le prononcé du jugement qui statue sur cette récusation. (*C.* 26 *janvier* 1833 ; *J. O.* 1833, p. 152.)

10. Il n'est pas nécessaire que les membres des conseils de discipline sachent lire et écrire. (*C. 6 janvier* 1832; *J. O.* 1832, p. 43.)

11. L'officier qui n'a point été reconnu et qui n'a point prêté serment, étant incapable de remplir aucune fonction de son grade, ne peut siéger au conseil de discipline. (*C. 27 avril* 1833; *J. O.* 1833, p. 256.)

12. Les adjudants-majors, n'étant pas le produit de l'élection, ne peuvent faire partie des conseils de discipline. (*C.* 30 *juin* 1832; *J. O.* 1832, p. 186.)

13. Les sous-officiers de la garde nationale non élus, par exemple, les adjudants-sous-officiers, ne peuvent faire partie des conseils de discipline. (*C.* 9 *mars* 1832; *J. O.* 1832, p. 106.)

14. A supposer qu'un individu inscrit sur les contrôles de la garde nationale et membre d'un conseil de discipline fût un étranger ne réunissant pas les conditions d'aptitude énumérées à l'article 10 de la loi du 22 mars 1831, il suffit que sa radiation n'ait pas été provoquée devant le conseil de recensement, ni sa qualité contestée par le prévenu devant le conseil de discipline où il siégeait, pour qu'il soit présumé avoir eu le droit d'y siéger. (*C.* 29 *décembre* 1832; *Rec. d'arr.*)

15. Un citoyen rayé du contrôle du service ordinaire de la garde nationale ne peut, dès ce moment, remplir les fonctions de juge dans le conseil de discipline sans que les jugements auxquels il aurait pris part ne soient entachés d'une nullité radicale. (*C.* 3 *juillet* 1835; *Rec. d'arr.*)

16. Les fonctions d'agent de la force publique, chargé de notifier les citations disciplinaires, sont incompatibles avec celles de juge du conseil de discipline.

Dans l'espèce un jugement, auquel participerait le garde champêtre qui aurait donné la citation, serait radicalement nul. (*C.* 17 *juillet* 1835; *J. O.* 1835, p. 255.)

17. Le concours à un jugement de conseil de discipline, soit comme juge, soit comme rapporteur, d'un magistrat que ses fonctions investissent du droit de requérir la force publique, constitue une violation de l'article 11 de loi du 22 mars 1831 et détermine la cassation du jugement auquel ce magistrat aurait pris part. (*C.* 20 *octobre* 1831; *J. O.* 1831, p. 385.)

18. Aux termes de l'article 97 de la loi du 22 mars 1831, les officiers qui sont appelés à composer le conseil de discipline de bataillon sont : le chef de bataillon président, un capitaine, un lieutenant *ou* un sous-lieutenant.

Il y aurait composition illégale d'un conseil de discipline de bataillon dans lequel auraient siégé deux officiers du grade, l'un de lieutenant et l'autre de sous-lieutenant, et le jugement que ledit conseil aurait prononcé serait nul, comme ayant été rendu par un juge incompétent.

Une nullité de cette nature est d'ordre public, et doit être relevée, bien qu'elle n'ait pas été proposée par le demandeur. (*C.* 23 *avril* 1841; *J. O.* 1840 à 1844, p. 131.)

19. Aux termes de l'article 7 de la loi du 20 avril 1810 sur l'organisation judiciaire, les jugements doivent, sous peine de nullité, être rendus par le nombe de juges prescrit, et contenir les motifs. Dès lors, le jugement rendu, en matière de garde nationale, contre un officier, qui n'est point motivé et ne mentionne ni les noms ni les grades des membres du conseil de discipline qui l'ont prononcé, d'où résulte l'incertitude sur le point de savoir si le conseil a été composé conformément aux prescriptions de l'article 100 de la loi du 22 mars 1831, est nul de plein droit comme ayant formellement violé le principe général posé dans l'article 7 précité de la loi du 20 avril 1810. (*C.* 30 *mai* 1844; *J. O.* 1848, p. 211.)

20. La circonstance que les membres du conseil de discipline, qui ont jugé définitivement sur l'opposition ne sont pas nominativement ceux qui ont jugé par défaut, ne vicie point d'incompétence le jugement définitif.

La différence du nom des juges n'importe point dans l'espèce.

Il suffit que le conseil de discipline qui a prononcé, soit celui à qui il appartenait de statuer pour que le jugement soit régulier. (*C. 25 mai* 1839; *J. O.* 1839.)

§ 2. — *Absence, empêchement, remplacement des juges* (Voir AMENDE).

21. En cas d'absence, tout membre du conseil de discipline, non valablement excusé, est condamné à une amende de 5 francs par le conseil de discipline, et il est remplacé par l'officier, sous-officier, caporal ou garde national, qui devra être appelé immédiatement après lui.

Dans les conseils de discipline des bataillons cantonaux, le juge absent est remplacé par l'officier, sous-officier, caporal ou garde national du lieu ou siége le conseil, qui doit être appelé d'après l'ordre du tableau. (*Loi, art.* 114.)

22. La dispostion de l'article 114 de la loi du 22 mars 1831, qui inflige une amende au membre du conseil de discipline qui, sans excuse valable, manque à la convocation du conseil, est impérative.

Il suit de là que, si, dans l'espèce, un conseil discipline condamnait à la réprimande, il commettrait un acte arbitraite en prononçant une peine non autorisée par la loi. (*C. 5 septembre* 1840; *J. O.* 1840 à 1844, p. 69.)

23. Un conseil de discipline qui considère, comme légitime, l'absence d'un de ses membres qui n'a pas transmis une excuse valable de cette absence, commet une violation de l'article 114 de la loi. (*C. 14 septembre* 1833 ; *J. O.* 1833, p. 390.)

24. Le fait par un membre d'un conseil de discipline, cité pour ne pas s'être rendu à deux séances du conseil, de soutenir que les convocations n'avaient pas été régulièrement faites, ne peut constituer la désobéissance et l'insubordination.

Le manquement à une séance du conseil de discipline, de la part d'un membre de ce conseil, n'est passible que de l'amende, aux termes de l'article 114 de la loi du 22 mars.

Un conseil de discipline qui, dans l'espèce, appliquerait la peine de la prison, violerait la loi. (*C.* 17 *juin* 1836; *J. O.* 1836, p. 178.)

25. Le droit que l'article 114 de la loi du 22 mars 1831 confère aux conseils de discipline de prononcer sur la validité de l'excuse proposée en cas d'absence d'un de leurs membres ne doit s'entendre que de la séance même où l'excuse est proposée.

Quant aux dispenses dont parle l'article 29 de la loi précitée, et qui sont relatives à l'accomplissement du service, il n'appartient qu'au conseil de recensement et, en appel, au jury de révision, de les prononcer, pendant un temps déterminé, pour l'un des cas prévus par ledit article 29, tels qu'infirmités ou cause de service public.

Mais ces dispenses temporaires n'ont rien de commun avec le droit qu'ont les conseils de discipline d'excuser l'absence d'un juge qui n'a pu siéger au conseil le jour de la séance, si l'excuse proposée a été reconnue valable.

Il s'ensuit que le conseil de discipline qui excuserait d'avance un juge pour toute la session, s'arrogerait un droit qui n'appartient qu'au conseil de recensement et au jury de révision, puisqu'il prononcerait ainsi une dispense temporaire de service au conseil. (*C.* 12 *mai* 1843; *J. O.* 1840 à 1844, p. 209.)

Dans l'espèce, le conseil de discipline commettrait donc un excès de pouvoirs, violerait l'article 29, et appliquerait faussement l'article 114 de la loi du 22 mars 1831.

26. Lorsqu'un conseil de discipline est dans le cas d'examiner s'il y a lieu de prononcer contre un de ses membres absents, officier, non valablement excusé, l'amende déterminée par l'article 114 de la loi, il ne doit pas modifier sa composition conformément à l'article 100, comme s'il s'agissait de juger un officier renvoyé devant lui par le chef de corps pour infractions au service de la garde nationale.

Ainsi un officier, membre du conseil, qui ne se rend pas audit conseil à l'heure indiquée, peut être condamné à l'amende par les membres présents, quoiqu'il ne s'y trouve pas deux officiers du grade du prévenu.

L'article 114 donne aux conseils de discipline, sur leurs propres membres absents, quel que soit leur grade, un droit de juridiction dont le caractère essentiel est de s'exercer sur eux à l'instant même de leur absence. (*C. 30 juillet 1835; Rec. d'arr.*)

27. Il n'appartient pas aux justiciables de s'immiscer dans le fait d'une condamnation à l'amende prononcée par le conseil contre un membre absent qui n'a pas été valablement excusé.

Dans ce dernier cas, le juge appelé à remplacer le membre absent est présumé avoir légalement figuré au conseil, s'il est constant que sa capacité ne lui a pas été constestée par le demandeur. (*C. 30 mai 1835; J. O. 1835, p. 232.*)

28. L'empêchement, pour les membres qui n'ont pas siégé au conseil, doit être présumé, en l'absence de preuve contraire. (*C. 21 février 1833; J. O. 1833, p. 177.*)

29. Il y a présomption, à défaut de preuve contraire, à l'égard de l'officier plus ancien au tableau, qui n'aurait point fait partie du conseil de discipline, qu'il a été empêché et qu'il a été légalement remplacé. (*C. 28 décembre 1832; J. O. 1833, p. 119.*)

30. Le conseil, dont les membres ne se trouvent pas en nombre suffisant pour, juger ne peut appeler un officier pour remplacer un simple garde national manquant, à peine de nullité du jugement.

Il ne peut, dans ce cas, se compléter qu'en appelant un simple garde national suivant l'ordre d'inscription sur le tableau. (*C. 16 novembre 1833; Rec. d'arr.*)

31. Si le jugement constate qu'à l'ouverture de la séance le président du conseil a déclaré que cinq membres, devant siéger d'après l'ordre du tableau et régulièrement convoqués, ont donné des excuses de leur absence, et que ces excuses ont été admises par le conseil, et qu'au fur et à mesure de l'admission de ces excuses les juges absents ont été remplacés par les mem-

bres inscrits pour chaque grade dans l'ordre du tableau, le conseil a été légalement constitué, et dès lors il était compétent.

Dans l'espèce, les signatures apposées au bas de la minute du jugement, au nombre de six, sont une preuve que le conseil a été composé de six juges, ce qui est suffisant pour les conseils de bataillon, aux termes de la loi ; et ces signatures doivent être légalement présumées celles des membres qui ont composé le conseil. (*C.* 20 *juin* 1834 ; *J. O.* 1834, p. 196.)

32. Aucune disposition de la loi ne prescrit de constater, par le jugement, les motifs de l'absence des membres du conseil qui n'ont pas siégé. (*C.* 28 *août* 1841 ; *J. O.* 1840 à 1844, p. 144.)

§ 3. — *Abstention des juges.*

33. En matière de garde nationale, le juge qui veut s'abstenir peut en faire la demande en tout état de cause. L'abstention diffère de la récusation en ce que celle-ci doit être exercée avant les débats et les plaidoiries. (*C.* 8 *octobre* 1836; *Rec. d'arr.*)

34. Lorsqu'un membre du conseil a demandé à s'abstenir de siéger dans la cause et que sa demande a été admise, le conseil peut juger le fond, s'il se trouve encore composé du nombre de membres voulu par la loi. (*C.* 8 *octobre* 1836 ; *Rec. d'arr.*)

35. La décision d'un conseil, sur une demande d'abstention formée par un de ses membres, n'a pas besoin d'être motivée ni prononcée publiquement. (*C.* 8 *octobre* 1836 ; *Rec. d'arr.*)

§ 4. — *Grade des juges.*

36. Le fait que le jugement ne fait pas mention des grades des membres du conseil n'entraîne pas nullité, s'il n'est pas prouvé que le conseil a été illégalement composé. (*C.* 1ᵉʳ *décembre* 1832 ; *J. O.* 1833, p. 93.)

§ 5. — *Nombre des juges.*

37. Les conseils de discipline ne peuvent juger que lorsque cinq membres au moins sont présents dans les conseils de bataillon et de légion, et trois membres au moins dans les conseils de compagnie. (*Loi, art.* 104.)

38. Les jugements doivent constater le nombre de juges dont le conseil était composé. (*C.* 2 *décembre* 1831; *J. O.* 1832, p. 38.)

39. Le conseil de discipline d'un bataillon ne pouvant être composé de plus de sept juges, ni juger à un nombre moindre que cinq, il ne peut y avoir délibération à un nombre de membres supérieur ou inférieur à celui que la loi détermine sous peine de nullité. (*C.* 2 *février* 1833 ; *J. O.* 1833, p. 174.)

40. Les lois qui déterminent le nombre et la qualité des juges qui doivent composer une juridiction sont substantielles à l'existence et à l'exercice même du pouvoir judiciaire, sous peine de violation de ces lois et excès de pouvoirs.

Ainsi un jugement rendu par un conseil de discipline composé de huit membres, lorsqu'il ne doit l'être que de sept, est nul.

Il est nul également si, parmi les huit membres, a siégé, non pour tenir la plume, mais comme juge, un individu qui n'avait point reçu de l'article 101 cette dernière attribution. (*C.* 22 *mars* 1833; *J. O.* 1833, p. 180.)

41. L'article 104 de la loi du 22 mars 1831, qui permet au conseil de discipline de bataillon de juger au nombre de cinq membres, ne déroge point à l'article 100 qui veut que, pour juger un officier, les deux derniers membres du conseil soient remplacés par deux officiers du grade du prévenu.

Il en résulte que si, dans l'espèce, le conseil de discipline peut juger au nombre de cinq juges seulement, il faut, toutefois, à peine de nullité du jugement, que les deux officiers du grade du prévenu siégent parmi ces cinq juges, attendu que l'absence de l'un des deux ferait perdre au prévenu la garantie que la loi lui donne dans la personne de deux officiers de son grade. (*C*. 16 *août* 1838; *J. O.* 1838, p. 73.)

42. L'assistance de cinq membres, au lieu de sept, dans le conseil de discipline, suffit pour rendre le jugement valable.

Dans ce cas, la détermination des grades et qualités énoncée en l'article 97 ne constitue pas une forme substantielle, et l'absence de deux gardes nationaux dans le conseil appelé à juger un simple garde national ne vicie pas le jugement. (*C.* 30 *mai* 1833; *J. O.* 1833, p. 260.)

43. Bien que les conseils de discipline de compagnie puissent juger au nombre de trois juges, ils n'en doivent pas moins, à peine de nullité des jugements, comprendre, dans leur organisation, cinq juges en exercice, aux termes de l'article 96 de la loi. (*C.* 5 *janvier* 1833; *Rec. d'arr.*)

44. Les conseils de discipline de bataillon, quoique composés de sept membres (*art.* 97 *de la loi du* 22 *mars* 1831) peuvent juger au nombre de cinq juges. (*Art.* 104 *de la même loi.*)

Si, dans cette situation, leur constitution est complète, elle l'est, à plus forte raison, s'il y a six juges présents.

Dans le cas, dès lors, où un conseil de discipline appellerait un garde national du bataillon pour remplacer le septième juge empêché, l'adjonction de ce garde national, sans pouvoir, vicierait la légalité de la composition du conseil de discipline, qui est *d'ordre public*, et constituerait une violation formelle des articles 97 et 104 précités. (*C.* 23 *avril* 1847; *J. O.* 1848, p. 270.)

§ 6. — *Parenté des juges.*

45. L'incompatibilité tirée de la parenté, prévue par l'article 63 de la loi du 20 avril 1810, n'est pas absolue, et n'est applicable qu'aux juges des tribunaux ordinaires et permanents.

Les juges des conseils de discipline étant appelés à tour de rôle et selon l'ordre du tableau comme les jurés, on ne peut les exclure sous prétexte de parenté entre eux. (*C. 4 août* 1832 : *J. O.* 1832, p. 218.)

46. Un garde national condamné n'est point recevable à attaquer le jugement qui le condamne, par le motif que, parmi ses juges, se trouvait son oncle, attendu que la parenté n'établit point, pour les membres des conseils de discipline, une incompatibilité absolue. Elle donne seulement ouverture à récusation. (*C. 5 juillet* 1839 ; *J. O.* 1839, p. 182.)

§ 7. — *Renouvellement des juges.*

47. Aux termes de l'article 104 de la loi, les conseils de discipline sont permanents et doivent être renouvelés tous les quatre mois, à l'expiration desquels cessent, de plein droit, les pouvoirs des juges.

La circonstance que le conseil n'aurait point été convoqué pendant les quatre mois de sa session légale ne peut proroger au delà de cette période les pouvoirs des juges qui avaient été appelés, selon l'ordre du tableau, à composer ledit conseil.

Ainsi un conseil formé d'après l'ordre périodique, qui se déclarerait incompétent sur le motif qu'il fallait appeler à siéger les juges venant immédiatement après ceux qui ont formé le dernier conseil convoqué, violerait la loi. (*C. 19 juin* 1834 ; *J. O.* 1834, p. 189.),

§ 8. — *Uniforme des juges.*

48. Les membres des conseils de discipline doivent siéger en uniforme ; les officiers avec le hausse-col ; les sous-officiers et gardes avec le baudrier et le sabre. (*Inst. minist.* 25 *octobre* 1831 ; *J. O.* 1831, p. 325.)

Toutefois cette disposition n'est obligatoire que dans la mesure où l'uniforme lui-même est une obligation, et si un sentiment de convenance fait une loi à tous les membres de conseils de discipline, pourvus de l'uniforme, de s'en revêtir pour le service spécial qu'ils ont à accomplir en qualité de juges, le droit et le devoir de siéger dans les conseils de discipline n'est pas expressément subordonné à la nécessité de s'y présenter en uniforme. (*C. plus. arr.*, *notamment* 8 *juin* 1833; *J. O.* 1833, p. 267.)

49. On ne peut se dispenser d'appeler à siéger au conseil de discipline, suivant leur rang d'âge, les membres inscrits au tableau des juges, sous le prétexte qu'ils ne sont point pourvus de l'uniforme. (*C.* 12 *octobre* 1833; *Rec. d'arr.*)

50. Il n'y a ni violation de l'article 68 de la loi du 22 mars 1831, ni empiétement sur les droits réservés à l'autorité administrative par l'article 55 de la même loi, de la part du conseil de discipline qui décide que les membres du conseil, officiers ou sous-officiers, ne peuvent siéger sans être armés et sans être revêtus des insignes de leurs grades. (*C.* 29 *août* 1833; *J. O.* 1833, p. 366.)

Juge de paix.

Les juges de paix et leurs suppléants étant officiers de police judiciaire, et ayant droit de requérir la force publique, remplissent des fonctions incompatibles avec le service de la garde nationale (*Loi, art.* 11); ils ne peuvent exercer les fonctions de rapporteur auprès des conseils de discipline, autrement ces conseils seraient irrégulièrement composés et leurs jugements entachés de nullité. (*C.* 15 *février* 1845; *J. O.* 1848, p. 223 et *plusieurs arrêts antérieurs.*) Le conseil de discipline où figure, en qualité de juge, de rapporteur ou de secrétaire, un suppléant de juge de paix, peut se déclarer illégalement constitué sans qu'il y ait, de sa part, empiétement sur l'autorité administrative; il y aurait empiétement s'il annulait les choix des secrétaires et rapporteurs faits par l'autorité. (*C.* 24 *février* 1832; *Rec. d'arr.*)

Juge suppléant (Voir Cours et Tribunaux).

Jugement (Voir Ire Partie, Titre VII).

§ 1er. — *Formes du jugement.*

1. *Motifs.* — Tout jugement doit être motivé à peine de nullité, aux termes de l'article 7 de la loi du 20 avril 1810 (*Arr. de cass.*, 19 *octobre* 1835; *J. O.* 1836, p. 31, et *grand nombre d'autres*). — De même que les jugements définitifs, les jugements préparatoires ou interlocutoires doivent être motivés à peine de nullité. (*C.* 4 *juillet* 1844; *J. O.* 1848, p. 236.)

Est suffisamment motivé :

Le jugement qui déclare inadmissibles les moyens de défense du prévenu en se référant à la réfutation faite par le rapporteur et insérée au jugement (*C.* 2 *août* 1832; *J. O.* 1832, p. 218);

Celui qui, en ordonnant l'exécution d'un jugement par défaut, amplement motivé, déclare adopter les conclusions du rapporteur, lorsque le prévenu n'a pas présenté de moyens nouveaux sur lesquels il dût être statué par des motifs séparés (*C.* 29 *décembre* 1832; *J. O.* 1833, p. 91);

Celui qui déclare constant qu'il a été tenu des propos qui sont de nature à porter atteinte à la discipline, bien qu'il ne reproduise pas textuellement ces propos (*C.* 29 *décembre* 1832).

N'est pas suffisamment motivé :

Le jugement qui condamne un garde national à deux jours de prison pour récidive, sans indiquer d'où résulte cette récidive (*C.* 17 *mars* 1832; *Rec. d'arr.*);

Celui qui condamne à la prison pour manquement à divers ordres de service, sans énoncer qu'il s'agissait de services d'ordre et de sûreté et sans articuler de faits d'insubordination (*C.* 14 *juillet* 1832; *Rec. d'arr.*);

Celui qui se borne à dire qu'il y a eu, de la part d'un officier, *manquement* aux ordres de service, sans spécifier les faits (*C.* 6 *juillet* 1833; *Rec. d'arr.*);

Celui qui prononce sur le fonds d'une contravention sans

s'expliquer sur les conclusions présentées par le prévenu et tendant à être admis à prouver qu'il était absent de bonne foi et à une grande distance, lorsque l'ordre de service lui a été donné (*C. 3 octobre* 1833; *Rec. d'arr.*);

Celui qui, à un moyen élevé contre la compétence du conseil, à raison des fonctions spéciales du prévenu dans la garde nationale, se borne à répondre que le conseil est légalement composé et ne motive pas le rejet de l'exception (*C.* 13 *mars* 1834; *Rec. d'arr.*);

Celui qui acquitte un prévenu par la seule raison *qu'il n'est pas* coupable, sans autrement motiver la non culpabilité (*C.* 21 *février* 1839; *J. O.* 1839, p. 118);

Celui qui, lorsque la compétence du conseil a été déclinée contradictoirement, rejette l'exception d'incompétence sans motiver ce rejet, et juge au fond (*C.* 18 *novembre* 1843; *J. O.* 1843, p. 227);

Celui qui, ne relatant pas les faits qui ont donné lieu à la poursuite, se borne à les qualifier purement et simplement de désobéissance et d'insubordination, et les punit de la prison sans faire connaître d'une manière explicite les éléments sur lesquels s'est basée la conviction du conseil (*C.* 7 *juin* 1844; *J. O.* 1848, p. 168);

Celui qui, après avoir reconnu que le délit, objet de la plainte, ne constitue pas, par lui-même, la désobéissance et l'insubordination, ajouterait que ce délit reçoit le caractère précité de circonstances aggravantes résultant des pièces et des débats non spécifiés par le jugement, et, par suite, appliquerait la peine portée en l'article 89 de la loi (*C.* 16 *août* 1834; *J. O.* 1834; p. 218).

2. *Nombre des juges* (Voir JUGE, § 5).

3. *Noms, grades et signature des membres du conseil.* — Il y a présomption que le conseil a été légalement composé toutes les fois que le prévenu n'a élevé aucune réclamation à ce sujet. (*C.* 5 *juillet* 1839; *J. O.* 1839, p. 182.) — La composition des conseils, conformément aux articles 96 et 97 de la loi du 22 mars 1831, étant une condition substantielle de la validité

des jugements, ces jugements doivent, à peine de nullité, mentionner le nombre, les noms et les grades des membres du conseil de discipline, afin que l'inculpé puisse connaître et vérifier si la composition du conseil a été régulière et conforme aux prescriptions de la loi. (*C.* 12 *décembre* 1844 ; *J. O.* 1848, p. 237.) — Le vœu de la loi est suffisamment satisfait si les noms se trouvent inscrits en marge du jugement. (*C.* 11 *mai* 1831.) — Il convient aussi que le grade de chaque juge soit indiqué ; néanmoins l'omission de cette indication n'entraînerait pas nullité si les noms ne manquent pas. *(C.* 7 *avril* 1832.)—Il n'est pas indispensable que tous les juges qui ont pris part à un jugement y apposent leur signature lorsque, d'ailleurs, il est suffisamment constaté que le conseil était composé du nombre de membres voulu par la loi. (*C.* 22 *octobre* 1831 ; *J. O.* 1832, p. 13.) — Si tous les juges avaient signé au bas de la minute du jugement, il importerait peu que leurs noms et leurs grades fussent ou non mentionnés dans le jugement. Il y aurait présomption légale que les signatures placées au bas du jugement sont en effet celles des membres qui ont siégé. (*C.* 20 *juin* 1834.) — La signature du président et du secrétaire suffisent pour la validité du jugement. (*C.* 16 *mars* 1832 et 25 *juillet* 1839, *J. O.* 1832, p. 43, 1839, p. 189.) — La signature du président suffit pour imprimer à un jugement du conseil de discipline l'authenticité qui lui est nécessaire. (*C.* 12 *mai* 1832.) — Il n'y a pas nullité du jugement, parce que le grade du président n'y est pas énoncé, lorsque, d'ailleurs, il n'est pas allégué que le conseil ne fut pas présidé par un officier du grade compétent. (*C.* 10 *juillet* 1834 ; *J. O.* 1834, p. 200.) — Il n'y a pas nullité d'un jugement lorsqu'il ne contient pas le nom du rapporteur, s'il est constaté que ce rapporteur a été entendu. (*C.* 18 *février* et 29 *décembre* 1832.) — La signature du jugement dans les vingt-quatre heures de sa prononciation n'est point prescrite à peine de nullité. (*C.* 20 *avril* 1833 ; *J. O.* 1833, p. 238.)

4. *Ministère public* (Voir RAPPORTEUR). —Le rapporteur résume l'affaire et donne ses conclusions. (*Loi, art.* 118.) — En matière de garde nationale, comme en toute autre matière, les jugements doivent être précédés, à peine de nullité, du résumé

de la partie publique et de ses conclusions. Ces formalités sont substantielles. (*C.* 8 *décembre* 1837; *J. O.* 1837, p. 159.)—Selon le droit public français, les rapporteurs près les conseils de discipline doivent, comme remplissant les fonctions de ministère public, être entendus sur chaque affaire et sur chaque incident qui peut donner lieu à un jugement préparatoire ou interlocutoire, à peine de nullité desdits jugements. (*C.* 4 *juillet* 1844; *J. O.* 1848, p. 236.)

5. *Secrétaire* (Voir ce mot). — Le conseil dont le secrétaire n'a pas été nommé par le préfet ou le sous-préfet n'est pas légalement composé, et, par suite, les décisions qu'il rend sont nulles. (*C.* 30 *juin* 1832; *J. O.* 1832, p. 186.)

6. *Publicité de l'instruction et des débats.*—L'instruction de chaque affaire devant le conseil de discipline doit être publique, à peine de nullité. (*Loi, art.* 117.) — Tout jugement doit, à peine de nullité, contenir la mention qu'il a été rendu en audience publique. (*C.* 13 *octobre* 1831 ; *J. O.* 1831, p. 383 et *plusieurs autres arrêts.*)— La mention que l'audience a été publique suffit pour tout le débat, bien qu'elle se trouve seulement au commencement ou à la fin du jugement. (*C.* 25 *mai* 1832.) —La mention de la publicité faite au bas d'un jugement s'applique à tous les débats de l'affaire. (*C.* 1ᵉʳ *décembre* 1832 ; *J. O.* 1833, p. 93.)

7. *Date des faits imputés.* — Il n'est pas nécessaire que le jugement relate la date du refus de service ; il suffit que la date se trouve dans la citation. (*C.* 18 *février* 1832 ; *J. O.* 1832, p. 102.) Jugé cependant que la loi n'exige pas que la date des manquements soit précisée dans la citation non plus que dans le jugement. (*C.* 31 *décembre* 1841 ; *J. O.* 1841, p. 156.)

8. *Texte de la loi* (Voir LECTURE).—De ce que, aux termes de l'article 163 du Code d'instruction criminelle, les jugements des tribunaux de simple police doivent contenir le texte de la loi appliquée, il n'en résulte pas que cette disposition soit obligatoire pour les conseils de discipline, aucun article de la loi

du 22 mars 1831 ne faisant une nécessité de cette disposition ; il suffit qu'il soit constant que les articles de la loi dont il a été fait application aient été cités, que le président en ait donné lecture et que le jugement fasse mention de ces formalités. (*C.* 18 *juillet* 1840 ; *J. O.* 1840, p. 30.)—Il n'est point exigé, à peine de nullité, que le jugement constate que lecture a été donnée au prévenu des articles de la loi dont il lui est fait application, et que le texte de ces articles soit inséré au jugement. (*C.* 2 *mars* 1832 ; *J. O.* 1832, p. 104 *et plusieurs arrêts.*)

9. *Prononcé du jugement.*—Il n'est pas exigé, à peine de nullité, que le jugement fasse mention qu'il a été prononcé par le président. Il suffit qu'il ne soit pas établi qu'il ait été prononcé par un autre. (*C.* 22 *octobre* 1832.) — Aucune disposition de l'article 118 de la loi du 22 mars 1831 ne prescrit impérativement de prononcer le jugement dans la séance où a eu lieu le débat sur l'affaire dont le conseil était saisi. (*C.* 13 *février* 1847 ; *J. O.* 1848, p. 35). — La loi n'exige pas qu'il soit dit dans le prononcé que la délibération a eu lieu hors la présence du rapporteur. (*C.* 1er *décembre* 1832 ; *J. O.* 1833, p. 93.)

10. *Libellé du jugement.* — L'article 372 du Code d'instruction criminelle, qui interdit l'usage des procès-verbaux imprimés à l'avance pour les débats des cours d'assises, n'est pas applicable aux jugements des conseils de discipline, lorsque, d'ailleurs, il n'est ni établi ni articulé que les formalités dont l'accomplissement est constaté dans la partie imprimée n'aient pas été observées. (*C.* 20 *décembre* 1832 ; *Rec. d'arr.*) — Le moyen tiré de ce que le jugement signifié ne serait pas revêtu de la formule exécutoire, n'invaliderait point, alors même qu'il existerait en fait, la substance du jugement au fond. (*C.* 5 *juillet* 1839 ; *J. O.* 1839, p. 182.)

11. *Minutes des jugements.*—Les minutes des jugements doivent être classées avec soin par les secrétaires des conseils de discipline et enregistrées à leurs dates sur un répertoire. (*Inst. min.* 25 *octobre* 1831 ; *J. O.* 1831, p. 317.)

12. *Expédition du jugement* (Voir ERREUR, n° 2, p. 141). — Foi est due à l'expédition authentique d'un jugement jusqu'à inscription de faux. (*C.* 3o *janvier* 1835 ; *J. O.* 1835, p. 153.)

§ 2. — *Fond du jugement.*

13. *Bases du jugement.* — Un jugement ne peut, à peine de nullité, porter sur un fait autre que ceux qui sont compris dans la citation. (*C.* 31 *mai* 1833.) Cependant, il n'y aurait pas nullité si le prévenu avait accepté la défense sur les faits non compris dans la citation. (*C.* 13 *décembre* 1833.)

14. *Qualification des faits* (Voir FAITS). — Il suffit que la contravention soit qualifiée dans les motifs ; il n'est pas nécessaire qu'elle le soit dans le dispositif. (*C.* 24 *août* 1832 ; *Rec. d'arr.*) — Le jugement peut, en admettant comme vrais les faits articulés dans la citation, leur donner une autre qualification et les punir d'une peine autre que celle qu'entraînerait la qualification de la citation. (*C.* 31 *juillet* 1834 ; *J. O.* 1834, p. 202.) —Qualifier un fait sans l'articuler, le préciser ce n'est pas motiver une décision. (*C.* 18 *mai* 1839 ; *J. O.* 1839, p. 161.)—La fausse qualification d'un fait donne lieu à cassation, alors même que la peine serait légale si le fait eût été exactement qualifié. (*C.* 11 *mars* 1837 ; *Rec. d'arr.*)

15. *Jugement collectif.* —Lorsque plusieurs gardes nationaux sont traduits collectivement devant un conseil de discipline pour des faits de même nature, et que la disjonction n'est pas demandée, un seul et même jugement peut légalement statuer sur chacun des prévenus. (*C.* 12 *décembre* 1835 ; *J. O.* 1836, p. 60.) — Il n'y a lieu à un jugement séparé que si le demandeur dépose des conclusions, soit à raison d'une plainte en abus de pouvoir, soit à raison de moyens justificatifs étrangers au chef de l'accusation. (*C.* 24 *novembre* 1832 ; *J. O.* 1833, p. 90.)

16. *Jugement séparé* (Voir EXCEPTION, pages 143 et suiv.).— Lorsque la juridiction du conseil de discipline est déclinée par

l'inculpé, il doit être statué sur la compétence par un jugement séparé. (*C.* 22 *octobre* 1831; *J. O.* 1831, p. 386.)

17. *Jugement après cassation.*—Lorsque, par arrêt de renvoi de la cour de cassation, un conseil de discipline se trouve appelé à statuer de nouveau sur le fait disciplinaire à l'occasion duquel était intervenu le jugement dont l'annulation a été prononcée, ce conseil, en l'état où il se trouve, est nécessairement investi du droit d'examiner l'affaire sous tous les rapports, et d'apprécier les diverses infractions imputées au prévenu, non d'après le jugement annulé, mais d'après les citations et les rapports en vertu desquels il avait été cité devant la juridiction disciplinaire.

Il suit de là que, lors même que le premier conseil, sur quatre manquements reprochés au prévenu, en aurait écarté trois pour n'en retenir qu'un à la suite duquel il aurait prononcé la peine de six heures de prison seulement, le nouveau conseil de discipline, saisi par l'arrêt de renvoi, a le pouvoir de déclarer ledit prévenu convaincu des quatre manquements, et de le condamner en conséquence, par application de l'article 89, à vingt-quatre heures de prison, sans violer, dans l'espèce, les dispositions dudit article, non plus que l'autorité de la chose jugée. (*C.* 11 *juillet* 1840; *J. O.* 1840 à 1844, p. 27.)

18. *Jugement par défaut* (Voir DÉFAUT, p. 113). —Un jugement n'est par défaut qu'autant que l'inculpé ne se présente pas et ne se défend pas. (*C.* 16 *février* 1833; *J. O.* 1833, p. 176.) —Les vices d'un jugement par défaut disparaissent devant le jugement contradictoire qui, en maintenant le premier, le rectifie. (*C.* 27 *avril* 1833; *J. O.* 1833, p. 257.)

19. *Jugement sur opposition.*—Un jugement rendu sur opposition ne peut porter sur d'autres faits que le jugement par défaut, même quand ces faits seraient antérieurs à ce dernier jugement. (*C.* 31 *mai* 1833; *J. O.* 1833, p. 260.) — Il ne peut porter non plus sur des faits postérieurs. Il doit juger la cause dans l'état où l'a laissée le jugement par défaut. (*C.* 22 *mars* 1833; *J. O.* 1833, p. 207.) — Un conseil peut statuer par un

même jugement sur l'opposition à un jugement par défaut et sur le fond. (*C. 6 avril* 1833; *Rec. d'arr.*) — Lorsque le jugement par défaut a été suffisamment motivé, celui qui statue sur l'opposition peut s'en référer aux dispositions du premier jugement. (*C.* 1er *juin* 1833; *J. O.* 1833, p. 263.) — L'article 116 de la loi du 22 mars 1831 n'impose pas aux conseils, dans le cas où le jugement rendu sur l'opposition confirme le jugement par défaut, l'obligation de reproduire, sans pouvoir la modifier, la condamnation précédemment prononcée. (*C. 6 juillet* 1838; *J. O.* 1838, p. 55.)

20. *Jugement nouveau.* — Un conseil qui, après avoir rendu son jugement, s'aperçoit de l'omission d'une formalité essentielle, par exemple de la non-audition du rapporteur, peut réparer immédiatement cette omission, en rapportant le jugement rendu et en en rendant un nouveau, en observant toutes les formalités voulues par la loi. (*C. 22 octobre* 1831.)

21. *Dispositions réglementaires.* — Un jugement de conseil de discipline ne peut contenir de dispositions générales et réglementaires interdites aux tribunaux par l'article 5 du Code civil. Ainsi un conseil a violé cette règle : en insérant dans son jugement une défense à un garde national de se présenter à l'avenir, soit dans sa compagnie, soit aux exercices ou revues, coiffé d'un chapeau à cornes (*C. 31 mars* 1832; *Rec. d'arr.*); en réglementant le mode de justification de l'état de maladie qui pourrait être allégué devant lui comme excuse en matière de service. (*C. 27 septembre* 1833; *J. O.* 1834, p. 35.)

§ 3. — *Nullités.*

22. Un jugement est nul, lorsqu'il a été rendu dans une affaire dont le conseil n'a pas été saisi par le renvoi du chef de corps conformément à l'article 110 de la loi (Voir CHEFS DE CORPS); lorsque le secrétaire n'a pas fait la lecture des pièces prescrites en l'article 118; lorsque le rapporteur n'a pas résumé l'affaire et donné ses conclusions (*C. 3 août* 1832; *J. O.* 1832, p. 189.)

23. *Présence des juges.*— Il y aurait nullité du jugement, si tous les juges qui y ont concouru n'avaient pas assisté à toutes les audiences de la cause (*C. 3 août* 1832; *J. O.* 1832, p. 189), ou, s'il n'y avait eu qu'une audience, à tous les débats de l'affaire. (*C. 6 juillet* 1833; *J. O.* 1833, p. 296.)

24. *Excès de pouvoir* (Voir page 145). — Les conseils de discipline commettent un excès de pouvoir : en appliquant une dispense qui ne peut être invoquée que devant le conseil de recensement ou le jury de révision (*C. 10 octobre* 1832; *J. O.* 1832, p. 333);—en condamnant à la prison ou à l'amende représentative de cette peine, pour un simple manquement à des revues, non précédé d'un refus de service d'ordre et de sûreté, ou qui ne serait point accompagné de faits ayant le caractère de la désobéissance et de l'insubordination (*C. 6 août* 1836; *J. O.* 1836, p. 199);—en acquittant un officier accusé d'avoir violé la consigne, sous prétexte que cette consigne était sans objet (*C. 15 septembre* 1832) ; — en renvoyant un prévenu, sous prétexte qu'il fera mieux son service à l'avenir. (*C. 31 mars* 1832; *J. O.* 1832, p. 111.) Voir EXCUSE.

25. *Prononcé de la peine* (Voir PEINE).—Il y a irrégularité, mais non nullité, si, dans un jugement, le prononcé de la peine se trouve dans un des motifs et non dans le dispositif, pourvu que l'application de la peine résulte clairement des termes du jugement. (*C. 16 mars* 1832; *J. O.* 1832, p. 108.)—Il n'y a pas non plus nullité si un jugement, qui déclare à tort un prévenu en état de récidive, n'a pas cependant prononcé une peine excédant celle qui est applicable à une première infraction. (*C. 14 juillet* 1832.)

26. *Date des jugements.* — L'omission dans l'expédition d'un jugement de la date du jour où il a été rendu est suffisamment réparée par l'insertion de cette date dans l'acte de notification et dans la déclaration de pourvoi. (*C. 20 juin* 1834; *J. O.* 1834, p. 189.)

§ 4. — *Délibération.* (Voir ce mot, p. 118.)

27. Aucune disposition de la loi du 22 mars 1831 n'exige, à peine de nullité, que les décisions des conseils de discipline mentionnent la délibération qui doit précéder chaque jugement. (*C.* 30 *mai* 1846 ; *J. O.* 1848, p. 248.)

§ 5. — *Foi due au jugement.*

28. Les jugements des conseils de discipline font foi de leur contenu jusqu'à inscription de faux (*C.* 22 *octobre* 1832) ; même dans leurs parties imprimées. (*C.* 24 *août* 1832 ; *J. O.* 1832, p. 219.) — Le jugement fait foi des faits qu'il constate et exclut nécessairement les faits contraires. (*C.* 1er *juin* 1833 ; *J. O.* 1833, p. 263.)

§ 6. — *Questions préjudicielles* (Voir EXCEPTION, p. 143).

§ 7. — *Sursis.*

29. Lorsqu'un garde national, cité pour refus de service, justifie qu'avant la réception de l'ordre il s'était pourvu devant le jury de révision pour être rayé des contrôles, le conseil doit lui accorder un sursis jusqu'à décision du jury, sauf à fixer un délai au prévenu pour obtenir une décision. (*C.* 13 et 20 *octobre* 1831 ; *J. O.* 1831, p 384 et *grand nombre d'arrêts postérieurs.*) — Si, dans le délai fixé ou si aucun délai n'ayant été fixé, dans un espace de temps assez long pour obtenir une décision, cette décision n'est pas intervenue, et que le retard en puisse être attribué à la négligence du prévenu, il y a lieu de passer outre au jugement. (*C. J. O.* 1835, p. 155.) — Il y a également lieu à sursis lorsque la décision du jury a été rendue par défaut et que le réclamant justifie avoir formé opposition. (*C.* 22 *mars* 1833.) — Lorsque le jury a maintenu l'inscription au contrôle, le prévenu qui avait provisoirement refusé le service doit être jugé et peut être puni pour ce refus. (*C.* 4 *août* 1832 ; *Rec. d'arr.*) — C'est au prévenu à faire preuve du recours

qu'il allègue et l'attestation du président du jury que le recours n'a pas été formé ne peut être détruite par un certificat contraire du maire, lorsque le prévenu ne rapporte pas l'acte de son pourvoi avec sa date. (*C. 16 juillet 1832; Rec. d'arr.*) — Le garde national qui ne s'est pas pourvu devant le jury de révision ne peut obtenir un sursis en alléguant que le jury n'est pas organisé; il pouvait remettre son recours soit au juge de paix, soit au maire. (*C. 18 mai et 8 juin 1832.*) — Il n'y a pas non plus lieu à sursis lorsque le garde national n'a formé son pourvoi qu'après réception des ordres de service à l'occasion desquels il est poursuivi (*C. 22 octobre 1831 et 5 mai 1838; J. O. 1838, p. 44*);—De même, si le garde national, après avoir été maintenu sur les contrôles par décision définitive du jury, vient à exciper d'une nouvelle demande au conseil de recensement qui ne s'appuie sur aucun moyen nouveau; le conseil peut considérer cette exception proposée comme un moyen dilatoire pour se refuser au service légalement dû (*C. 1er octobre 1836; J. O. 1836, p. 205*);—De même si les motifs du recours au jury n'ont rien de personnel au prévenu, si, par exemple, il porte sur l'irrégularité de l'élection d'un membre du conseil. (*C. août 1832; J. O. 1832, p. 219.*) — Un conseil légalement saisi d'une affaire ne peut surseoir indéfiniment à l'application de la loi. Ainsi un jugement serait nul s'il prononçait un sursis illimité. (*C. 27 septembre 1853.*)

Contrairement à cette jurisprudence constante du droit et même du devoir des conseils de discipline de surseoir à juger jusqu'à décision sur les demandes pendantes en radiation des contrôles, la cour de cassation a jugé, par un arrêt du 27 septembre 1841 (*J. O. 1840 à 1844, p. 145*), qu'il suffit qu'un citoyen soit inscrit aux contrôles pour que le conseil de discipline, nonobstant le pourvoi formé devant le jury de révision, puisse et doive prononcer sur les manquements aux ordres de service qui lui sont déférés à l'égard de ce garde national. Mais la jurisprudence suivie jusque-là a de nouveau prévalu depuis, ainsi qu'il résulte de nombreux arrêts, notamment 27 novembre 1841, 7 décembre 1843, 21 janvier 1848. (*J. O. 1840 à 1844, p. 149 et 230, 1848-1849, p. 279.*)

§ 8. — *Signification.* (Voir ce mot.)

30. Les significations sont faites par les mêmes agents que les citations. (Voir CITATION, pages 95 et suiv.)

§ 9. — *Exécution des jugements.* (Voir Ire Partie, Titre IX, et le mot EMPRISONNEMENT.)

31. Le jugement qui ordonne l'exécution de la condamnation dans les vingt-quatre heures de la signification ne prive pas le condamné du droit de se pourvoir et de l'effet suspensif du pourvoi. Cette exécution ne doit s'entendre que du moment où la condamnation est devenue exécutoire. (*C. J. O.* 1833, p. 259.)

Jury de révision (Voir DOMICILE, ÉLECTION, INSCRIPTION).

1. Les jurys de révision institués par l'article 23 de la loi du 22 mars 1831 et composés conformément à cet article, sauf dans le département de la Seine où leur composition est réglée par les articles 6 et 7 de la loi du 14 juillet 1837, ont pour attributions :

1° De prononcer sur l'appel qui est porté devant eux des décisions des conseils de recensement en matière d'inscription, de radiation ou d'omission sur le registre matricule de la garde nationale et sur les contrôles du service ordinaire et de la réserve (*Loi, art.* 25) ;

2° De juger toutes les réclamations auxquelles donnent lieu les élections de la garde nationale, sans distinction de forme ni de fonds (*Loi, art.* 54, et *arrêts du conseil d'État,* 19 *août* 1832, 25 *avril* 1833 et *autres*) ;

3° De statuer sur la réintégration, au tableau des membres des conseils de discipline, des citoyens qui auraient été rayés de ce tableau pour les causes énoncées en l'article 108 de la loi. (*Loi, art.* 109.)

Les jurys de révision jugent sans recours, en ce sens que leurs décisions ne sont susceptibles d'être déférées au conseil d'État que pour incompétence ou excès de pouvoirs par application de la loi des 7-14 octobre 1790.

La loi du 14 juillet 1837, spéciale au département de la Seine, autorise aussi le recours au conseil d'État, pour violation de la loi.

2. L'appel des décisions de conseil de recensement étant attribué aux jurys de révision, les conseils de discipline sont incompétents pour en apprécier le mérite et en restreindre le bénéfice. (*C.* 6 *mars* 1835; *J. O.* 1835, p. 188.)

3. Le conseil de discipline se conforme aux règles de sa compétence lorsqu'il déclare n'avoir point à s'immiscer dans l'examen de l'accomplissement des formalités relatives, soit à l'existence, soit à la composition des jurys de révision en matière de pourvois formés par des gardes nationaux, touchant leur qualité, et qu'il se borne à surseoir, dès que ces gardes nationaux, cités devant lui, justifient de ce pourvoi. (*C.* 26 *avril* 1833; *J. O.* 1833, p. 239.)

4. C'est devant l'autorité administrative, c'est-à-dire devant le jury de révision, et non devant l'autorité judiciaire, que l'on doit se pourvoir à raison de l'illégalité prétendue de la nomination d'un chef de bataillon président du conseil de discipline. (*C.* 12 *mai* 1832; *J. O.* 1832, p. 184.)

5. Aucune disposition de la loi n'exige la notification des décisions des jurys de révision en matière d'inscription sur les contrôles de la garde nationale pour la soumission aux ordres de service. (*C.* 28 *juin* 1839; *J. O.* 1839, p. 167.)

(Pour l'effet suspensif des recours portés devant les jurys de révision, voir SURSIS.)

L.

Lecture des articles de loi, des pièces (Voir JUGE-MENT, n° 8).

1. Le secrétaire du conseil de discipline lit à l'audience le

rapport, le procès-verbal ou la plainte, et les pièces à l'appui. (*Loi, art.* 118.)

2. Est nul le jugement d'un conseil de discipline :
Lorsque le secrétaire n'a pas fait la lecture des pièces, conformément à l'article 118 de la loi (*C. 3 août* 1832; *J. O.* 1832, p. 189);
Lorsque le jugement ne constate pas que le secrétaire ait donné lecture des pièces. (*C. 7 juillet* 1832; *Rec. d'arr.*)

3. De ce qu'un jugement ne fait pas mention qu'il a été donné lecture publique à l'audience au prévenu du rapport par lequel ce conseil est saisi et des pièces à l'appui, il ne s'ensuit pas qu'il y ait nullité, lorsqu'il n'est pas prouvé d'autre part que le prévenu n'en a pas eu connaissance et que communication lui en ait été refusée. (*C.* 17 *mars* 1832 ; *Rec. d'arr.*)

4. Lorsque les rapports qui constatent les faits imputés à un garde national se trouvent mentionnés dans un jugement par *défaut,* il suffit que, dans le jugement définitif, il soit exprimé que le secrétaire a donné lecture du jugement par défaut et des *pièces à l'appui,* pour que le jugement définitif doive être censé s'être référé aux procès-verbaux qui détaillent les faits et lui servent de base, et qu'en conséquence ce jugement ne puisse être critiqué pour omission de formalités substantielles, en ce qu'il n'énoncerait pas les faits, base de la prévention. (*C.* 22 *mars* 1833; *J. O.* 1833, p. 181.)

5. Le jugement est nul si, parmi les juges, il s'en trouve qui n'aient point assisté à la lecture des pièces et à toute la discussion de la cause. (*C.* 6 *juillet* 1833; *J.O.* 1833, p. 296.)

6. La lecture à l'audience des termes de la loi appliquée n'est point une formalité substantielle pour les jugements de conseil de discipline. (*C.* 29 *novembre* 1832; *J. O.* 1833, p. 92.)

7. Il n'est point exigé, à peine de nullité, que le jugement constate que lecture a été donnée aux prévenus dés articles de

la loi dont il leur est fait application, et que le texte de ces articles soit inséré audit jugement. (*C.* 2 *mars* 1832; *J. O.* 1832,
p. 104.)

Lecture et Ecriture.

Il n'est pas indispensable que les membres des conseils de
discipline sachent lire et écrire. (*C.* 6 *janvier* 1832; *J. O.* 1832,
p. 43.)

Libellé (Voir JUGEMENT, § 1er).

Loi (Ignorance de la).

Nul ne peut, sous prétexte d'ignorance de la loi s'affranchir
ni être affranchi des obligations qu'elle impose.

Le jugement qui renvoie le prévenu de la plainte par le motif qu'il ignorait qu'il existât un jury de révision, chargé de prononcer sur les infirmités et autres exemptions de service, étant
fondé sur une prétendue ignorance de la loi, que tout citoyen
doit connaître, commet un excès de pouvoirs et viole les règles
de la compétence des conseils de discipline. (*C.* 12 *mai* 1832;
Rec. d'arr. Voir aussi *J. O.* 1835, p. 192.)

M.

Magistrat (Voir COURS ET TRIBUNAUX).

Maire (Voir AUTORITÉ MUNICIPALE, AMNISTIE, RÈGLEMENT DE SER-
VICE).

1. Il y a incompatibilité entre les fonctions de maire et d'adjoint et le service de la garde nationale. (*Loi du* 21 *mars* 1831,
art. 8, *et du* 22 *mars* 1831, *art.* 11.)

2. Un maire ne peut, par arrêté, dispenser momentanément

du service les citoyens qui se trouvent dans une situation donnée. Un semblable arrêté ne saurait autoriser un conseil de discipline à acquitter un garde national qui s'en serait appuyé pour refuser le service. (*C.* 11 *octobre* 1832; *J. O.* 1832, p. 334.)

3. Un maire n'a pas le droit de dispenser de l'obéissance provisoire due à un ordre du chef de corps, d'après l'article 78 de la loi. (*C.* 28 *décembre* 1832; *J. O.* 1833, p. 146.)

Maladie (Voir DÉFENSE, INFIRMITÉS).

1. L'appréciation de l'excuse accidentelle et momentanée, puisée par le garde national dans l'état de maladie où il se trouvait lors de la réception de l'ordre de service, appartient au conseil de discipline. (*C.* 2 *et* 21 *février* 1833; *J. O.* 1833, p. 153 et 177.)

2. Les certificats des chirurgiens de la garde nationale ne peuvent en rien lier le conseil dans l'appréciation de l'excuse tirée de la maladie. (*C.* 31 *mars* 1836; *J. O.* 1836, p. 115.)
L'état de maladie peut être valablement certifié par tous autres médecins que ceux de la garde nationale. (*C.* 8 *octobre* 1836; *Rec. d'arr.*)

3. Les conseils de discipline ne peuvent, sans excès de pouvoirs, statuer par voie de disposition générale et réglementaire, pour les causes à venir, sur le mode de justification des cas de maladie qui seraient allégués devant eux comme excuse en matière de service. (*C.* 27 *septembre* 1833; *J. O.* 1834, p. 35.)

Marins (VOIR GENS DE MER).

Bien que la qualité de marin classé et de maître au cabotage ne soit point une cause légale de dispense du service de la garde nationale, le conseil de discipline peut cependant, suivant les circonstances qu'il lui appartient d'apprécier, trouver dans cette qualité une cause d'excuse accidentelle pour justifier un manquement au service motivé par l'absence. (*C.* 8 *octobre* 1836; *J. O.* 1836, p. 207.)

Militaire.

1. Ne sont pas appelés au service de la garde nationale : les militaires des armées de terre ou de mer en activité de service ; ceux qui ont reçu une destination des ministres de la guerre et de la marine ; les officiers, sous-officiers et soldats des gardes municipales et autres corps soldés. (*Loi, art.* 12.)

C'est aux conseils de recensement et aux jurys de révision qu'il appartient de prononcer sur les dispenses prévues à l'article 12 de la loi ; néanmoins, quand bien même une des personnes auxquelles s'applique cet article serait maintenue aux contrôles, les conseils ne pourraient la condamner pour refus de service, les causes d'exemption dont il s'agit étant péremptoires.

2. Les militaires en disponibilité sont fondés à invoquer devant les conseils de discipline l'exemption portée à l'article 12 de la loi, sans cependant être frappés de l'incompatibilité établie par l'article 67 de la même loi, tant qu'ils n'exercent point un emploi actif dans l'armée. (*C.* 23 *décembre* 1831 ; *J. O.* 1832, p. 41.)

3. L'officier en congé illimité qui reçoit la solde d'activité d'absence est censé être en activité de service et ne doit pas être appelé au service de la garde nationale. (*C.* 17 *mai* 1832, *Rec. d'arr.*)

4. L'article 28 de la loi dispense du service de la garde nationale les anciens militaires âgés de 50 ans et ayant 20 années de service ; mais il ne prononce contre eux ni exclusion ni incompatibilité. (*C.* 9 *février* 1833 ; *J. O.* 1833, p. 175.)

Ministère public (Voir RAPPORTEUR, et JUGEMENT, § 1er)

Ministre du culte.

1. Ne sont pas appelés au service de la garde nationale les

ecclésiastiques engagés dans les ordres, les ministres des différents cultes, les élèves des grands séminaires et des facultés de théologie. (*Loi, art. 12.*)

2. L'exemption de service, accordée par l'article 12 de la loi aux ministres des différents cultes, ne s'applique qu'aux ministres des cultes reconnus par l'autorité publique. (*C. 23 décembre* 1831; *J. O.* 1832, p. 42.)

3. La qualité de clerc minoré ne donne pas à celui qui en est revêtu le caractère de ministre du culte catholique et n'entraîne point de plein droit avec elle l'exemption que la loi accorde aux ministres du culte et aux élèves des grands séminaires.

Cette exemption cesse pour les élèves des grands séminaires dès l'instant qu'ils sortent de ces établissements pour s'occuper de travaux étrangers au service des autels. (*C. 9 juillet* 1835; *J. O.* 1835, p. 254.)

Motifs (Voir JUGEMENT, § 1er).

Musique.

1. Les capitaines de musique et les musiciens de la garde nationale, non salariés, sont aptes à siéger au conseil de discipline et à prendre part aux jugements. (*C. 2 août* 1832; *J. O.* 1832, p. 217.)

2. Le droit conféré aux maires, par l'article 58, de nommer aux emplois autres que ceux nominativement désignés par la loi, s'applique nécessairement à l'organisation des corps de musique de la garde nationale.

Le droit de nommer implique celui de révoquer, sans qu'il soit nécessaire de justifier, en le motivant, l'exercice de cette faculté essentiellement discrétionnaire.

Il appartient dès lors au maire de prendre un arrêté obligatoire pour éliminer un membre du corps de musique. (*C. 6 juin* 1835; *J. O.* 1835, p. 238.)

3. La loi du 14 juillet 1837, exclusivement applicable aux gardes nationales du département de la Seine, en donnant au gouvernement par son article 18 le pouvoir d'organiser la musique des légions de Paris, lui a nécessairement conféré la faculté d'assigner aux musiciens gagistes ou volontaires, qui composent cette musique, un service équivalent au service ordinaire, et qui, par le fait, les exempte de ce dernier service.

Il suit de là qu'un citoyen régulièrement attaché comme musicien à une légion, en vertu de l'ordonnance du 28 mars 1838, qui a organisé la musique des légions de Paris, quoique domicilié réellement dans une autre légion et inscrit aux contrôles de ladite légion, ne pourrait être condamné pour manquement au service ordinaire de la garde nationale dans cette même légion, sans infraction, de la part du conseil de discipline, aux dispositions résultant à la fois de l'exécution de l'article 18 de la loi du 14 juillet 1837, et de l'ordonnance précitée. (*C. 5 juillet* 1839; *J. O.* 1839, p. 170.)

4. Aux termes de l'article 106 de la loi du 22 mars 1831, de l'article 18 de la loi du 14 juillet 1837, et de l'article 4 de l'ordonnance du 28 mars 1838, concernant l'organisation des corps de musique des légions de la garde nationale de Paris, il appartient au préfet de la Seine de désigner, parmi les conseils de discipline de chacune des légions de Paris, celui dont les musiciens attachés auxdites légions devront être justiciables.

Il suit de là que si un conseil de discipline, autre que celui qui a été désigné par le préfet, venait à statuer sur la prévention dirigée contre un musicien, il violerait les règles de sa compétence et les dispositions des lois et ordonnances ci-dessus rappelées. (*C. 2 décembre* 1841; *J. O.* 1841, p. 150.)

5. Le citoyen éliminé d'un corps de musique par arrêté du maire et qui, commandé d'un autre service en qualité de garde national, refuserait de recevoir une arme propre à ce service, et de rendre celle qui lui avait été remise à titre de musicien, commettrait un acte de désobéissance et d'insubordination de la compétence du conseil de discipline, et punissable de la peine portée en l'article 89 de la loi. (*C. 6 juin* 1835; *J. O.* 1835, p. 239.)

N.

Nombre de juges (Voir Juges, § 5).

Noms (Voir Citation, Jugement, n° 3, Rapporteur).

Nullités (Voir Jugement, § 3).

O.

Obéissance (Voir Désobéissance, Désobéissance et insubordination).

1. Tout garde national commandé pour le service doit obéir, sauf à réclamer, s'il s'y croit fondé, devant le chef de corps. (*Loi, art.* 78.) — Tout citoyen porté sur le contrôle du service ordinaire doit d'abord obéir, sauf à réclamer ultérieurement devant qui de droit. (*C.* 12 *mai* 1832; *J. O.* 1832, p. 162.) — Obéissance est due à tous ordres légalement transmis; cette transmission est légale dès que l'ordre émané du supérieur hiérarchique a un objet qui est de son ressort. (*C.* 26 *janvier* 1833; *J. O.* 1833, p. 152.) — Tout officier, quels que soient son titre et ses fonctions, doit obéir aux ordres de son supérieur hiérarchique, pour les objets relatifs à son service, sauf à réclamer ensuite devant qui de droit. (*C.* 1er *juin* 1833; *J. O.* 1833, p. 252.) — Le garde national qui a adressé à l'autorité une dénonciation contre le commandant de la garde nationale, n'en doit pas moins obéir aux ordres de cet officier, dont les pouvoirs ne peuvent être suspendus de plein droit par cette dénonciation. (*C.* 18 *mai* 1839.) — Un maire n'a pas le droit de dispenser de l'obéissance provisoire due à un ordre du supérieur hiérarchique, d'après l'article 78 de la loi. (*C.* 28 *décembre* 1833; *J. O.* 1833 p. 146.)

2. Le pourvoi formé devant le jury de révision contre la validité de l'élection des officiers n'autorise par un garde national à refuser le service. (*C.* 17 *mars* 1832; *J. O.* 1832, p. 109.) Voir

ELECTIONS.—Le refus ou le retard des officiers d'une compagnie à se faire reconnaître ne saurait dispenser du service, les gardes nationaux de cette compagnie. A défaut d'officiers, le maire peut requérir un caporal de donner les ordres de service, lesquels sont obligatoires. (*C. 27 avril* 1833; *J. O.* 1833, p. 258.) — Le garde national, inscrit sur les contrôles d'une compagnie quelle qu'elle soit, doit obéir aux ordres de service donnés par les chefs de cette compagnie, encore bien qu'il soit en instance devant le conseil de recensement pour être incorporé dans une autre compagnie. (*C.* 6 et 13 *juillet* 1832; *Rec. d'arr.* 10 *juillet* 1834; *J. O.* 1834, p. 200.) — Lorsqu'un garde national est inscrit sur le contrôle et qu'il a reconnu son incorporation en se présentant au poste, il doit, dans le cas où il se met en réclamation, obéir provisoirement et jusqu'à] sa radiation, aux ordres de service. (*C. J. O.* 1832, p. 245.) — Le citoyen qui, au moment où il a reçu l'ordre de service n'était pas encore en réclamation, soit devant le conseil de recensement, soit devant le jury de révision, a dû obéir provisoirement et ne peut se faire un moyen de nullité de ce que le conseil de discipline n'aurait pas sursis à statuer jusqu'à décision sur la réclamation postérieure à l'ordre de service. (*C.* 22 *octobre* 1831.) Voir SURSIS.

Octrois (Préposés du service actif des (Voir DISPENSE).

Les préposés des services actifs des octrois ne sont pas appelés au service de la garde nationale. (*Loi, art.* 12.) — Les directeurs des octrois dans les villes sont compris parmi les préposés du service actif de l'octroi (*ordonnances des* 12 *janvier* 1825 et 22 *juillet* 1845), et ont droit, en cette qualité, à l'exemption du service de la garde nationale, prescrite par l'article 12 de la loi du 22 mars 1831. Cette exemption étant formelle et impérative, les directeurs des octrois doivent être admis à en réclamer le bénéfice devant le conseil de discipline, alors même qu'il leur aurait été refusé par les conseils de recensement et les jurys de révision, sous peine, par le conseil, de violation de l'article 12 précité et d'excès de pouvoirs. (*C.* 15 *août* 1846; *J. O.* 1848-1849, p. 269.)

Officier de la Garde nationale.

1. *Composition du conseil pour juger un officier.* — Lorsqu'il s'agit de juger un officier, deux officiers du grade du prévenu entrent dans le conseil de discipline et remplacent les deux derniers membres. S'il n'y a pas dans la commune deux officiers du grade du prévenu, le sous-préfet les désigne par la voie du sort parmi ceux du canton, et, s'il ne s'en trouve pas dans le canton, parmi ceux de l'arrondissement.—Pour juger un chef de bataillon, le préfet désigne, par la voie du sort, deux chefs de bataillon des cantons ou des arrondissements circonvoisins. (*Loi, art.* 10.) Voir JUGE, JUGEMENT.

2. L'article 104 de la loi du 22 mars 1831, qui permet au conseil de discipline de bataillon de juger au nombre de cinq membres, ne déroge point à l'article 100 qui veut que, pour juger un officier, les deux derniers membres du conseil soient remplacés par deux officiers du grade du prévenu. Il en résulte que si, dans l'espèce, le conseil de discipline peut juger au nombre de cinq juges seulement, il faut, toutefois, à peine nullité du jugement, que les deux officiers du grade du prévenu siégent parmi ces cinq juges, attendu que l'absence de l'un des deux ferait perdre au prévenu la garantie que la loi lui donne dans la personne des deux officiers de son grade. (*C.* 16 *août* 1838; *J. O.* 1838, p. 73.)—Aux termes de l'article 7 de la loi du 20 avril 1810 sur l'organisation judiciaire, les jugements doivent, sous peine de nullité, être rendus par le nombre de juges prescrit et contenir les motifs. Dès lors, le jugement rendu, en matière de garde nationale, contre un officier, qui n'est point motivé et ne mentionne ni les noms, ni les grades des membres du conseil de discipline qui l'ont prononcé, d'où résulte l'incertitude sur le point de savoir si le conseil a été composé conformément aux prescriptions de l'article 100 de la loi du 22 mars 1831, est nul de plein droit, comme ayant formellement violé le principe général posé dans l'article 7 précité de la loi du 20 avril 1810. (*C.* 30 *mai* 1844; *J. O.* 1848, p. 211.)—Est nul le jugement rendu contre un officier, si de simples gardes nationaux y ont pris part, l'article 100 de la loi voulant que, dans ce cas, deux

officiers du grade du prévenu entrent dans le conseil en remplacement des deux derniers membres, qui doivent se retirer. (26 *décembre* 1835 ; *Rec. d'arr.*)   La garantie qui résulte pour les officiers de la disposition de l'article 100 de la loi du 22 mars 1831 est d'ordre public, et il ne dépend pas du prévenu d'y renoncer. Il en résulte qu'un conseil violerait la loi, s'il jugeait un officier sans avoir modifié sa composition, conformément au vœu de la loi. (*C. 3 avril* 1835 ; *J. O.* 1835, p. 191.)—Le droit de se plaindre de ce que la composition du conseil pour juger un officier n'a pas été conforme à la loi, n'appartient qu'à l'officier qui a été jugé, et non au garde national qui a été jugé en même temps que lui, à raison de la connexité. (*C. 24 mai* 1834 ; *J. O.* 1834, p. 188.)

3. *Infractions et manquements au service et à la discipline.*—Est puni de la réprimande l'officier qui a commis une infraction, même légère, aux règles du service. (*Loi, art.* 85.) — Est puni de la réprimande avec mise à l'ordre l'officier qui, étant de service ou en uniforme, tient une conduite propre à porter atteinte à la discipline de la garde nationale ou à l'ordre public. (*Loi, art.* 86.)—Est puni des arrêts ou de la prison, suivant la gravité des cas, tout officier qui, étant de service, s'est rendu coupable des fautes suivantes : 1° la désobéissance et l'insubordination (*voir ces mots*) ; 2° le manque de respect, les propos offensants et les insultes envers les officiers d'un grade supérieur ; 3° tous propos outrageants envers un subordonné et tout abus d'autorité ; 4° tout manquement à un service commandé ; 5° toute infraction aux règles du service. (*Loi, art.* 87.)—Est privé de son grade tout officier qui, après avoir subi une condamnation du conseil de discipline, se rend coupable d'une faute qui entraîne l'emprisonnement, s'il s'est écoulé moins d'un an depuis la dernière condamnation. Peut également être privé de son grade tout officier qui a abandonné son poste avant qu'il ne soit relevé.— Tout officier privé de son grade par jugement ne peut être réélu qu'aux élections générales. (*Loi, art.* 90.)

4. Les obligations des officiers sont plus étroites que celles

des sous-officiers et des simples gardes nationaux pour tous les services à eux imposés. Il s'ensuit que le manquement à un service de revue, de la part d'un officier, suffit à lui seul pour justifier l'application facultative des arrêts ou de la prison, d'après les §§ 4 et 5 de l'article 87 de la loi, dont les dispositions sont générales et ne s'appliquent pas uniquement aux infractions commises dans un service d'ordre et de sûreté. (*C.* 13 *décembre* 1833; *J. O.* 1834, p. 144.) — D'après l'article 87, les officiers sont passibles des arrêts ou de la prison pour tout manquement aux règles du service, indépendamment de toutes circonstances d'insubordination. (*C.* 30 *mars* 1839; *J. O.* 1839, p. 152.) — Les mots, *étant de service*, de l'article 87, doivent s'entendre en ce sens que tout officier est essentiellement de service dès que l'heure du service légalement commandé a sonné. Pour constater cet état de service et établir l'infraction prévue par l'article 87, il n'est pas indispensable que l'officier ait revêtu son uniforme et les insignes de son grade. (*C.* 1er *juin* 1833; *J. O.* 1833, p. 261.) — Les mots, *étant de service*, ne doivent pas s'entendre en ce sens qu'il soit nécessaire, pour l'application de l'article 87, que l'officier soit présent au poste. Il suffit que cet officier ait été commandé de service pour qu'il soit, par cela même, réputé *de service*. (*C.* 16 *mars* 1837; *Rec. d'arr.*) — Le capitaine qui a reçu l'ordre de commander un service de piquet dans sa compagnie est en état de service, et son refus d'obtempérer à un ordre le rend passible des dispositions de l'article 87 de la loi. (*C.* 18 *septembre* 1835; *J. O.* 1836, p. 32.)

5. Ont été jugés passibles des arrêts ou de la prison, par application de l'article 87 de la loi : l'officier qui, sans aucun ordre, a contremandé les hommes de sa compagnie légalement commandés pour un service (*C.* 7 *juin* 1834; *Rec. d'arr.*); — Le capitaine qui n'a fait qu'une seule ronde au lieu de trois qui lui étaient prescrites par le règlement de service (*C.* 12 *octobre* 1833; *J. O.* 1834, p. 35); — L'officier qui a manqué à une revue à laquelle il avait ordre d'assister pour constater l'absence des gardes nationaux de sa compagnie. (*C.* 11 *juillet* 1838; *Rec. d'arr.*)

6. *Désobéissance.*—Tout officier, quels que soient son titre et ses fonctions, doit obéir aux ordres de son supérieur hiérarchique pour les objets relatifs à son service, sauf à réclamer ensuite devant qui de droit. (*Loi, art.* 78; *C.* 1er *juin* 1833; *J. O.* 1833, p. 262.) — Le refus fait par un officier de conserver le commandement du poste qui lui est assigné est un manquement grave aux règles du service, punissable des peines portées aux articles 86 et 87 de la loi. (*C.* 3 *décembre* 1831; *J. O.* 1832, p. 40.) — Deux manquements consécutifs à un service de ronde constituent, de la part d'un officier, la désobéissance et l'insubordination. (*C.* 1er *juin* 1833; *J. O.* 1833, p. 261.)—L'officier régulièrement commandé pour un service d'instruction et de revue, qui y assiste comme simple spectateur, sans y prendre part, se rend coupable de désobéissance et d'insubordination. (*C.* 22 *mars* 1833; *Rec. d'arr.*)

7. *Démission.* — La démission d'un officier n'empêche pas que cet officier soit poursuivi et jugé à raison de faits commis avant cette démission. (*C.* 15 *juin* 1832; *J. O.* 1832, p. 186.) Voir Démission.

8. *Privation du grade.* (Voir Grade.)

9. *Reconnaissance et investiture du grade.*—Le droit de faire reconnaître les officiers appartient à l'autorité administrative, et les conseils de discipline n'ont point à s'immiscer dans l'appréciation des formes qui se rattachent à l'accomplissement de cette formalité. (*C.* 27 *avril* 1833; *J. O.* 1833, p. 239.)—Le refus ou le retard des officiers d'une compagnie à se faire reconnaître ne peut dispenser de l'obligation du service les gardes nationaux de cette compagnie. (*C.* 27 *avril* 1833; *J. O.* 1833, p. 258.)

10. *Service d'instruction, Théorie.*— Le règlement de service, légalement établi et publié, peut contenir des dispositions relatives à des exercices pour la théorie et la pratique du commandement, dans l'intérêt de l'instruction des officiers.—Dans ce cas, le règlement est obligatoire pour les officiers, et les in-

fractions commises par eux aux dispositions dont il s'agit peuvent être punies non-seulement de la réprimande, aux termes de l'article 85 de la loi du 22 mars 1831, mais encore, suivant les cas, conformément à l'article 87 (*des arrêts ou de la prison*), comme constituant un manquement à un service commandé.—Il est bien entendu, toutefois, que lesdites infractions ne peuvent donner lieu à des poursuites disciplinaires qu'autant qu'elles constitueraient un fait expressément contraire aux dispositions contenues dans le règlement.—Ainsi, il en serait tout autrement si, par exemple, le règlement de service ayant établi à des époques fixes, dans le mois, les exercices de théorie pour les officiers, le chef de corps prenait sur lui d'indiquer des réunions plus fréquentes par un ordre du jour. — L'ordre du chef de corps ne serait point expressément obligatoire pour ce qui excéderait les dispositions du règlement, attendu que l'article 78 de la loi du 22 mars ne commande obéissance qu'aux ordres réguliers. (*C.* 21 *juillet* 1838, 5 *août* 1843 et 6 *janvier* 1844; *J. O.* 1838, p. 57, 1840 à 1844, p. 213 et 238.)

11. *Officiers d'état-major.*—Le chef de bataillon, le porte-drapeau, sont justiciables du conseil de discipline du bataillon. (*C.* 21 *février* 1835; *J. O.* 1835, p. 113.)—Il en est autrement pour les officiers de l'état-major général des commandants supérieurs et de l'état-major des légions, à l'égard desquels la formation d'un conseil de discipline spécial est indispensable, aux termes de l'article 95 de la loi (*même arrêt*). Voir Chef de bataillon.

12. *Officiers et sous-officiers tenant leur grade de la nomination de l'autorité.* —— Un officier ou un sous-officier ne peut siéger comme tel, au conseil de discipline, s'il ne tient son grade de l'élection. (*C.* 10 *novembre* 1831; *J. O.* 1832, p. 37.)

13. *Uniforme.* — Si les officiers de tous grades, élus conformément à la loi, ne sont pas, au bout de deux mois, complétement armés, équipés et habillés suivant l'uniforme, ils seront considérés comme démissionnaires et remplacés sans délai. (*Loi, art.* 55.

L'uniforme n'est obligatoire pour les officiers, aux termes de l'article 55 de la loi du 22 mars 1831, que dans les lieux où il a été réglé par un acte du pouvoir exécutif, en conformité de l'article 68 de la même loi. Dans ce cas même, l'officier qui doit être déclaré démissionnaire continue à exercer légalement ses fonctions jusqu'à ce qu'il ait été remplacé (*C. 8 juin* 1832; *J. O.* 1832, p. 185); — les ordres qu'il donne en sa qualité d'officier sont obligatoires (*C. 4 août* 1832); — il peut être membre d'un conseil de discipline. (*C.* 12 *mai,* 1ᵉʳ et 8 *juin* 1832; *Rec. d'arr.*)

Officier des armées de terre et de mer (Voir MILITAIRE).

Bien qu'il n'appartienne pas aux conseils de discipline d'ordonner la radiation des contrôles de la garde nationale d'un officier en disponibilité, ils sont néanmoins compétents pour connaître du motif d'exemption que cet officier tire de sa position. En se déclarant incompétents à cet égard et en condamnant pour refus de service un officier en disponibilité, les conseils méconnaîtraient les règles de leur compétence et violeraient l'article 12 de la loi du 22 mars 1831. (*C.* 16 *novembre* 1833; *Rec. d'arr.*)—L'officier en solde de congé, laquelle est qualifiée *solde d'activité d'absence,* doit jouir de l'exemption du service de la garde nationale conformément à l'article 12 précité de la loi. (*C.* 7 *septembre* 1833.)—Les officiers en réforme ne sont point fondés à réclamer cette exemption. (*C.* 11 *janvier* 1833.)

Opposition (Voir DÉFAUT, et JUGEMENT, § 2, p. 189).

1. L'opposition au jugement par défaut doit être formée dans le délai de trois jours, à compter de la notification du jugement. Cette opposition peut être faite par déclaration au bas de la signification. L'opposant est cité pour comparaître à la plus prochaine séance du conseil de discipline.

S'il n'y a pas opposition, ou si l'opposant ne comparaît pas à la séance indiquée, le jugement par défaut devient définitif. (*Loi, art.* 116.)

2. L'opposition formée au jugement par défaut, avant que ce jugement ait été signifié, supplée au défaut de signification, et fait courir le délai du pourvoi en cassation. (*C.* 29 *septembre* 1832 ; *J. O.* 1832, p. 314.)

3. Un pourvoi contre un jugement par défaut n'est pas recevable avant l'expiration du délai d'opposition. (*C.* 16 *février* 1833 ; *J. O.* 1833, p. 176.)

4. La preuve de la date de la notification d'un jugement ne peut résulter que de la mention régulière, portée dans l'acte de notification, du jour où le jugement a été notifié, et cette mention est absolument nécessaire pour faire courir le délai de trois jours fixé par l'article 116 de la loi du 22 mars 1831, pour l'opposition au jugement rendu par défaut.

Il suit de là que l'omission de cette date, commise dans l'acte de signification remis par l'agent de la force publique, rend incertain le point de savoir quel jour le jugement a été notifié et, par suite, frappe de nullité la notification elle-même.

Dans l'espèce, le conseil de discipline qui déclarerait non recevable l'opposition contre un jugement rendu par défaut, comme ayant été tardivement formée, en se fondant, nonobstant l'omission de la date de la notification, sur ce qu'en fait le jugement a dû être notifié en temps opportun pour que le prévenu pût former son opposition dans le délai de trois jours, en s'étayant à cet égard, soit d'inductions plus ou moins vraisemblables, soit même des explications indécises de l'inculpé, violerait l'article 116 précité de la loi du 22 mars 1831. (*C.* 9 *mars* 1844 ; *J. O.* 1848, p. 84.)

5. La disposition du § 2 de l'article 116 de la loi du 22 mars 1831, qui porte que l'opposant à un jugement par défaut sera cité pour comparaître à la plus prochaine séance du conseil de discipline, outre qu'elle n'est point prescrite à peine de nullité, n'a pas été établie dans l'intérêt de l'inculpé, mais bien dans celui de la vindicte publique.

Il en résulte que, lors même qu'il se serait écoulé plusieurs séances du conseil de discipline avant qu'il eût été statué sur l'opposition, le jugement qui interviendrait contradictoirement n'encourrait point la péremption pour ce fait. (*C.* 23 *janvier* 1840; *J. O.* 1840-1844, p. 2.)

6. La déclaration d'opposition par l'inscription au bas du jugement est purement facultative; elle peut être faite par acte séparé et notifiée par huissier. (*C.* 4 *janvier* 1833.)

Il n'est pas nécessaire que l'opposition, même quand elle n'est pas faite au bas du jugement, soit notifiée par huissier; il suffit qu'il soit établi et convenu qu'elle a été déclarée dans le délai voulu, par lettre, par exemple, adressée au secrétaire du conseil. (*C.* 28 *décembre* 1832; *J. O.* 1833, p. 119.)

7. L'effet de l'opposition à un jugement par défaut est de faire tomber ledit jugement; dès lors le conseil de discipline se trouve investi du droit d'examiner de nouveau la gravité de la contravention, comme si ledit jugement n'avait jamais existé, et, par suite, d'édicter, s'il y a lieu, une peine plus forte que celle qui avait été prononcée par défaut. (*C.* 23 *janvier* 1840 ; *J. O.* 1840-1844, p. 3.)

8. Le conseil de discipline qui, jugeant sur opposition à un jugement par défaut, a réduit la peine prononcée par ledit jugement, n'a plus le pouvoir, à l'occasion de conclusions prises par le condamné, dans le but de relever de prétendues irrégularités commises dans le nouveau jugement, de le rapporter et de le modifier en aggravant la peine.

En statuant sur l'opposition, il a épuisé sa juridiction quant au fond; et le jugement rendu contradictoirement a l'autorité de la chose jugée, sauf l'événement du recours en cassation.

Tout au plus, dans l'espèce, le conseil de discipline doit, s'il prononce sur les conclusions dont il s'agit, se borner à donner des éclaircissements relativement aux irrégularités alléguées, pour servir à l'examen et à l'appréciation de ces griefs par la cour de cassation en cas de pourvoi. (*C.* 23 *janvier* 1840; *J. O.* 1840-1844, p. 5.)

9. Lorsque, sur opposition à un jugement par défaut, l'in-

culpé présente des conclusions tendantes à faire valoir des excuses touchant l'infraction pour laquelle il a été condamné, le conseil de discipline est tenu d'y statuer.

Dans le cas où il confirmerait le jugement par défaut sans énoncer aucuns motifs sur les conclusions présentées par le demandeur, le conseil de discipline violerait l'une des formalités substantielles pour la validité des jugements et pour la défense. (*C. 2 septembre* 1842; *J. O.* 1840-1844, p. 186.)

Ordre du jour (Voir Chef de corps, n° 8, Équipement, Chef de poste, n° 7).

1. Les chefs de corps peuvent, en se conformant au règlement de service établi conformément à l'article 73 de la loi, et sans réquisition particulière, mais après en avoir prévenu l'autorité municipale, donner tous les ordres relatifs au service ordinaire, aux revues et aux exercices. (*Loi, art.* 73.)

2. Les ordres du jour de l'autorité civile (préfets, sous-préfets, maires), relatifs à des revues extraordinaires et spécialement à l'occasion du passage du préfet en tournée, sont obligatoires pour les gardes nationaux, et l'article 73 de la loi sur le règlement pour les revues et exercices périodiques ordinaires ne limite pas à ce seul cas le pouvoir suprême attribué à l'autorité civile par cette même loi. (*C. 2 février* 1833; *Rec. d'arr.*)

Organisation de la Garde nationale.

1. La loi du 22 mars 1831 ayant exclusivement confié aux autorités municipale et administrative le soin d'organiser la garde nationale, il n'appartient ni aux gardes nationaux, ni aux conseils de discipline de critiquer l'organisation que ces autorités ont déterminée.

En admettant que des omissions aient été commises sur le contrôle du service ordinaire, les gardes nationaux ont le droit de réclamer, aux termes de l'article 25 de la loi précitée; mais ils doivent provisoirement obéir aux ordres de service qui leur sont adressés.

Quant aux conseils de discipline, ils doivent, dans l'espèce, se borner à examiner si les gardes nationaux poursuivis à raison de manquements aux ordres de service dont il s'agit sont inscrits au contrôle du service ordinaire, et, si cette inscription est constatée, à leur appliquer la peine que comportent lesdits manquements dûment établis.

Il en résulte qu'un conseil de discipline qui se déclarerait incompétent pour statuer sur des manquements au service imputés à des gardes nationaux, en se fondant sur ce que l'organisation de la garde nationale de la commune n'est ni complète ni légale, méconnaîtrait sa propre compétence, excéderait ses pouvoirs et violerait la loi du 22 mars 1831 dans les dispositions fondamentales de ses articles 4, 5, 25, 94 et 97. (*C. 24 avril 1847 ; J. O. 1848-1849*, p. 272 *et plus. arrêts.*)

P.

Parenté (Voir Juge, § 6).

Peines (Voir Iʳᵉ Partie, nº 41 et suivants, et les mots Amende, Arrêts, Atténuation, Grade, Prescription, Prison, Réprimande).

1. Les peines que les conseils de discipline peuvent prononcer sont :

1° La réprimande ;

2° Les arrêts pour trois jours au plus ;

3° La réprimande avec mise à l'ordre ;

4° La prison pour trois jours au plus ;

5° La privation du grade. (*Loi, art.* 84.) Voir Grade.

6° Une amende de 5 fr. contre tout membre du conseil de discipline dont l'absence n'a pas été jugée pouvoir être excusée. (*Loi, art.* 114.) Voir Amende et Juge, § 2.

Si, dans les communes où s'étend la juridiction du conseil de discipline, il n'existe ni prison ni local pouvant en tenir lieu, ce conseil peut commuer la peine de prison en une amende d'une journée à dix journées de travail. (*Loi, art.* 84.) Voir AMENDE, n° 2 *et suiv.*

2. Les conseils ne peuvent prononcer d'autres peines que celles qui sont déterminées par les articles 84 et 114 de la loi. Ils ne peuvent non plus appliquer ces peines dans une autre proportion ni dans d'autres cas que ceux qui sont prévus et fixés par les articles 85, 86, 87, 88, 89 et 114 de la loi du 22 mars 1831, et 2 de la loi du 14 juillet 1837.

3. L'article 365 du Code d'instruction criminelle, qui statue qu'en cas de conviction de plusieurs crimes ou délits la peine la plus forte sera seule prononcée, n'est pas applicable aux simples contraventions, et, par voie d'assimilation, aux infractions commises dans le service de la garde nationale.

Il en résulte qu'un conseil de discipline peut, sans violer l'article 365 précité du Code d'instruction criminelle et l'article 89 de la loi du 22 mars 1831, condamner dans la même séance, par deux jugements séparés, un garde national convaincu de deux manquements géminés au service, à deux fois la peine de quarante-huit heures de prison, sans ordonner que ces deux peines se confondront en une seule n'excédant pas le maximum de trois jours de prison prononcé par l'article 89 de la loi du 22 mars 1831. (*C. 25 janvier* 1845 ; *J. O.* 1848, p. 221.)

Cette jurisprudence est directement contraire à celle que la cour avait antérieurement établie dans de nombreux arrêts, notamment dans celui du 30 janvier 1840 (*J. O.* 1840-1844, p. 7) qui disposait formellement en principe que :

« La disposition générale du Code d'instruction criminelle
« (*art.* 365, 2ᵉ *alinéa*) qui porte que, en cas de conviction de
« plusieurs crimes ou délits, la peine la plus forte peut seule
« être prononcée, forme règle dans le droit criminel et est né-
« cessairement applicable, en matière disciplinaire de la garde
« nationale, comme en matière de simple police et de police
« correctionnelle ; d'où il résulte que le ministère public ne
« peut, en divisant les poursuites, cumuler les peines. »

La cour de cassation s'étant arrêtée depuis le 25 janvier 1845 à la doctrine contenue dans son arrêt dudit jour, cette doctrine doit être considérée aujourd'hui comme règle de la matière, du moins quant à la faculté de diviser les poursuites.

4. Le jugement qui prononce contre un garde national la peine de la prison pour des manquements à des revues et exercices (Voir REVUE, EXERCICE), et pour n'avoir pas comparu devant le conseil sur la citation à lui donnée, est affecté de nullité, alors surtout que ce même jugement ne prononce pas cette peine contre d'autres gardes nationaux coupables du même fait, sans articuler, contre le premier, des circonstances particulières. (*C.* 17 *août* 1833 ; *Rec. d'arr.*)

NOTA. La nullité ressort, dans l'espèce ci-dessus, de ce que les faits imputés ne donnaient pas lieu à l'application de la peine de la prison. Mais la cour a saisi cette occasion de faire un rappel à l'égalité que les juges ne doivent jamais perdre de vue.

5. Les conseils de discipline, de même que les tribunaux de police correctionnelle, ont le pouvoir, lorsque le fait mentionné dans la citation est dépouillé de sa gravité, par suite des débats, d'appliquer la peine dont est passible le fait ainsi réduit à un caractère de gravité moins élevé. (*C.* 18 *novembre* 1843 ; *J. O.* 1840-1844, p. 224.) Voir ATTÉNUATION.

6. La prononciation de la peine insérée, non dans le dispositif, mais dans les motifs du jugement, bien qu'irrégulière, ne peut donner ouverture à cassation lorsque l'application de la peine ordonnée résulte évidemment des termes du jugement. (*C.* 16 *mars* 1832; *J. O.* 1832, p. 108.)

Plainte (Voir RAPPORT).

Police correctionnelle (Voir APPEL).

1. Tout garde national qui, dans l'espace d'une année, a subi deux condamnations du conseil de discipline pour refus de service, est, pour la troisième fois, traduit devant les tribunaux de

police correctionnelle, et condamné à un emprisonnement qui ne peut être moindre de cinq jours ni excéder dix jours.

En cas de récidive, l'emprisonnement ne peut être moindre de dix jours ni excéder vingt jours.

Il est, en outre, condamné aux frais et à une amende qui ne peut être moindre de 5 fr. ni excéder 15 fr., dans le premier cas, et, dans le deuxième, être moindre de 15 fr. ni excéder 50 fr. (*Loi, art. 92.*)

2. Les mots, *dans l'espace d'une année,* s'entendent d'un espace de douze mois et non pas seulement en comptant l'année du 1er janvier au 31 décembre. (*Art. 483 du Code pénal et décision minist.; J. O. 1833, p. 87.*)

3. Pour motiver la compétence des tribunaux de police correctionnelle en matière de refus de service, il faut non-seulement que le garde national inculpé ait, dans le cours de la même année, subi deux condamnations reposant chacune sur deux manquements à des services d'ordre et de sûreté, mais il est encore indispensable qu'il ait à sa charge deux autres manquements à des services d'ordre et de sûreté dans le cours de la même année. Un cinquième manquement après les quatre qui ont motivé les deux condamnations, ne suffit pas pour saisir la juridiction correctionnelle : il faut qu'il en existe un sixième, lequel ne peut être suppléé par une condamnation à la réprimande qu'aurait encore subie le garde national inculpé. (*C. 11 février* et 11 *mai* 1832; *J. O.* 1832, p. 79 et 180; *26 janvier* 1837; *Rec. d'arr.*)

4. Pour qu'il y ait lieu à renvoyer devant le tribunal de police correctionnelle, conformément à l'article 92 de la loi du 22 mars 1831, en matière de manquements au service de la garde nationale, il faut que six refus de service d'ordre et de sûreté aient été commis dans le cours de la même année, et que quatre de ces refus aient donné lieu à deux condamnations devenues définitives.

Encore, ce renvoi ne peut-il être ordonné si les deux condamnations encourues ne constatent à la charge du prévenu, parmi les infractions punies, que deux manquements à un service d'ordre et de sûreté, le conseil de discipline restant compétent tant qu'il n'a pas été statué par lui sur quatre refus de service d'ordre et de sûreté dans le cours de la même année.

Enfin, si un garde national, déjà condamné deux fois pour quatre refus de service d'ordre et de sûreté commis dans le cours de la même année, est poursuivi comme prévenu de deux refus de même nature, dont un seulement appartient à l'année pendant laquelle a été rendu le premier jugement, ce refus unique serait insuffisant pour ordonner son renvoi en police correctionnelle, cette poursuite ne pouvant avoir lieu qu'en cas d'un double refus. (*Plus. arr. et notamment* 9 *février* 1837, 18 *août* 1843, 29 mai 1847; *J. O.* 1837, p. 57; 1840-1844, p. 219; 1848-1849, p. 274.)

5. Pour que la juridiction correctionnelle puisse être saisie, il faut que le conseil de discipline ait épuisé sa compétence, et cette compétence n'est épuisée qu'après que les deux condamnations prononcées par lui ont irrévocablement acquis l'autorité de la chose jugée.

Mais si ces condamnations sont l'objet d'un pourvoi, le conseil, dans le cas d'une troisième poursuite, doit surseoir à statuer jusqu'à ce que la cour ait jugé le pourvoi, puisque sa compétence dépend de l'issue de ce recours, autrement il violerait la loi. (*C.* 1ᵉʳ *mars* 1834; *J. O.* 1834, p. 179.)

6. Les tribunaux de police correctionnelle ne sont appelés à statuer, aux termes de l'article 92 de la loi du 22 mars 1831, sur les contraventions disciplinaires, en matière de service de la garde nationale, que par l'effet d'une prorogation du pouvoir conféré aux conseils de discipline. Il en résulte que l'acte qui amnistie les faits relatifs à cette discipline devient applicable aux tribunaux correctionnels comme aux conseils de discipline eux-mêmes, quand il s'agit d'examiner si ces conseils ont épuisé leur juridiction. (*C.* 19 *juillet* 1839; *J. O.* 1839, p. 185.) Voir AMNISTIE.

7. La récidive prévue par le 2ᵉ § de l'article 92 a lieu

lorsque, après une condamnation en police correctionnelle pour un double refus de service d'ordre et de sûreté, il est relevé à la charge du même garde national deux nouveaux refus de service également d'ordre et de sûreté, commis dans le cours de l'année pendant laquelle sont intervenus les manquements punis par les deux condamnations du conseil de discipline et par la première condamnation en police correctionnelle. (*C.* 15 *février* 1833; *Rec. d'arr.* et 1ᵉʳ *mars* 1834; *J. O.* 1834, p. 179.)

8. Quand il y a lieu à renvoi d'une affaire devant les tribunaux correctionnels, le rapporteur du conseil de discipline adresse au procureur de la République extrait des jugements constatant les deux premières condamnations, les rapports et pièces relatives aux nouveaux refus de service, et le jugement d'incompétence du conseil de discipline, s'il en a été rendu. (*Inst. min.*; *J. O.* 1831, p. 323.)

Pompier.

1. Les compagnies de sapeurs-pompiers organisées dans la garde nationale, conformément à l'article 40 de la loi, ne sont pas comprises dans la formation des bataillons; elles sont cependant sous les ordres du commandant de la garde communale ou cantonale. (*Loi*, *art.* 47.)

2. Lorsque la garde nationale d'une commune ou d'un canton n'a qu'un seul conseil de discipline, les gardes nationaux faisant partie des corps de sapeurs-pompiers sont justiciables de ce conseil.

S'il y a plusieurs bataillons dans le même canton, les gardes nationaux ci-dessus désignés sont justiciables du même conseil de discipline que les compagnies de leur commune.

S'il y a plusieurs bataillons dans la même commune, le préfet détermine de quels conseils de discipline les mêmes gardes nationaux sont justiciables.

Dans ces trois cas, les officiers, sous-officiers, caporaux et gardes nationaux des corps ci-dessus désignés concourent pour la formation du tableau du conseil de discipline. (*Loi, art.* 106.)

3. Les dispositions du n° 5 de l'article 3 du titre XI de la loi du 16-24 août 1790, qui ont réglé les attributions municipales relatives aux mesures à prendre pour prévenir les incendies et autres accidents calamiteux, et celles de l'article 40 de la loi du 22 mars 1831, qui prescrivent l'organisation de corps de sapeurs-pompiers dans le sein de la garde nationale, n'ont rien d'inconciliable entre elles.

D'où il suit que le corps de sapeurs-pompiers, qui est soumis aux réquisitions directes de l'autorité municipale, aux termes de l'article 93 de la loi du 22 mars, ne cesse point d'être sous l'autorité du commandant de la garde nationale, en vertu de l'article 47 de la même loi, et que, par conséquent, le chef des pompiers doit obéissance hiérarchique à ce commandant.

Il en résulte que, si cet officier de pompiers refusait d'envoyer au commandant de la garde nationale les rapports écrits sur le service de son corps, que ce commandant aurait demandés, il commettrait un acte de désobéissance, justiciable du conseil de discipline et passible des peines portées en l'article 87 de la loi du 22 mars 1831. (*C. 6 août* 1841; *J. O.* 1840-1844, p. 142.)

4. Les manœuvres et exercices des pompes à incendie, intéressant directement la sûreté publique, constituent un service d'ordre et de sûreté. (*C. 8 octobre* 1835; *Rec. d'arr.*)

Porte-drapeau (Voir OFFICIER, n° 11).

Poste (Voir ABANDON, ABSENCE).

Pourvoi (Voir CASSATION).

Pourvoi dans l'intérêt de la loi.

Les rapporteurs près les conseils de discipline de la garde nationale sont sans qualité pour se pourvoir, *dans l'intérêt de la loi*, contre les jugements de ces conseils.

Ce droit n'appartient qu'au procureur général près la cour de cassation, aux termes des articles 83 et 88 de la loi du 27 ventôse an VIII, et des articles 441 et 442 du Code d'instruction criminelle. (*C. 5 novembre* 1846; *J. O.* 1848, p. 252.)

Prescription (Voir ACTION PUBLIQUE).

1. En l'absence de dispositions, dans la loi du 22 mars 1831, relativement à la prescription de l'action publique en matière d'infraction au service de la garde nationale, on doit recourir au droit commun.

Or, les contraventions de police, auxquelles sont assimilées les infractions au service de la garde nationale passibles de l'emprisonnement, sont, aux termes de l'article 640 du Code d'instruction criminelle, éteintes par la prescription lorsqu'il s'est écoulé un an depuis qu'elles ont été commises sans qu'il soit intervenu de jugement.

Il en résulte que des manquements au service remontant à plus d'une année, et qui n'ont point été poursuivis, ne peuvent servir ultérieurement de base à une condamnation, et ce moyen doit être suppléé d'office par le conseil de discipline, sous peine de voir son jugement annulé. (*C.* 21 *juin* 1844; *J. O.* 1848, p. 212.)

2. Comme conséquence de ce qui précède, la prescription pour les peines prononcées par les conseils de discipline doit être, dans le silence de la loi du 22 mars 1831 sur ce point, acquise après deux années, conformément à l'article 639 du Code précité, lequel dispose que les peines portées par les jugements rendus pour contraventions de police, seront prescrites après deux années révolues pour les peines prononcées par arrêt ou jugement en dernier ressort (et de ce nombre sont les jugements des conseils de discipline), à compter du jour de l'arrêt.

Présence des juges (Voir JUGEMENT, n° 23).

Président de conseil de discipline (Voir RÉCUSATION, TÉMOIN).

1. Le président du conseil de discipline est :
Un chef de légion pour les conseils de discipline institués

par l'article 95 de la loi pour juger les officiers supérieurs de légion et officiers d'état-major non justiciables des conseils de discipline de bataillon. (*Loi, art.* 95 et 98.)

Le chef du bataillon, pour les conseils de discipline de bataillon. (*Loi, art.* 97.)

Un capitaine, pour les conseils de discipline de la garde nationale ayant une ou plusieurs compagnies non réunies en bataillon, et pour celui d'une compagnie formée de gardes nationaux de plusieurs communes. (*Loi, art.* 96.)

2. Le président du conseil convoque les membres de ce conseil sur la réquisition de l'officier rapporteur, toutes les fois que le nombre et l'urgence des affaires lui paraissent l'exiger. (*Loi, art.* 113.) — De ce que le droit de convoquer le conseil appartient au président, il ne résulte pas que les actes d'un conseil convoqué par l'autorité municipale, et dont la composition est régulière, doivent être annulés. (*C.* 30 *janvier* 1835 ; *J. O.* 1835, p. 153.)

3. Le président a la police de l'audience (*Loi, art.* 117.) Voir AUDIENCE.) — Il dirige les débats et peut rappeler le prévenu ou son défenseur aux questions de l'affaire, lorsqu'il s'en écarte. (*C.* 22 *octobre* 1831 ; *Rec. d'arr.*) — Il a le droit et fait bien de ne pas interpeller les témoins sur des faits étrangers à la poursuite. (*C.* 23 *novembre* 1833 ; *J. O.* 1834, p. 143.) — En cas de récusation admise, le président appelle, dans les formes indiquées par l'article 114 de la loi, les juges suppléants nécessaires pour compléter le conseil. (*Loi, art.* 118.) — Il prononce le jugement (*Ibid.*) ; mais il n'est pas exigé, à peine de nullité, que le jugement fasse mention qu'il a été prononcé par le président. Il suffit qu'il ne soit point établi qu'il ait été prononcé par un autre. (*C.* 22 *octobre* 1832.)

4. La loi ne prescrit point d'incompatibilité entre les fonctions de président du conseil de discipline et celles de membre de conseil de recensement. (*C.* 5 *mai* 1838 ; *J. O.* 1838, p. 44.) Elle n'exige pas, sous peine de nullité, que le jugement contienne l'énonciation du grade du président. Le conseil est pré-

sumé avoir été présidé par un officier du grade compétent, surtout si ce fait n'est pas méconnu. (*C.* 10 *juillet* 1834; *J. O.* 1834, p. 200.) — C'est devant l'autorité administrative, et non devant l'autorité judiciaire, que l'on doit se pourvoir à raison de l'illégalité prétendue de la nomination de l'officier président du conseil de discipline. (*C.* 12 *mai* 1832; *J. O.* 1832, p. 184.)

5. Un conseil de discipline appelé à juger un capitaine est illégalement composé lorsque, en l'absence du chef de bataillon, président, on a appelé le chef d'un autre bataillon. La présidence appartient, dans ce cas, à un capitaine. Ce n'est que lorsqu'il s'agit de juger un chef de bataillon qu'il y a lieu d'en appeler un autre. (*C.* 19 *mai* 1836; *Rec. d'arr.*)

6. Il n'y a pas nullité d'un jugement en ce que le conseil de discipline aurait été présidé par un capitaine au lieu de l'être par le chef de bataillon. En ce cas, il y a présomption légale que le chef de bataillon était empêché. (*C.* 4 *juillet* 1835; *Rec. d'arr.*)—Lorsqu'un capitaine, faisant partie d'un conseil de discipline, remplace le président qui s'est récusé, il n'est pas nécessaire, à peine de nullité, qu'il soit fait mention que ce capitaine a été appelé dans l'ordre du tableau. Il y a présomption légale qu'il a été appelé dans cet ordre et conformément à la loi. (*C.* 18 *février* 1832; *Rec. d'arr.*) — Le chef de bataillon, président du conseil, agit légalement lorsqu'il appelle, pour le remplacer dans la présidence, le capitaine le plus ancien du bataillon. Le fait de l'ancienneté de l'officier ainsi appelé doit être légalement présumé en l'absence de toute preuve contraire. (*C.* 5 *juin* 1835; *J. O.* 1835, p. 235.)]

7. Le chef de bataillon, président du conseil de discipline, qui a rédigé le rapport par suite duquel un garde national a été cité devant le conseil de discipline, s'est rendu garant des faits énoncés dans le rapport.

Il se trouve dès lors dans le cas d'être récusé comme juge; il peut même être appelé pour rendre témoignage des faits imputés à l'inculpé.

Dans l'espèce, le conseil de discipline qui rejetterait la récusation proposée par le prévenu violerait le n° 8 de l'article 378 du Code de procédure civile qui, à défaut de disposition spéciale, régit la matière des récusations. (*C.* 11 *octobre* 1839 ; *J. O.* 1839, p. 184.)

Preuve.

1. La preuve du refus de service résulte du fait même que le garde national, commandé pour un service, n'a point obtempéré à l'ordre qui lui a été donné. (*C.* 27 *avril* 1833 ; *J. O.* 1833, p. 258.)

2. Si, pour les tours du service ordinaire, le garde national est obligé de prévenir à l'avance ses chefs de son absence, il n'en peut être de même lorsqu'il s'agit d'un service commandé extraordinairement. Mais, en cas de manquement à un service de cette nature, le garde national est tenu de justifier, par témoins ou par preuves écrites, de la réalité de son absence au moment où les ordres de service ont été donnés. (*C.* 30 *mars* 1838 ; *J. O.* 1838, p. 41.)

3. Les rapports des chefs de poste pouvant être combattus par la preuve testimoniale, ne font pas preuve jusqu'à inscription de faux. (*C.* 23 *novembre* 1833 ; *Rec. d'arr.* et 2 *mars* 1832, *J. O.* 1832, p. 105.)

4. Il appartient aux juges de déterminer les limites dans lesquelles doit être renfermée la preuve testimoniale en matière disciplinaire. (*C.* 26 *janvier* 1833 ; *J. O.* 1833, p. 152.)

5. Un conseil de discipline peut refuser la preuve des faits allégués par un inculpé, surtout si celui-ci ne produit point de témoins à l'appui, lorsqu'il considère cette demande comme une exception dilatoire, ou lorsque les faits dont on offre la preuve ne lui paraissent pas de nature à détruire ceux qui sont imputés à l'inculpé. (*C.* 30 *mai* 1846 ; *J. O.* 1848, p. 250.)

Prison (Voir Amende, Emprisonnement, Officier, Peine, Récidive, Service).

§. 1er. — *De la peine de la prison.*

1. Est puni des arrêts ou de la prison, suivant la gravité des cas, tout officier qui, étant de service, s'est rendu coupable des fautes suivantes :

1° La désobéissance et l'insubordination (Voir Désobéissance et insubordination);

2° Le manque de respect, les propos offensants et les insultes envers les officiers d'un grade supérieur;

3° Tous propos outrageants envers un subordonné et tout abus d'autorité;

4° Tout manquement à un service commandé;

5° Toute infraction aux règles du service;

Voir Officier de la garde nationale.

2. Peut être puni de la prison, pendant un temps qui ne peut excéder deux jours, et, en cas de récidive, trois jours :

1° Tout sous-officier, caporal et garde national coupable de désobéissance et d'insubordination (Voir Désobéissance et insubordination), ou qui a refusé, pour la seconde fois, un service d'ordre et de sûreté (Voir Service);

2° Tout sous-officier, caporal et garde national qui, étant de service, est dans un état d'ivresse, ou tient une conduite qui porte atteinte à la discipline de la garde nationale ou à l'ordre public;

3° Tout garde national qui, étant de service, a abandonné ses armes ou son poste avant qu'il soit relevé. (*Loi, art.* 89) Voir Abandon.

3. La peine de l'emprisonnement, prononcée en vertu de la loi du 22 mars 1831 peut se compter par *heures*, attendu que, en autorisant les conseils à prononcer la peine de la prison pendant un temps qui ne peut excéder deux jours et, en cas de

récidive, trois jours, la loi a fixé un maximum et pas de minimum. (*C.* 22 *octobre* 1831 ; *J. O.* 1832, p. 10.)

Les jours de prison sont des jours complets de 24 heures.
(*Code pénal, art.* 465.)

4. Il y a excès de pouvoirs et violation de l'article 84 de la
loi, de la part du conseil de discipline qui condamne un officier
aux arrêts pendant quatre jours, attendu que ledit article ne
prescrit cette peine que pour trois jours au plus. (*C.* 19 *août*
1843 ; *J. O.* 1843, p. 224.)

5. Un conseil de discipline ne peut, sans commettre un excès de pouvoirs et une double violation des articles 84 et 87
de la loi, condamner, en même temps, un officier prévenu de
désobéissance et d'insubordination, aux arrêts forcés et à une
amende qui ne peut d'ailleurs être prononcée qu'en remplacement de la peine de l'emprisonnement et en tant qu'il n'existe,
dans la juridiction du conseil, ni prison ni local pouvant en tenir lieu. (*C.* 18 *décembre* 1835 ; *J. O.* 1836, p. 6.)

6. Pour que la peine de la prison puisse être appliquée, aux
termes de l'article 89 de la loi, il n'est pas indispensable qu'il y
ait eu une première condamnation prononcée à raison d'un
premier manquement ; il suffit de deux manquements constatés
à un service d'ordre et de sûreté, quoique ni l'un ni l'autre
n'aient été jusque-là l'objet d'une poursuite. (*C.* 16 *mars* 1843 ;
J. O. 1843, p. 196.)

7. Un refus d'un service d'ordre et de sûreté, qui n'a été puni
que de la réprimande, peut être pris en considération pour motiver l'application de la peine de la prison en cas d'un nouveau
refus d'un service également d'ordre et de sûreté, pourvu
qu'entre le premier et le deuxième refus il se soit écoulé moins
d'une année. (*C.* 21 *mars,* 25 *juillet et* 22 *août* 1834.)

8. Pour que l'application de la peine de la prison au double
refus de service d'ordre et de sûreté soit régulièrement faite,
il faut que le jugement relate le premier refus comme le second

par sa date (*C.* 22 *novembre* 1833; *J. O.* 1834, p. 143.), ou au moins qu'il vise les pièces parmi lesquelles serait indiquée celle qui constaterait le premier refus. (*C.* 20 *juin* 1834; *Rec. d'arr.*) — Il ne suffirait pas que le jugement fît, dans sa partie imprimée, mention d'un refus itératif. (*C.* 22 *novembre* 1833; *J. O.* 1834, p. 143.)

Il faut aussi qu'il résulte du jugement que le service auquel il a été deux fois manqué était un service *d'ordre et de sûreté.* (*C. jurisprudence constante.*)—Ainsi le manquement à une revue ou à un exercice ne peut être pris en considération pour établir le double refus punissable de la prison. Mais le refus d'assister à une revue pour inspection d'armes est un manquement à un service d'ordre et de sûreté. (Voir Inspection d'armes.)— Une garde hors de tour est aussi un service d'ordre et de sûreté. (Voir Garde hors de tour.)

9. Un jugement serait nul s'il condamnait un garde national à la prison pour *divers refus de service*, sans spécifier qu'il s'agit de services d'ordre et de sûreté. (*C.* 14 *juillet* 1832.)

10. Les termes des articles 85, 86 et 87 de la loi du 22 mars 1831 expriment une disposition impérative qui ne permet pas aux conseils de ne pas prononcer la peine édictée par ces articles si le fait est reconnu constant.

Mais la disposition pénale de l'article 89 est facultative et, au lieu de la prison, les conseils de discipline peuvent infliger une peine moindre, la réprimande simple ou la réprimande avec mise à l'ordre, par exemple, s'ils reconnaissent dans le fait reproché au prévenu des circonstances atténuantes. (Voir Atténuation, Excuse.)

11. Si, dans les communes où s'étend la juridiction du conseil de discipline, il n'existe ni prison ni local pouvant en tenir lieu, ce conseil peut commuer la peine de prison en une amende d'une journée à dix journées de travail. (*Loi, art.* 84.) Voir Amende, n° 2.

12. La commutation de la prison en une amende, lorsqu'il

n'existe pas, dans le ressort d'un conseil de discipline, de prison ou de local qui puisse en tenir lieu, n'est pas obligatoire ; elle est seulement facultative. (*C. Chambres réunies, 5 décembre* 1845.) Voir AMENDE, n° 2.

13. Le conseil, lorsqu'il commue la peine de la prison en une amende, par le motif qu'il n'y a point de prison dans le ressort de sa juridiction, doit constater ce fait dans le jugement, sous peine de nullité pour excès de pouvoirs, la commutation devant, dans ce cas, être considérée comme arbitraire. (*C.* 17 *août* et 12 *octobre* 1833, 3 *janvier* 1834 ; *J. O.* 1833, p. 365, et 1834, p. 34 et 145.)

§ 2.—*De la prison considérée comme lieu de détention.*

14. Lorsqu'il n'existe pas de maison d'arrêt spéciale pour l'exécution des jugements disciplinaires portant condamnation à la prison, l'autorité administrative doit affecter à la détention des gardes nationaux, dans les prisons ordinaires, soit un quartier séparé, soit une ou deux chambres situées de manière à ce que les gardes nationaux n'aient aucun contact avec les individus détenus pour d'autres causes que le service de la garde nationale.

A défaut d'une prison ainsi appropriée, l'autorité doit établir, soit à la maison commune, soit dans tout autre bâtiment convenable, un lieu propre à servir de maison d'arrêt. (*Instr. du ministre de l'intérieur,* 4 *avril* 1846.)

La surveillance des lieux de détention appartient à l'autorité municipale et à l'autorité administrative. (*Décis. minist.; J. O.* 1833, p. 292.)

15. La salle où se tiennent les séances du conseil de discipline peut, si elle a été désignée par l'autorité locale comme prison, servir pour l'exécution des jugements disciplinaires. (*C.* 30 *mai* 1846 ; *J. O.* 1848, p. 248.)

Un corps de garde étant un lieu spécialement destiné à la circulation et au séjour des gardes nationaux de service et même accessible au public ne peut être considéré comme pouvant tenir lieu de prison dans le sens de l'article 84 de la loi. (*C. 26 juillet* 1833; *J. O.* 1833, p. 297.)

16. Le garde national détenu dans un lieu de détention légalement établi comme tel, qui se serait évadé ou aurait tenté de le faire par bris de prison ou violence, serait punissable de six mois d'emprisonnement, aux termes de l'article 245 du Code pénal. (*Résolu implicitement par arrêt de la cour de Poitiers du* 10 *janvier* 1832.)

17. Un fait de rébellion avec menaces contre un agent de l'autorité chargé de l'exécution d'un jugement disciplinaire a donné lieu, contre le garde national qui s'en était rendu coupable, à une condamnation à trois mois de prison prononcée par le tribunal de police correctionnelle. (*J. O.* 1832, p. 165.)

18. Le garde national condamné à la prison, à la suite d'un arrêt de renvoi de la cour de cassation, par un conseil de discipline autre que celui de sa commune, doit subir sa peine dans la commune de son domicile, s'il y a une prison. (*Déc. minist.;* *J. O.* 1833, p. 144.)

19. Le fait de se faire remplacer, pour subir la prison, par un autre individu qui signe l'acte d'écrou, constitue un faux en écriture authentique, et peut donner lieu à des poursuites criminelles, en vertu de l'article 147 du Code pénal. (*J. O.* 1832, p. 72.)

20. Le service commandé pour la garde de la prison est obligatoire, en tant qu'il est réputé constituer un service d'ordre et de sûreté, et tout garde national est tenu d'y déférer aux termes de l'article 78 de la loi. (*C. 28 janvier* 1837; *J. O.* 13 , p. 28.)

Privation du grade (VOIR GRADE).

Procédure (Voir Iʳᵉ Partie, Titre VII).

Procession.

Le garde national commandé régulièrement de service, d'après une réquisition de l'autorité municipale, à l'effet d'escorter la procession de la Fête-Dieu, est tenu d'obéir, attendu qu'il ne s'agit point, dans l'espèce, d'exercer un acte religieux, ni de rendre des honneurs réclamés en faveur du culte catholique; mais bien d'un service d'ordre et de sûreté. Un tel service n'a rien de contraire à la liberté de conscience. (*C. 4 juin* 1836; *J. O.* 1836, p. 158.)

Prononcé du jugement (Voir JUGEMENT, n° 9).

Prononcé de la peine (Voir JUGEMENT, n° 25, et PEINE, n° 6).

Propos injurieux (Voir INJURES).

Prud'hommes.

Il n'existe point d'incompatibilité entre les fonctions de membre des conseils de PRUD'HOMMES et le service de la garde nationale, attendu qu'ils ne remplissent aucune des fonctions des magistrats qui ont le droit de requérir la force publique.

Mais ils doivent être assimilés aux membres des cours et tribunaux, et on ne peut leur refuser, à ce titre, la faculté de se dispenser du service de la garde nationale, conformément à l'article 28 de la loi du 22 mars 1831.

Dès lors, il y a nécessité pour les conseils de discipline d'accorder cette exception, lorsqu'elle est réclamée, encore bien qu'elle ait été refusée par le conseil de recensement. (*C. 7 mars* 1845; *J. O.* 1848, p. 238.)

Publicité (Voir JUGEMENT, n° 6, page 186).

Q.

Qualification des faits (Voir JUGEMENT, n° 14).

Question préjudicielle (Voir EXCEPTION).

R.

Rapport (Voir CHEF DE CORPS, RÉCUSATION).

1. Le conseil de discipline est saisi par le renvoi que lui fait le chef de corps de tous les rapports, procès-verbaux ou plaintes constatant les faits qui peuvent donner lieu au jugement de ce conseil. (*Loi, art.* 110.) — Les plaintes, rapports et procès-verbaux sont adressés à l'officier rapporteur qui fait citer le prévenu à la plus prochaine des séances du conseil. — Le secrétaire enregistre ces pièces. (*Loi, art.* 111.) — Les rapports, procès-verbaux ou plaintes constatant les faits qui donneraient lieu à la mise en jugement, devant le conseil, du commandant de la garde nationale d'une commune, sont adressés au maire, qui en réfère au sous-préfet. (*Loi, art.* 112.) — Ainsi c'est l'autorité civile qui, lorsqu'il s'agit de juger le commandant d'une garde nationale communale ou cantonale, fait l'office de chef de corps en ce qui concerne la réception des plaintes, rapports ou procès-verbaux. Il en résulte que cette autorité a, comme le chef de corps (*Art.* 110 *de la loi*), le droit de juger de l'opportunité des poursuites, et de ne pas saisir le conseil si la plainte paraît mal fondée.

Le secrétaire du conseil donne lecture du rapport, du procès-verbal ou de la plainte et des pièces à l'appui. (*Loi, art.* 118.)

2. Il n'est point prescrit, à peine de nullité, que le jugement doive faire mention du renvoi, au conseil de discipline, du rapport adressé au chef de corps et qui a donné lieu à la citation

Il suffit que ce rapport soit joint au dossier. (*C.* 11 *juin* 1836; *J. O.* 1836, p. 161.)

3. Les rapports servant de base à une poursuite disciplinaire pouvant être débattus par la preuve testimoniale, sans qu'il soit besoin de recourir à l'inscription de faux, un conseil a pu, sans s'arrêter à une telle inscription, passer immédiatement au jugement du fond. (*C.* 2 *mars* 1832; *J. O.* 1832, p. 105.)

4. Les rapports ou plaintes portant sur des faits personnels à celui qui a fait le rapport ou la plainte ne peuvent faire foi seuls.

Ils doivent être appuyés de témoignage. (*C.* 16 *mars* 1833; *J. O.* 1833, p. 179.)

5. Il n'y a pas nullité, lorsque l'officier qui a signé le rapport, base de la poursuite, concourt au jugement, si la récusation n'a pas été exercée contre lui. (*C.* 17 *mars* 1832; *J. O.* 1832, p. 109.)

6. Le chef de corps qui a rédigé le rapport par suite duquel le prévenu est cité, devient garant des faits, peut être cité comme témoin et est récusable comme membre du conseil de discipline. (*C.* 10 *septembre* 1831; *J. O.* 1832, p. 37.)

7. La loi n'exige pas que le rapport fait par un officier ou sous-officier momentanément chef de poste sur un délit commis au poste, pendant l'absence du commandant supérieur du poste, soit certifié par ce dernier. (*C.* 22 *mars* 1833; *J. O.* 1833, p. 181.)

8. Il n'y aurait point cause de nullité pour les poursuites contre un chef de poste, parce qu'un officier de ronde, au lieu de faire son rapport contre lui, par acte séparé, aurait mentionné l'infraction de ce chef de poste, sur le rapport même dressé par ce dernier. (*C.* 20 *juin* 1834; *J. O.* 1834, p. 189.)

9. Le conseil de discipline ne pouvant être saisi, aux termes de l'article 110 de la loi du 22 mars 1831, que par le renvoi que

lui fait le chef de corps, de tous rapports et procès-verbaux constatant les faits qui peuvent donner lieu au jugement de ce conseil; et ces plaintes, rapports ou procès-verbaux devant être adressés (article 111 de la même loi) à l'officier rapporteur pour qu'il fasse citer le prévenu à la plus prochaine des séances du conseil, il est de toute nécessité que la citation adressée au prévenu soit conforme au rapport ou procès-verbal constatant les faits qui lui sont imputés. (*C.* 19 *juin* 1847; *J. O.* 1848, p. 41.)

Rapporteur (Voir Ire Partie, Titre V et suivants, et les mots Conclusions, Délibération, Exécution, Jugement [n°s 3, 4, 22] Récusation, Témoin).

1. La composition du conseil de discipline est irrégulière et ses jugements sont nuls :

Si rien n'établit que le rapporteur a été nommé par l'autorité administrative, en conformité de l'article 103 de la loi;

Si, pour les conseils de compagnies dont le rapporteur doit être choisi parmi les officiers ou les sous-officiers (*Loi, art.* 102), il est reconnu que le rapporteur était simple garde national avant d'être appelé aux fonctions de ministère public près le conseil. (*C.* 20 *septembre* 1833; *J. O.* 1833, p. 392.)

Voir pour la nomination et le choix des rapporteurs le titre V de la Ire partie.

2. Un conseiller de préfecture peut être officier-rapporteur, attendu qu'il n'existe point d'incompatibilité entre les fonctions de conseiller de préfecture et le service de la garde nationale. (*C.* 12 *octobre* 1833; *J. O.* 1834, p. 34.)

3. Il n'y a pas incompatibilité entre les fonctions de rapporteur près les conseils de discipline et celles d'adjudant-major ; le motif en est que l'officier rapporteur ne remplit auprès du conseil de discipline que les fonctions de ministère public et non celles de juge. (*C.* 29 *mai* 1845; *J. O.* 1848, p. 241.)

4. La disposition de l'article 103 de la loi, relative à la dési-

gnation par le sous-préfet des rapporteurs et des secrétaires près les conseils de discipline, n'est pas applicable lorsqu'il y a lieu de remplacer, en cas d'empêchement temporaire, le rapporteur et le secrétaire titulaires. (*C.* 24 *juin* 1842; *J. O.* 1840 à 1844, p. 182.)

En cas d'empêchement du rapporteur, le conseil de discipline ne peut commettre, pour remplir l'office du ministère public, qu'une personne choisie parmi ses membres, sous peine de rendre sa composition illégale. (*C.* 22 *mars* 1833; *J. O.* 1833, p. 207.)

Le conseil qui, dans l'espèce, nommerait par prévision un officier pour remplacer le rapporteur chaque fois que ce dernier viendrait à s'absenter, et qui, de plus, choisirait cet officier hors de son sein, commettrait un empiètement sur les droits de l'autorité administrative, et les jugements qu'il rendrait seraient nuls de plein droit. (*C.* 22 *mars* 1834; *J.O.* 1834, p. 185.)

5. Dès que le jugement constate que le rapporteur a rempli les fonctions du ministère public, il importe peu que le nom de cet officier ne soit pas énoncé dans le jugement, lorsqu'il n'est pas articulé par le demandeur que ce rapporteur ordinaire du conseil n'a pas le rang prescrit par l'article 101 de la loi. (*C.* 20 *juin* 1834; *J.O.* 1834, p. 196.)

6. L'omission du nom du rapporteur sur un jugement n'est point une cause de nullité; il suffit que le nom de cet officier soit porté sur le tableau de la composition du conseil. (*C.* 3 *mai* 1835; *J.O.* 1835, p. 223.)

7. Les conseils de discipline ne pouvant être saisis que par les chefs de corps, les rapporteurs ne peuvent poursuivre d'office une contravention commise par un garde national.

Le conseil qui, sur de semblables poursuites, se déclarerait incompétent, ferait une juste appréciation de l'article 110 de la loi. (*C.* 20 *juillet* 1832; *Rec. d'arr.*)

8. En matière de garde nationale, comme en toute autre ma-

tière, les jugements doivent être précédés, à peine de nullité, du résumé de la partie publique et de ses conclusions.

Ces formalités sont substantielles, attendu qu'aucun tribunal de répression ne peut juger sans la réquisition de la partie publique.

Ce principe étant général et absolu s'applique nécessairement aussi aux jugements sur la compétence. (*C.* 8 *décembre* 1837 ; *J. O.* 1838, p. 159.)

9. Les rapporteurs près les conseils de discipline doivent, comme remplissant les fonctions de ministère public, être entendus sur chaque affaire et sur chaque incident qui peut donner lieu à un jugement préparatoire ou interlocutoire, à peine de nullité desdits jugements. (*C.* 4 *juillet* 1844 ; *J. O.* 1848, p. 236.)

10. Le rapporteur a le droit de prendre la parole une seconde fois. Le conseil qui refuserait la réplique au ministère public commettrait un excès de pouvoirs et violerait l'article 118 de la loi du 22 mars 1831. (*C.* 25 *mai* 1835 ; *J. O.* 1835, p. 229.)

11. Aux termes de l'article 381 du Code de procédure civile, aucune récusation ne peut être exercée contre le ministère public quand il est partie principale.

Il suit de là que les rapporteurs près les conseils de discipline étant toujours partie principale ne peuvent jamais être récusés. (*C.* 13 *novembre* 1835 ; *J. O.* 1836, p. 57.)

12. Le rapporteur qui manque à une séance du conseil sans excuse valable, peut, comme tout autre membre du conseil, être puni d'une amende de 5 francs conformément à l'article 114 de la loi. (*Décis. minist.* ; *J. O.* 1832, p. 311.)

13. L'outrage fait à un rapporteur, dans l'exercice de ses fonctions, à l'audience du conseil, peut être puni des mêmes peines, que l'outrage fait à un magistrat des tribunaux ordinaires, c'est-à-dire d'un emprisonnement d'un mois à deux ans, avec obligation même d'une réparation publique, en vertu des

articles 223 et 226 du Code pénal. (*Trib. correct. de Nogent-le-Rotrou*, 16 *décembre* 1831.)

Les articles 224 et 225 du même code peuvent aussi recevoir leur application dans le cas d'injures envers un rapporteur, hors l'audience, mais dans l'exercice de ses fonctions. La peine est de 16 à 200 francs d'amende, et de six jours à un mois de prison. (*Trib. correct. de Dreux*, 16 *janvier* 1832; *J. O.* 1832, p. 46.)

Récidive (Voir POLICE CORRECTIONNELLE).

1. Il a existé beaucoup de doutes sur la manière dont on devait entendre la *récidive,* en matière de refus de service, pour qu'il y eût lieu à l'application de la peine de trois jours de prison, en vertu du premier alinéa de l'article 89 de la loi. Il paraissait qu'après une condamnation pour deux refus de service d'ordre et de sûreté, un troisième refus d'ordre et de sûreté, intervenu dans la même année, devait constituer la récidive. La plupart des conseils de discipline l'avaient pensé ainsi. Mais la cour de cassation a décidé que la récidive légale n'existait qu'au quatrième refus, chaque contravention pour refus de service devant se composer d'un double refus. (*C.* 14 *septembre* 1833; *J. O.* 1833, p. 390.)

Quant à la récidive qui, après deux condamnations prononcées par le conseil de discipline, donne lieu au renvoi de l'inculpé devant le tribunal de police correctionnelle, en conformité de l'article 92 de la loi, voir POLICE CORRECTIONNELLE.

2. La loi ayant spécifié, article 84, les peines applicables à chaque nature de contravention, on ne peut considérer comme récidive légale que la réitération du même genre de contravention. (*C.* 16 *août* 1834; *J. O.* 1834, p. 219.)

3. Il n'y a récidive qu'autant que la première condamnation a été prononcée dans l'année qui a précédé le fait qui a donné lieu à la condamnation par récidive.

Il suit de là que si le nouveau fait dont il s'agit était postérieur de plus d'un an à la première condamnation, il ne pourrait lui être fait application de la récidive sans violer l'article 89. (*C.* 17 *mai* 1839; *J. O.* 1839, p. 158.)

4. La récidive n'a lieu que lorsque les nouveaux délits ou contraventions sont postérieurs non au fait qui a amené une première condamnation, mais à cette condamnation elle-même. (*C.* 8 *juin* 1833; *J. O,* 1833, p. 266.)

5. La récidive n'est acquise qu'à l'égard des faits de contravention commis après des condamnations devenues irrévocables.

Il en est tout autrement lorsque les condamnations encourues à raison de manquements antérieurs sont l'objet de pourvois en cassation.

Dans ce cas et tant que ces condamnations ne sont pas passées en force de chose jugée, l'effet de ces pourvois est suspensif de l'application de la récidive aux nouveaux manquements qui suivraient lesdites condamnations, ces manquements fussent-ils les cinquième ou sixième, et eussent-ils été commis dans la même année que ceux qui ont motivé les jugements objets des pourvois en cassation.

Dès lors, le conseil de discipline qui, dans l'espèce, appliquerait la récidive aux nouveaux manquements dont il s'agit, et condamnerait à trois jours de prison, ferait une fausse application de l'article 89 de la loi du 22 mars 1831, et commettrait un excès de pouvoirs. (*C.* 16 *mars* 1843; *J. O.* 1840 à 1844, p. 197.)

6. Une première condamnation ne peut être prise en considération pour établir la récidive, si elle n'a pas encore acquis force de chose jugée; si, par exemple, elle a été prononcée par défaut et que le condamné soit encore dans le délai d'opposition (*C.* 6 *février* 1832; *J. O.* 1832, p. 78); ou s'il y a pourvoi en cassation non encore jugé. (*C.* 12 *mai* 1832, 13 *avril* et 22 *juin* 1844; *J. O.* 1832, p. 162; 1848 1849, p. 166 et 235.)

7. Aux termes des articles 365 du Code d'instruction crimi-

nelle, 56, 57 et 58 du Code pénal, lesquels, renfermant les principes du droit commun en matière de pénalité, sont applicables aux cas de contravention et de pénalité, dans la garde nationale, prévus par l'article 89 de la loi du 22 mars 1831, il faut, pour qu'il y ait *récidive*, qu'il y ait eu condamnation entre le premier fait punissable et le second fait qui donne lieu à une poursuite nouvelle qualifiée poursuite en *récidive*.

Il suit de là que, quelque multipliés que soient les faits punissables, en matière de garde nationale, tant qu'il n'est pas intervenu une ou plusieurs condamnations à l'égard de l'un ou de plusieurs de ces faits, il ne peut y avoir lieu à l'application des peines de la récidive, mais seulement à l'application d'une peine ordinaire, laquelle, dans les limites de l'article 89 de la loi du 22 mars 1831, ne doit point dépasser le maximum de deux jours de prison.

Ainsi, dans l'espèce, une condamnation qui présenterait un total de cinq jours de prison prononcés par deux jugements différents rendus dans la même séance, contiendrait à la fois un excès de pouvoirs, une fausse application de l'article 89, et une violation des principes du droit commun ci-dessus rappelés. (*C.* 11 *juin* 1840 ; *J. O.* 1840, p. 24.)

8. La peine de l'emprisonnement par récidive ne peut être prononcée que pour le refus d'un service d'ordre et de sûreté réitéré de telle sorte que le service soit essentiellement compromis.

Quant aux autres manquements contre la discipline, tels que la désobéissance et l'insubordination, par exemple, la loi a prescrit une pénalité distincte et spéciale qui doit seule leur être appliquée.

Il en résulte qu'il y aurait excès de pouvoirs de la part d'un conseil de discipline qui condamnerait à trois jours de prison un garde national qui n'aurait été reconnu coupable en récidive que d'une désobéissance et insubordination dans le cours du service, et non d'un nouveau double refus d'un service d'ordre et de sûreté. (*C.* 9 *octobre* 1840 ; *J. O.* 1840 à 1844, p. 99.)

9. Pour motiver l'application de l'article 89 pour récidive de

manquement ou refus de service, le jugement doit spécifier si le manquement qui, dans le cours de la même année, a déjà donné lieu à un premier jugement, était relatif à un service d'ordre et de sûreté.

De plus, si le second manquement consiste à s'être absenté de la réunion du bataillon sans permission, sans que le jugement constate qu'il s'agissait d'un service d'ordre et de sûreté, la récidive ne peut être établie, aux termes de l'article 89, et le conseil de discipline viole la loi en condamnant à la prison. (*C.* 20 *juin* 1834; *J. O.* 1834, p. 198.)

10. Un fait déjà puni par une condamnation devenue définitive ne peut, en vertu de la maxime *non bis in idem*, être repris pour servir de base à une nouvelle poursuite, et moins encore pour établir une *récidive légale*.

Il suit de là que le conseil de discipline qui condamnerait à la prison, comme étant *en état de récidive*, un garde national prévenu d'un seul manquement au service d'ordre et de sûreté, en se fondant sur ce qu'il a déjà été condamné, à raison d'un fait de même nature, par un jugement précédent, mais passé en force de chose jugée, commettrait un excès de pouvoirs.

Il violerait en même temps l'article 89 de la loi du 22 mars 1831, aux termes duquel la peine de la prison n'est applicable qu'en cas d'un double manquement à un service d'ordre et de sûreté. (*C.* 22 *juin* 1844; *J. O.* 1848, p. 214.)

11. Un jugement correctionnel qui, après deux condamnations par le conseil de discipline contre un garde national pour refus de service, lui a appliqué les peines portées en l'article 92, purge tous ses refus antérieurs.

Pour que ce garde national puisse être traduit de nouveau devant le tribunal correctionnel, il faut qu'il soit intervenu de nouveau contre lui deux condamnations du conseil de discipline, postérieurement au jugement correctionnel. Autrement, ce tribunal est incompétent pour juger. (*C.* 16 *novembre* 1832; *J. O.* 1832, p. 88.)

12. Les revues et exercices ne constituant pas un service

d'ordre et de sûreté, les conseils sont compétents pour prononcer sur un troisième manquement, bien qu'ils aient déjà prononcé antérieurement sur deux manquements pareils, attendu que les tribunaux correctionnels ne sont appelés à connaître que des refus de service *d'ordre et de sûreté* et lorsqu'il existe deux condamnations pour ce même refus de service. (*C.* 17 *mai* 1832; *Rec. d'arr.*)

13. Est nul, pour défaut de motifs, le jugement qui condamne un garde national à deux jours de prison pour *récidive,* sans indiquer d'où résulte cette récidive. (*C.* 17 *mars* 1832; *Rec. d'arr.*)

14. La connaissance d'un double refus de service d'ordre et de sûreté, après une première condamnation par la juridiction correctionnelle, *dans la même année,* appartient au tribunal correctionnel et non au conseil de discipline, ce fait constituant la récidive dont parle le deuxième alinéa de l'article 92 de la loi. (*C.* 15 *février* 1833; *Rec. d'arr.*)

Reconnaissance des officiers dans leur grade.

1. Le droit de faire reconnaître les officiers élus n'appartient qu'à l'autorité administrative; et les conseils de discipline n'ont point à s'immiscer dans l'appréciation des formes qui se rattachent à l'accomplissement de ces formalités. (*C.* 27 *avril* 1833; *J. O.* 1833, p. 239.)

2. La reconnaissance prescrite par l'article 59 de la loi du 22 mars ne s'applique qu'aux officiers.
On ne peut donc arguer de la non-reconnaissance d'un sous-officier, pour attaquer la validité d'un de ses actes. (*C.* 25 *juillet* 1834; *J. O.* 1834, p. 201.)

3. Le garde national, élu officier, n'est admis à réclamer les garanties légales attachées à son grade qu'autant qu'il a été reconnu. (*C.* 5 *juin* 1835; *J. O.* 1835, p. 235.)

Recours (Voir Cassation, Jury de révision).

Récusation (Voir Juge, Président).

1. D'après l'article 118 de la loi du 22 mars 1831, il appartient au conseil de discipline de statuer sur la récusation de ses membres, et, aux termes du même article, ces derniers ne peuvent être remplacés au conseil qu'après l'admission de la récusation.

Si, sous ce rapport, il y a dérogation au droit commun (lequel s'oppose formellement, dans les tribunaux ordinaires, à ce que le juge dont la récusation a été prononcée puisse concourir au jugement de cette demande), il appartient, néanmoins, à la cour de cassation de réprimer les excès de pouvoirs qui résulteraient de l'abus de cette dérogation. (*C. 6 août* 1841 ; *J. O.* 1840 à 1844, p. 140.) — Les juges contre lesquels une récusation est proposée restent membres du conseil jusqu'après le prononcé du jugement qui statue sur cette récusation. *C. 26 janvier* 1833; *J. O.* 1833, p. 152.)

2. Les récusations ne peuvent être suppléées d'office par le juge ; elles doivent être, en conséquence, proposées pour que les causes en soient vérifiées.

Il en résulte qu'aucune exception de cette nature n'ayant été présentée au conseil de discipline, un pourvoi contre le jugement du conseil, fondé sur un motif de récusation, serait inadmissible dans l'espèce. (*C. 24 juin* 1842; *J. O.* 1840 à 1844, p. 184.) — Toute récusation doit être proposée en termes formels ou motivée sur une cause légale; à défaut de cette formalité essentielle, le conseil de discipline peut passer outre sans être tenu de motiver son jugement à l'égard de la récusation. (*C. 30 mars* 1839; *J. O.* 1839, p. 152.)

3. Le garde national qui est dans l'intention de récuser un ou plusieurs membres du conseil, n'est pas tenu de faire notifier préalablement l'acte de récusation. (*C. 10 septembre* 1831 ; *J. O.* 1832, p. 37.)

4. La récusation doit, à peine d'être non recevable, être présentée à la première séance où comparaît l'inculpé, et avant toute discussion de l'affaire. (*C.* 28 *juin* 1834.)

5. Il y aurait violation du droit de la défense, de la part d'un conseil de discipline qui, nonobstant des motifs de récusation proposés contre un ou plusieurs de ses membres, aurait passé outre au jugement du fond, sans avoir statué sur ces motifs de récusation, lorsqu'il est constaté par le jugement que, avant toute défense au fond, ces motifs ont été présentés et développés dans des conclusions. (*C. J. O.* 1835, p. 240.)

6. L'article 118 de la loi du 22 mars 1831, en autorisant le conseil de discipline à prononcer, par exception au droit commun, sur la récusation proposée contre un ou plusieurs des membres qui le composent, ne dispense point ce conseil de l'obligation de motiver sa décision; cette obligation étant imposée à toutes les juridictions par les articles 7 et 17 de la loi organique du 20 avril 1810.

Il suit de là que le conseil de discipline qui, au lieu de statuer par des motifs distincts et séparés sur la récusation proposée par un garde national contre deux de ses membres, se bornerait purement et simplement à déclarer *inadmissible* cette double récusation, commettrait une violation de la loi précitée du 20 avril 1810.

Le silence du ministère public, en ses conclusions, sur cette récusation, constituerait de plus une violation des règles générales sur la justice criminelle et une violation spéciale de l'article 118 de la loi du 22 mars 1831. (*C.* 7 *juillet* 1847 ; *J. O.* 1848, p. 43.)—Un jugement qui déclare que rien dans la cause n'établit que la récusation demandée soit fondée, est suffisamment motivé. (*C.* 30 *mai* 1846 ; *J. O.* 1848-1849, p. 248.)—Les conseils de discipline étant appelés à statuer en cas de récusation, aux termes de l'article 118 de la loi du 22 mars, ils peuvent rejeter l'exception tirée d'une cause d'inimitié par le motif que les faits d'inimitié prétendue n'existent pas, et ce, sans violer le numéro de l'article précité du Code de procédure (*n° 9 de l'ar-*

ticle 378 du Code de procédure civile). (*C.* 24 *juin* 1842 ; *J. O.*
1840 à 1844, p. 184.)

7. En cas de récusation de membres du conseil de discipline
de la garde nationale, le conseil ne peut statuer sur cette récusation sans que le rapporteur ait été entendu dans ses réquisitions à ce sujet, attendu que les principes du droit public re-
quièrent l'audition du ministère public en toute matière pénale
et sur tous les incidents de procédure criminelle. L'observation
de ces principes, qui sont appliqués aux conseils de discipline
par l'article 118 de la loi du 22 mars 1831, est d'autant plus importante à l'égard de ces conseils, que les membres récusés
sont appelés à prononcer sur leur propre récusation. (*C.* 24
juillet 1840 et 4 *juillet* 1844 ; *J. O.* 1840 à 1844, p. 69, et 1848,
p. 236.)

8. Pour que le chef de corps, président du conseil de discipline, puisse être légalement récusé comme juge, en conformité
des paragraphes 8 et 9 de l'article 378 du Code de procédure
civile, il faut que l'exception établisse suffisamment qu'il ait
écrit sur l'affaire qui fait l'objet du procès (n° 8), ou qu'il y ait
inimitié capitale entre lui et la partie accusée (n° 9). (*C.* 24 *juin*
1842 ; *J. O.* 1840 à 1844, p. 182.) — Un différend survenu entre le chef de corps et un officier, relativement à leurs attributions respectives, ne constitue pas contre le premier, à l'égard
du second, le cas de récusation prévu par le n° 3 de l'article 378
du Code de procédure civile. (*C.* 6 *août* 1841, *J. O.* 1840 à
1844, p. 140.) — Il n'y aurait point violation du n° 8 de l'article précité en ce que le chef de corps aurait émis son opinion
sur le différend qu'il était appelé à juger comme président et
membre du conseil, si ce moyen de récusation n'a été proposé
qu'après le délibéré du jugement ; dans l'espèce, le président
n'aurait émis, en réalité, que le jugement du conseil. (*Ibid.*)—
La circonstance que le président du conseil a donné, comme
commandant de la garde nationale, les ordres de service auxquels l'inculpé a manqué, ne constitue ni un intérêt personnel
ni une cause de récusation. (*C.* 18 *mai* 1839 ; *Rec. d'arr.*) —La

transmission faite au conseil, par le chef de corps, du rapport, base de la poursuite, n'est pas une cause de récusation. On ne peut assimiler à l'auteur d'un rapport constatant le fait de la prévention le chef de service qui, sur une dénonciation officielle, ordonne d'instruire sur ce fait. (*C.* 17 *mars* 1832 et 26 *janvier* 1833 ; *J. O.* 1832, p. 109, et 1833, p. 152.)

9. L'officier signataire de la feuille de rapport qui a servi de base à une poursuite disciplinaire, et qui est en même temps membre du conseil de discipline, n'est point, en cette dernière qualité, sujet à récusation, conformément à l'article 378 du Code de procédure civile.

Le motif en est que le fait d'avoir signé une feuille de rapport constatant, à l'égard d'un garde national, un manquement de service, ne peut être assimilé à celui d'avoir déposé comme témoin.

Dans tous les cas, la récusation doit être proposée par l'inculpé, et, comme elle ne constitue pas un moyen d'ordre public, le conseil de discipline n'est pas tenu de suppléer d'office au silence de l'inculpé. (*C.* 25 *janvier* 1845 ; *J. O.* 1848, p. 220.)

10. Le chef de corps qui, ne se bornant pas à renvoyer au rapporteur, purement et simplement, les rapports à lui faits contre un garde national, écrit à ce rapporteur une lettre dans laquelle il lui signale des infractions à la charge du même garde national, est récusable, comme juge, de la part de ce dernier, et peut valablement être cité par lui en témoignage. (*C.* 14 *juin* 1839 ; *J. O.* 1839, p. 165.) — Le chef de corps qui a dressé un rapport sur la conduite d'un garde national à son égard, doit être considéré comme ayant un intérêt personnel dans l'affaire, et peut être récusé. (*C.* 31 *mars* 1832 ; *J. O.* 1832, p. 160.)

11. Aux termes de l'article 381 du Code de procédure civile, aucune récusation ne peut être exercée contre le ministère public, quand il est partie principale.

Il suit de là que les rapporteurs près les conseils de discipline, étant toujours partie principale, ne peuvent être récusés. (*C.* 13 *novembre* 1835 ; *J. O.* 1836, p. 57.)

Néanmoins, le ministère public peut demander, comme tout autre membre du conseil, à se récuser, s'il se trouve dans un cas de récusation, et le conseil apprécie ses motifs.

12. S'il est constaté que le conseil a été formé selon l'ordre du tableau, et s'il n'est articulé d'autre moyen contraire que la récusation de tous les membres du conseil, ce moyen ne peut être admis par le conseil, attendu qu'il équivaut à une demande en renvoi, pour cause de suspicion légitime, sur laquelle il n'est pas compétent pour statuer. (*C. 14 février* 1834; *J. O.* 1834, p. 178).

13. Le membre du conseil de discipline qui dépose devant le conseil, à titre de témoin, doit se récuser ; sa présence aux délibérations du conseil vicie de plein droit le jugement dans son essence. (*C. 28 décembre* 1832 ; *J. O.* 1833, p. 120.)

14. En matière de garde nationale, le juge qui veut s'abstenir peut le faire en tout état de cause. L'abstention diffère de la récusation en ce que celle-ci doit être exercée avant les débats et les plaidoiries. (*C. 8 octobre* 1836; *Rec. d'arr.*)

15. Aucune loi n'exige que, dans le cas où un conseil de discipline a statué sur la récusation par un jugement préjudiciel, ce jugement soit reproduit en expédition séparée.

S'il résulte du plumitif de l'audience qu'il a été prononcé par un jugement préjudiciel suivi des débats sur le fond, il y a eu accomplissement des formes voulues par la loi.

Les juges qui ont statué sur la récusation peuvent statuer sur le fond. (*C. 16 mars* 1843; *J. O.* 1840 à 1844, p. 195.)

Refus de service (Voir SERVICE).

Règlement de service.

1. Le règlement relatif au service ordinaire, aux revues et aux exercices, est arrêté par le maire, sur la proposition du commandant de la garde nationale, et approuvé par le sous-préfet.

Les chefs peuvent, en se conformant à ce règlement, et sans réquisition particulière, mais après en avoir prévenu l'autorité municipale, faire toutes les dispositions et donner tous les ordres relatifs au service ordinaire, aux revues et aux exercices.

Dans les villes de guerre, la garde nationale ne peut prendre les armes, ni sortir des barrières, qu'après que le maire en a informé par écrit le commandant de la place. (*Loi, art.* 73.)

Lorsque la garde nationale des communes est organisée en bataillons cantonaux, le règlement sur les exercices et revues est arrêté par le sous-préfet, sur la proposition de l'officier le plus élevé en grade du canton, et sur l'avis des maires des communes. (*Loi, art.* 74.)

2. De la combinaison des articles 73 et 74, et de cette circonstance que le premier de ces articles s'occupe du service ordinaire, tandis que le second est uniquement relatif aux exercices et revues, il résulte :

1° Que, dans chaque commune faisant ou non partie d'un bataillon cantonal, il doit y avoir un règlement de service local proposé par le commandant de la garde nationale communale, quel que soit son grade, arrêté par le maire et approuvé par le sous-préfet ;

2° Qu'indépendamment de ce règlement, relatif à l'accomplissement du service ordinaire, des revues et exercices dans la commune, il y a lieu de faire un règlement particulier pour les exercices généraux et les revues des gardes nationales organisées en bataillons cantonaux, lequel règlement est alors arrêté par le sous-préfet, sur la proposition de l'officier le plus élevé en grade du canton et sur l'avis des maires des communes comprises dans l'organisation cantonale.

Les modèles de règlement, joints à la circulaire ministérielle du 18 janvier 1834 et la décision insérée au *Journal officiel des Gardes nationales* 1834, page 78, prohibent expressément la réunion, dans un même règlement, des dispositions relatives au service communal et au service cantonal. Cette prohibition repose sur le principe que chaque garde nationale est avant tout sous l'autorité du maire de la commune, et qu'à lui seul appartient d'en régler le service, sur la proposition de l'officier le plus élevé en grade de la commune et sous l'approbation du sous-préfet.

3. Aucun changement important ne peut être fait à un règlement approuvé, que d'après les mêmes règles tracées par la loi pour faire le règlement lui-même. (*Déc. minist.; J. O.* 1833, p. 172.)

4. Le sous-préfet n'est pas obligé, pour le règlement des exercices et revues établi en exécution de l'article 74 de la loi, de se conformer à la proposition de l'officier le plus élevé en grade du canton ni à l'avis des maires. Le sous-préfet peut y faire toutes les modifications dont il est susceptible, sans que le règlement cesse pour cela d'être obligatoire. (*C. 6 septembre* 1833; *J. O.* 1834, p. 59.)

Nota. Bien que cet arrêt soit intervenu au sujet du règlement sur les exercices et revues des bataillons cantonaux, régi par l'article 74 de la loi, il est à penser que la même jurisprudence s'applique aux règlements communaux faits en vertu de l'article 73.

5. Un règlement de service, non arrêté par le maire, mais visé par le sous-préfet et approuvé par le préfet, est obligatoire. La question de savoir si ces approbations satisfont au vœu de l'article 73 de la loi n'est pas de la compétence des conseils de discipline ; elle est du ressort de l'autorité administrative supérieure. (*C. 23 mars* 1832 ; *J. O.* 1832, p. 110.)

6. Il est interdit aux conseils de discipline de discuter le mérite d'un règlement de service arrêté par les autorités compétentes, qui ne peuvent, d'ailleurs, être soumises à la censure du conseil, à raison de leur concours à la confection de ce règlement. (*C. 23 août* 1835 ; *J. O.* 1834, p. 233, et *4 avril* 1835 ; *J. O.* 1835, p. 193.)

7. Lorsqu'il s'agit d'un service imprévu et extraordinaire, le règlement de service prescrit par l'article 73 de la loi du 22 mars 1831 n'est ni nécessaire ni possible. Les gardes nationaux

doivent, suivant l'article 78, obéir provisoirement, sauf la responsabilité des chefs qui auraient donné des ordres sans la réquisition de l'autorité municipale. (*C. 24 août* 1832 ; *Rec. d'arr.*)

8. Les règlements faits pour le service de la garde nationale, en vertu de l'article 73 de la loi, et approuvés par l'autorité compétente, n'ayant pour objet que d'assurer l'exacte et entière exécution de la loi, ne peuvent en modifier les dispositions.

Ainsi un règlement ne peut :

1° Donner aux manquements ou infractions au service une nouvelle qualification, de manière à faire appliquer à ces faits une autre peine que celle qui est prononcée par la loi elle-même (*C. 5 janvier* 1836 ; *Chamb. réunies* ; *Rec. d'arr.*) ;

2° Assimiler le service des simples revues au service d'ordre et de sûreté (*C. 13 août* 1835 ; *J. O.* 1836, p. 5) ;

3° Établir une peine disciplinaire non prévue par la loi, comme, par exemple, l'amende, qui ne peut être prononcée qu'en remplacement de la prison, et seulement dans le cas où la loi le permet (*C. 27 juin* 1835 ; *Rec. d'arr.*) ;

4° Déroger aux règles hiérarchiques établies par le législateur, en exceptant un corps de l'autorité générale que le commandant a sur l'ensemble de la garde nationale communale ou cantonale (*C. 14 février* 1834 ; *J. O.* 1834, p. 178) ;

5° Déterminer la place que chaque corps doit occuper dans les réunions générales, contrairement au droit, que les commandants tiennent de l'article 71, de régler personnellement ce détail du service. (*C. 7 juin* 1839 ; *Rec. d'arr.*)

9. Le règlement fait pour l'exécution de l'article 73 de la loi, et revêtu des approbations exigées par ledit article, qui prescrit aux gardes nationaux habillés d'assister, en uniforme, aux revues, est obligatoire pour ces gardes nationaux et pour le conseil de discipline, tant qu'il n'a pas été rapporté ou modifié par l'autorité supérieure. (*C. 30 mai* 1833 ; *Rec. d'arr.*)

10. Un règlement de service peut obliger tout garde national à porter, pendant la durée du service pour lequel il est com-

mandé, la cocarde nationale et même une giberne qui lui sont fournies gratuitement. S'y refuser, ce serait se rendre coupable de désobéissance et insubordination. (*C.* 14 *janvier et* 18 *février* 1832; *J. O.* 1832, p. 77 et 103; 3 *janvier* 1834; *J. O.* 1834, p. 145.)

11. Le rapport par suite duquel un garde national est traduit devant le conseil de discipline ne peut être considéré comme nul pour défaut des formalités qu'aurait prescrites à cet égard un règlement de service, si, d'ailleurs, toutes celles que la loi a fixées ont été observées. (*C.* 6 *avril* 1833; *J. O.* 1835, p. 255.)

12. Les ordres des chefs de la garde nationale ne sont obligatoires et n'emportent de sanction pénale à l'égard des contrevenants que quand ces ordres ont été donnés conformément aux règlements légalement faits ou lorsqu'ils sont relatifs au service.

Ainsi, un ordre du jour du chef de bataillon qui enjoindrait aux capitaines du bataillon de lui fournir à lui, chef de corps, un état nominatif des gardes nationaux placés sous leur commandement et revêtus de l'uniforme, ou enfin âgés de plus de 25 ans, dans le but d'arriver à une formation plus régulière, soit du contrôle du service ordinaire, soit du tableau du conseil de discipline, cet ordre du jour n'impliquerait point une obligation tellement absolue que, dans le cas où il n'y serait point satisfait par les officiers auxquels il est adressé, il y eût de leur part désobéissance et insubordination.

Dans l'espèce, cet ordre du jour excède les limites des pouvoirs conférés au chef de corps; et le conseil de discipline qui condamnerait un officier pour désobéissance, parce qu'il n'aurait pas cru devoir y satisfaire, ferait une fausse application de l'article 85 de la loi du 22 mars 1831, et commettrait un excès de pouvoirs. (*C.* 11 *août* 1838; *J. O.* 1838, p. 71.)

13. Le règlement de service, légalement établi et publié, peut contenir des dispositions relatives à des exercices pour la théorie et la pratique du commandement, dans l'intérêt de

l'instruction des officiers. (*C.* 21 *juillet* 1838; *J. O.*, p. 57.)
Voir OFFICIER, n° 10, p. 207.

14. L'ordre du jour qui n'est émané que du chef de corps seulement, et qui n'a point été accompagné des formalités prescrites par l'article 73 de la loi du 22 mars 1831, n'a point le caractère de règlement de service.

Il suit de là qu'un ordre du jour du colonel, qui enjoindrait aux chefs de poste de porter sur le rapport les gardes nationaux qui arriveraient tardivement au poste, ou s'en absenteraient sans autorisation, au lieu de leur infliger soit une faction, soit une patrouille hors tour, n'aurait pas une autorité suffisante pour dépouiller les chefs de poste du pouvoir qui leur est conféré par l'article 82 de la loi du 22 mars.

Il en résulte, par conséquent, que le chef de poste qui, contrairement à l'ordre du jour du colonel, aurait infligé une faction ou une patrouille hors de tour aux gardes nationaux arrivés tardivement, ne saurait être l'objet d'une action disciplinaire comme ayant contrevenu à l'article 78 de la loi, relatif à l'obéissance provisoire. (*C.* 21 *juillet* 1838 ; *J. O.* 1838, p. 61.)

15. Les règlements fixant les lieux et heures des réunions et du service de la garde nationale sont obligatoires provisoirement, lorsqu'ils sont émanés des autorités compétentes, même lorsque les heures de ces revues et services seraient celles auxquelles a lieu le service divin. (*C.* 17 *mai* 1834; *J. O.* 1834, p. 187.)

16. La loi du 22 mars 1831 est une loi générale et complète sur le service de la garde nationale, et il ne peut être suppléé à son silence sur les détails du service que par les règlements faits en la forme déterminée par l'article 73 de ladite loi.

Il s'ensuit que, en aucun cas, il n'y a lieu de recourir aux règlements qui régissent l'armée active, tant que la garde nationale n'est pas mobilisée.

Ainsi, et par application de ce principe, qui résulte des articles 161 et 162 de la loi du 22 mars 1831, le chef de poste qui donne l'ordre à un garde national de se mettre en faction doit être obéi, aux termes de l'article 78 de la loi précitée; et le garde national qui s'y refuserait, sous le prétexte que ce n'était pas son tour, et que l'ordre ne lui était pas intimé par le caporal de pose, se rendrait coupable de désobéissance et d'insubordination, et, par suite, passible de la peine portée en l'article 89. (*C. 8 novembre* 1838; *J. O.* 1838, p. 96.)

17. La convocation pour la reconnaissance des officiers et pour la publication du nouveau règlement est obligatoire dès l'instant qu'elle est commandée en vertu d'un ordre du jour légalement émis.

Il suffit que le règlement prescrive que les gardes nationaux doivent être convoqués pour une revue au son du tambour pour que cette convocation soit régulière; il importe peu dès lors qu'ils n'aient point été convoqués à domicile. (*C.* 1er *juillet* 1842; *J. O.* 1840 à 1844, p. 185.)

Remplacement (Voir Garde hors de tour, n° 8).

1. Le service de la garde nationale étant obligatoire et personnel, le remplacement est interdit pour le service ordinaire, si ce n'est entre les proches parents, savoir : du père par le fils, du frère par le frère, de l'oncle par le neveu, et réciproquement, ainsi qu'entre alliés aux mêmes degrés, à quelque compagnie ou bataillon qu'appartiennent les parents et les alliés.

Les gardes nationaux de la même compagnie qui ne sont ni parents ni alliés aux degrés ci-dessus désignés peuvent seulement échanger leur tour de service. (*Loi, art.* 27.)

2. Le remplacement pour le service ordinaire ne peut avoir lieu qu'entre les gardes nationaux incorporés dans les compagnies ou bataillons de la même garde.

Un gendre ou un neveu peuvent n'être pas acceptés pour remplaçants au service ordinaire, non-seulement s'ils ne font pas personnellement partie de la garde nationale, mais encore s'ils n'appartiennent pas à la même compagnie ou au même bataillon que le garde national qu'ils veulent remplacer. (*C.* 22 *mars* 1833 ; *J. O.* 1833, p. 181.)

3. D'après les principes généraux du droit public français sur l'application des peines et d'après les lois qui les consacrent, les délits et les crimes sont personnels.

Il en résulte qu'il y aurait à la fois violation de ces principes et de ces lois, ainsi que de l'article 89 de la loi du 22 mars 1831, de la part d'un conseil de discipline qui, appelé à prononcer sur une infraction au service de la garde nationale, passible de la peine de la prison, et commise par un citoyen qui aurait remplacé son père pour ledit service, condamnerait ce dernier comme étant responsable du fait allégué, par le motif que son fils, n'ayant pas atteint l'âge de dix-huit ans, n'était pas garde national et ne pouvait remplacer son père, et que, par ces motifs, les peines prononcées par la loi du 22 mars ne sauraient l'atteindre.

Dans l'espèce et en l'absence d'une citation dirigée contre le père pour s'être fait remplacer par son fils, qui n'avait pas la capacité légale, le fait pour lequel le fils a été cité ne comporte ni délit ni contravention à la charge du père, et ne peut donner lieu, par conséquent, à aucune poursuite contre ce dernier. (*C.* 2 *juillet* 1841 ; *J. O.* 1840 à 1844, p. 132.)

Réprimande et Réprimande avec mise à l'ordre.

1. Sera puni de la réprimande l'officier qui aura commis une infraction, même légère, aux règles du service. (*Loi, art.* 85.)

Sera puni de la réprimande avec mise à l'ordre l'officier qui, étant de service ou en uniforme, tiendra une conduite propre à porter atteinte à la discipline de la garde nationale ou à l'ordre public. (*Loi, art.* 86.)

Les peines énoncées dans les articles 85 et 86 ci-dessus pourront, dans les mêmes cas, et suivant les circonstances, être appliquées aux sous-officiers, caporaux et gardes nationaux. (*Loi, art.* 88.)

2. Les mots *sera puni*, employés dans les articles 85 et 86 de

la loi, expriment une disposition impérative qui ne permet pas aux conseils de discipline de ne pas prononcer la peine, si l'inculpé est officier et si le fait est reconnu constant. Le conseil ne pourrait, dans ce cas, infliger une peine moindre sans excès de pouvoirs. (*C.* 14 *septembre* 1833.)

3. La peine de la réprimande avec mise à l'ordre est applicable, aux termes des articles 86 et 88, non pas seulement contre les gardes nationaux de tous grades qui se sont rendus coupables des contraventions prévues à l'article 86, *étant de service,* mais même contre ceux qui les ont commises *étant en uniforme,* sans être de service.

4. La réprimande avec mise à l'ordre ne peut être prononcée que dans le cas déterminé par l'article 86 de la loi du 22 mars 1831, c'est-à-dire lorsqu'un garde national étant de service ou en uniforme tient une conduite propre à porter atteinte à la discipline de la garde nationale ou à l'ordre public.

La disposition de l'article 86 ne doit pas être confondue avec celle de l'article 85 qui, en termes généraux, permet de prononcer la réprimande pour toutes infractions, même légères, aux règles du service. (*C.* 17 *mai* 1832; *J. O.* 1832, p. 184.)

5. La peine de la réprimande étant facultative, les conseils de discipline peuvent excuser un manquement à un seul service de garde, qui serait passible de cette peine, si le prévenu paraît excusable par son zèle habituel.

Toutefois, un conseil serait blâmable s'il se bornait à excuser le prévenu sur le motif qu'il avait de l'ouvrage, sans autrement constater l'urgence de ses travaux et les événements imprévus qui les ont occasionnés. (*C.* 9 *janvier* 1835; *J. O.* 1835, p. 111.)

6. Le simple garde national prévenu d'avoir manqué à un ordre de service commandé en remplacement d'une garde qu'il n'a point montée, à cause d'une absence justifiée, ne peut être puni que de la réprimande, aux termes des articles 85 et 88 de la loi du 22 mars.

Le conseil qui inflige, dans l'espèce, la réprimande avec mise
à l'ordre, viole l'article 86, si le garde national n'a point tenu,
étant de service ou en uniforme, une conduite capable de porter
atteinte à la discipline ou à l'ordre public (C. 16 *novembre*
1833 ; *J. O.* 1834, p. 80.)

7. Un seul manquement à un service d'ordre et de sûreté
sans aucune circonstance aggravante ne peut être puni de la
réprimande avec mise à l'ordre. Une telle contravention n'est
passible que d'une garde hors de tour à infliger par le chef de
corps, ou de la réprimande simple, peine qu'il n'appartient
qu'au conseil de discipline de prononcer. (C. 12 *octobre* 1833 ;
Rec. d'arr.)

8. Un conseil de discipline qui prononce la réprimande *avec
mise à l'ordre* contre un garde national prévenu seulement
d'avoir manqué au poste, rend une décision susceptible d'être
annulée pour fausse application de la loi, un premier manquement n'étant puni que de la réprimande simple. (C. 16 *février*
1832 ; *Rec. d'arr.*)

9. Le jugement qui, à la peine de la réprimande avec mise à
l'ordre pour un fait commis pendant la durée du service, ajoute
celle d'une garde hors de tour, usurpe, sous ce dernier rapport,
sur les attributions du chef de corps, et viole l'article 83. —
Dans ce dernier cas, la cour de cassation peut admettre ou
rejeter le pourvoi en ce qui concerne la première partie du jugement ; mais elle doit, dans tous les cas, annuler la seconde partie
dans l'intérêt de la loi. (C. 3 *janvier* 1834 ; *J. O.* 1834, p. 146.)

10. Le pouvoir qu'a le chef de corps d'infliger une garde
hors de tour pour un premier manquement est purement facultatif ; d'où il suit que le conseil de discipline, si le chef de
corps juge à propos de le saisir dudit manquement, est en droit,
dans l'espèce, de prononcer la réprimande, laquelle est, aux
termes de l'article 85 de la loi, applicable à tout manquement
au service. (C. 23 *janvier* 1840 ; *J. O.* 1840 à 1844, p. 3.)

11. Un second manquement à un service d'ordre et de sûreté entraîne l'application des peines portées par l'article 89, encore bien que le premier manquement n'ait été puni que de la réprimande. (*C. 9 mai* 1835; *Rec. d'arr.*)

Réserve.

Les gardes nationaux portés au contrôle de réserve ne doivent point prendre part aux élections des officiers et sous-officiers, ni faire partie des conseils de discipline ou des jurys de révision. (*C. 22 octobre* 1831; *J. O.* 1832, p. 10.)

Respect.

Le manque de respect d'un officier envers son chef pendant le service, lorsqu'il est constaté en fait, doit être puni des arrêts ou de la prison, en conformité de l'article 87 de la loi du 22 mars 1831.

Le conseil de discipline qui, dans ce cas, ne prononce contre le prévenu que la réprimande (article 85), commet une violation de la loi. (*C. 14 septembre* 1833; *J. O.* 1833, p. 391.)

Revues et exercices (Voir Armes).

1. Les manquements à l'exercice ne constituent que de simples infractions aux règles du service, passibles de la réprimande, aux termes des articles 85 et 88 de la loi du 22 mars 1831, et les infractions de cette nature, quoique réitérées, lorsqu'elles ne sont, d'ailleurs, accompagnées d'aucune circonstance qui leur imprime un autre caractère, ne peuvent être qualifiées désobéissance et insubordination, ni être punies, par les conseils de discipline, d'une autre peine que celle portée par l'article 85 précité. (*C. 5 janvier* 1836, *chambres réunies*; *Rec. d'arr.*)

2. Les revues en général, même celles qui ont pour objet

la reconnaissance des officiers, ne peuvent être considérées comme un service d'ordre et de sûreté.

Un manquement à ces revues et le fait d'un seul refus d'un service d'ordre et de sûreté, commandé comme garde hors de tour, lors même que ce refus aurait été réitéré à l'audience, ne suffisent pas, à moins qu'il ne s'y joigne des circonstances particulières propres à lui donner ce caractère, pour constituer la désobéissance et l'insubordination, ni le double refus de service, et par suite motiver l'application de l'article 89. (*C.* 13 *décembre* 1834; *J. O.* 1834, p. 109. — Voir aussi *J. O.* 1832, p. 102, 161, 162, 280.)

3. Les manquements aux revues et exercices ne peuvent constituer la désobéissance et l'insubordination passibles des peines portées en l'article 89 qu'autant qu'il s'y joint des circonstances aggravantes.

Dans ce cas, le jugement doit articuler le fait et préciser les circonstances, de manière à ce que la cour de cassation puisse juger si la qualification légale d'insubordination a été justement appliquée. (*C.* 6 *juillet* et 27 *septembre* 1833; *J. O.* 1833, p. 268 et 394.)

4. La peine de la prison ne peut être appliquée, aux termes de l'article 89, qu'en cas de désobéissance et d'insubordination caractérisée, ou d'un double manquement à un service d'ordre et de sûreté.

Si le jugement ne constate qu'un seul manquement à un service d'ordre et de sûreté, et, pour ce qui concerne la désobéissance et l'insubordination, que des manquements à des revues, le fait subsidiaire et accessoire de propos inconvenants tenus devant le conseil ne pourrait motiver, dans l'espèce, l'application de l'article 89, sans donner lieu à une violation de la loi, le conseil ayant le droit de punir ces propos inconvenants comme infraction d'audience, d'après l'article 117 de la loi. (*C.* 13 *décembre* 1834; *J. O.* 1835, p. 69.)

5. Les obligations des officiers sont plus étroites que celles des sous-officiers et des simples gardes nationaux, pour tous les services à eux imposés.

Il s'ensuit que le manquement à un service de la part d'un officier suffit, à lui seul, pour justifier l'application facultative des arrêts ou de la prison, d'après les §§ 4 et 5 de l'article 87, dont les dispositions sont générales et ne s'appliquent pas uniquement aux infractions commises pendant la durée du service d'ordre et de sûreté.

Quoique non passibles d'une garde hors de tour à titre de peine disciplinaire (article 83), les officiers peuvent cependant être commandés de cette garde pour manquement à un service obligatoire.

Le service des revues est de cette nature, lorsqu'il a été prescrit en vertu d'un règlement arrêté conformément à l'article 73 de la loi. (*C.* 13 *décembre* 1833; *J. O.* 1834, p. 144.)

6. Un garde national qui, après avoir refusé de monter une garde hors de tour, commandée pour manquement à une revue, refuse ensuite de se rendre à des revues et exercices de rigueur, lorsqu'il a été antérieurement condamné pour pareil refus, peut être considéré comme coupable de désobéissance et d'insubordination et puni de la prison, sans qu'il en résulte nullité. (*C.* 26 *juillet* 1832; *Rec. d'arr.*)

7. Le garde national qui se présente sur le lieu de la revue et qui refuse de se mettre dans les rangs commet un acte de désobéissance et d'insubordination, lequel motive suffisamment l'application de la peine portée par l'article 89 de la loi du 22 mars 1831. (*C.* 5 *juillet* 1839; *J. O.* 1839, p. 182.)

8. Le fait de s'être rendu sans armes à une revue commandée de rigueur peut être qualifié de désobéissance et d'insubordination, et, comme tel, puni de la prison, sans qu'il y ait violation des articles 87 et 89 de la loi du 22 mars, attendu que l'appréciation du caractère de ce fait appartient souverainement aux conseils de discipline, d'après les circonstances dans lesquelles il a eu lieu. (*C.* 18 *juillet* 1840; *J. O.* 1840, p. 30.)

9. Il est de principe que la garde commandée constitue un service d'ordre et de sûreté. Il en est de même de toute revue

ordonnée pour l'inspection des armes, et le garde national qui manque, à la fois, à ces deux natures de service, se rend coupable du double refus de service, passible de la prison, aux termes de l'article 89 précité. (*C. 27 septembre* 1841 ; *J. O.* 1840 à 1844, p. 145.)

10. Les conseils de discipline n'ont pas le droit d'examiner si une revue commandée l'a été régulièrement; ainsi est nul le jugement qui, pour excuser des officiers prévenus d'avoir manqué à une revue (d'ailleurs légalement ordonnée), pour laquelle ils avaient été convoqués à domicile, a discuté le mérite et l'autorité obligatoire de la convocation. (*C.* 29 *novembre* 1832 ; *Rec. d'arr.*)

11. Il n'en est pas des revues comme du service d'ordre et de sûreté, pour lequel les gardes nationaux doivent être convoqués à domicile.

Dans le premier cas, la convocation peut avoir lieu d'une manière générale, par le tambour de rappel dans les formes militaires, surtout si elle n'est pas contraire au règlement de service. Les gardes nationaux ne sauraient, dès-lors, refuser de s'y rendre sous le prétexte qu'ils n'ont pas été avertis à domicile. (*C.* 18 *mars* 1847 ; *J. O.* 1848, p. 36.)

Ronde.

1. Le capitaine qui ne fait qu'une seule ronde, au lieu de trois qui sont prescrites par le règlement de service, se rend passible des peines portées en l'article 87. (*C.* 12 *octobre* 1833 ; *J. O.* 1834, p. 35.)

2. Deux manquements consécutifs à un service de ronde dûment commandé, constituent de la part d'un officier désobéissance et insubordination. (*C.* 1er *juin* 1833 ; *J. O.* 1833, p 261.)

3. Le garde national à qui on n'a pas donné le mot d'ordre,

alors que ce n'est que sur ce mot seul qu'on peut reconnaître une ronde d'officier, a été justement déclaré ne s'être pas rendu coupable de désobéissance par le refus de reconnaître et de laisser entrer au poste l'officier qui se présentait à lui. (*C.* 11 *janvier* 1833; *J. O.* 1833, p. 151.)

§.

Sapeur-pompier (Voir POMPIER).

Secrétaire des conseils de discipline (Voir Ire Partie, Titre V ; CASSATION, n°s 13, 15, 17, 18, 19 ; JUGEMENT, n°s 3 et 5).

1. La disposition de l'article 103 de la loi du 22 mars 1831, relative à la désignation par le sous-préfet des rapporteurs et des secrétaires près les conseils de discipline, n'est pas applicable, lorsqu'il y a lieu de remplacer, en cas d'empêchement temporaire, le rapporteur et le secrétaire titulaire. (*C.* 24 *juin* 1842; *J. O.* 1840 à 1844, p. 182).

2. Quand l'article 101 exige la qualité d'officier dans la personne du secrétaire d'un conseil de discipline de bataillon, il n'entend parler que de celui qui est appelé d'une manière définitive à ces fonctions, et non de celui qui ne les remplit que par intérim et en l'absence du titulaire.

Dans ce cas, un sous-officier peut être appelé à en remplir provisoirement les fonctions. (*C.* 4 *juillet* 1835 ; *Rec. d'arr.*)

3. Le conseil de discipline a le pouvoir de désigner un garde national pour remplacer le secrétaire du conseil de discipline empêché, alors que cet empêchement a été constaté. (*C.* 30 *janvier* 1840; *J. O.* 1840 à 1844, p. 11.)

4. En l'absence du secrétaire titulaire, dont le choix n'a pas encore été fait par l'autorité administrative, le conseil de discipline peut désigner provisoirement un officier pour en remplir

les fonctions, lorsqu'il n'y a point de secrétaire adjoint, aux termes de l'article 103.

Le conseil dont la compétence n'a pas été formellement déclinée, n'est pas tenu de statuer sur ce cas. (*C. 27 avril* 1833; *J. O.* 1833, p. 240.)

5. Le remplacement d'un secrétaire du conseil de discipline est présumé, à défaut de preuve contraire, avoir été fait légalement. (*C.* 28 *décembre* 1832; *J. O.* 1833, p. 94.)

6. Les infractions commises par les secrétaires du conseil de discipline, dans leur service spécial, les rendent justiciables du conseil auquel ils sont attachés. (*C.* 4 *juillet* 1835; *Rec. d'arr.*)

7. Le fait, par le secrétaire d'un conseil de discipline, d'avoir volontairement omis d'appeler le nom d'un garde national cité, et d'avoir mis, à côté de ce nom, *renvoyé*, quoique aucune décision n'ait été prononcée, constitue une contravention justiciable du conseil de discipline, sauf destitution, s'il y a lieu, de la part de l'autorité administrative qui a nommé ce secrétaire. (*C.* 4 *juillet* 1835; *Rec d'arr.*)

8. Bien que la loi ait statué que le conseil de displine doit être convoqué par le président, elle ne défend point à ce dernier de faire notifier la convocation aux membres du conseil par le secrétaire. (*C.* 24 *mai* 1834; *J. O.* 1834, p. 188.)

9. Les secrétaires de conseils de discipline peuvent être présents aux délibérations, sans qu'il résulte nullité du jugement.

Il n'y aurait nullité qu'autant qu'il serait établi que ces secrétaires ont participé à la délibération et que leurs voix ont été comptées. (*C.* 24 *août* 1832; *Rec. d'arr.*)

10. Le jugement auquel aurait pris part le secrétaire est nul.

Il est interdit au secrétaire du conseil de discipline d'émettre une opinion dans les jugements qui émanent de ces conseils. (*C.* 2 *février* 1833; *J. O.* 1833, p. 174.)

Sergent-major (Voir Sous-Officier).

1. Pour l'ordre du service, il est dressé, par les sergents-majors, un contrôle de chaque compagnie, signé du capitaine, et indiquant les jours où chaque garde national a fait son service. (*Loi, art.* 76.)

2. Le capitaine de la garde nationale qui, ayant reçu l'ordre de commander dans sa compagnie un service de piquet, s'y refuse, ne peut défendre à son sergent-major d'y obtempérer, et celui-ci doit commander ce service sur l'ordre de ses supérieurs. (*C.* 18 *septembre* 1835; *J. O.* 1836, p. 32.)

3. Le sergent major peut être entendu à titre de renseignements, et n'est point, dans ce cas, tenu de prêter préalablement le serment prescrit par l'article 155 du Code d'instruction criminelle. (*C.* 22 *octobre* 1831; *J. O.* 1832, p. 12.)

4. L'audition, sans prestation de serment, du sergent-major de la compagnie de l'inculpé, n'est pas un motif suffisant pour annuler le jugement, lorsqu'il est constaté que c'est à titre de renseignements et non comme témoin, que le sergent-major a déposé. (*C.* 1831; *Rec. d'arr.*)

5. La peine d'une garde hors de tour n'est pas applicable aux sergents-majors. (*C.* 14 *mars* 1834; *J. O.* 1834, p. 184.)

6. Le sergent-major qui, présent à une revue, refuserait d'y faire les fonctions de son grade, commettrait un acte de désobéissance et d'insubordination; et ce fait, alors même que le conseil de discipline ne déclarerait point expressément qu'il constitue la désobéissance et l'insubordination, n'en conserverait pas moins le caractère, et pourrait être passible de la peine portée en l'article 89. (*C.* 5 *septembre* 1834; *J. O.* 1834, p. 216.)

7. Le sergent-major qui, ayant reçu l'ordre de se présenter à une revue d'inspection d'armes pour faire l'appel de la com-

pagnie, ne s'y rend pas, commet un manquement à un service d'ordre et de sûreté.

Si, à cette première infraction, il joint celle de s'être refusé à se présenter pour faire l'appel de sa compagnie un jour de garde, ce fait doit être considéré comme un second manquement à un service d'ordre et de sûreté, et dès-lors ce sergent-major est passible de la peine portée en l'article 89. (*C.* 12 *janvier* 1837 ; *J. O.* 1837, p. 9.)

Service (Voir Police correctionnelle, Officier, Récidive, et consulter, au besoin, les articles spéciaux de ce Recueil relatifs au service).

§ 1ᵉʳ.—*Du service en général.*

1. Tout garde national commandé pour le service, doit obéir, sauf à réclamer, s'il s'y croit fondé, devant le chef de corps. (*Loi, art.* 78.)

Le règlement relatif au service ordinaire, aux revues et aux exercices, est arrêté par le maire, sur la proposition du commandant de la garde nationale, et approuvé par le sous-préfet. (*Loi, art.* 73.)

Lorsque la garde nationale est organisée en bataillons cantonaux, le règlement sur les exercices et revues est arrêté par le sous-préfet, sur la proposition de l'officier le plus élevé en grade du canton, et sur l'avis des maires des communes. (*Loi, art.* 74.)

Les chefs peuvent, en se conformant au règlement de service légalement établi, et sans réquisition particulière, mais après en avoir prévenu l'autorité municipale, faire toutes les dispositions et donner tous les ordres relatifs au service ordinaire, aux revues et aux exercices. (*Loi, art.* 73.)

2. Aux termes de l'article 78 de la loi, obéissance provisoire est due aux ordres de service, sauf le droit de réclamation devant qui de droit ; et le conseil qui renverrait de la poursuite un garde national convaincu, par le jugement, de manquement

à ces ordres, violerait la loi et commettrait un excès de pouvoirs. (*C.* 23 *août* 1834; *J. O.* 1834, p. 233.)

3. Lorsque les revues et gardes sont commandées par les personnes auxquelles la loi confère cette attribution, les gardes nationaux doivent provisoirement obéir. (*C.* 19 *décembre* 1833; *J. O.* 1834, p. 145.) — Le fait, même établi, qu'on n'est point armé, ou que l'on fait partie de la garde nationale à cheval, ne dispense pas de déférer aux ordres de service. (*C.* 28 *décembre* 1832; *J. O.* 1833, p. 94.) — La convocation à une réunion ou à un service, par la voie d'un journal, ne rend pas la réunion ou le service obligatoire. (*C.* 14 *juillet* 1832; *Rec. d'arr.*) — Lorsqu'il ne s'agit que d'un service de piquet, il n'est pas besoin d'une réquisition de l'autorité civile, et, si cette réquisition a eu lieu, il n'est pas nécessaire qu'il en soit donné communication à la tête de la troupe. (*C.* 18 *septembre* 1835; *J. O.* 1836, p. 32.) — La convocation pour la reconnaissance des officiers et pour la publication du nouveau règlement est obligatoire dès l'instant qu'elle est commandée en vertu d'un ordre du jour légalement émis. (*C.* 1er *juillet* 1842; *J. O.* 1842, p. 185.) — Il suffit que le règlement prescrive que les gardes nationaux doivent être convoqués pour une revue, au son du tambour, pour que cette convocation soit régulière; il importe peu, dès-lors, qu'ils n'aient point été convoqués à domicile. (*Même arrêt.*) — Il n'appartient pas à un garde national de discuter les motifs de l'établissement d'un poste, ni de rechercher l'opportunité d'une revue. (*C.* 19 *décembre* 1833; *J. O.* 1834, p. 145.)—Le manquement au service ne peut être affranchi de la peine édictée par la loi, sous le prétexte qu'il n'y a pas eu d'appel nominal au lieu indiqué pour la réunion. Cette circonstance ne saurait servir d'excuse, n'étant pas prévue par la loi. (*C.* 6 *septembre* 1833; *Rec. d'arr.*)

4. Les mots *étant de service*, des articles 87 et 89 de la loi, doivent s'entendre en ce sens :

En ce qui concerne les officiers : que ceux-ci sont essentiellement de service dès que l'heure du service légalement commandé a sonné. Pour constater cet état de service et établir l'infraction de l'officier prévue par l'article 87, il n'est pas indispensable qu'il ait revêtu son uniforme et les insignes de son grade. (*C.* 1er *juin* 1833 ; *J. O.* 1833, p. 261.) Voir OFFICIER.

En ce qui concerne les officiers, sous-officiers, caporaux et gardes nationaux, les mots *étant de service* s'entendent en ce sens, que tout garde national *est de service* pendant toute la durée de la réquisition, même pendant les absences qu'il fait avec autorisation. (*C.* 3 *janvier* 1834.)

§ 2. — *Service d'ordre et de sûreté.*

5. Il est de principe que la garde commandée et les prises d'armes pour le maintien ou le rétablissement de l'ordre public constituent un service d'ordre et de sûreté. Il en est de même de toute revue pour inspection d'armes. (*Nombreux arrêts de la cour de cassation, notamment* 27 *septembre* 1841 ; *J. O.* 1840 à 1844, p. 145.) — Le service requis pour escorter les autorités dans les fêtes et cérémonies publiques est obligatoire, s'il est commandé à titre de service d'ordre et de sûreté. (*C.* 23 *avril* 1847 ; *J. O.* 1848-1849, p. 270.)

Sont obligatoires comme constituant un service d'ordre et de sûreté :

1° Les gardes hors de tour commandées en vertu de l'article 83 de la loi (*C.* 12 *mai* 1832 et 21 *février* 1839 ; *J. O.* 1832, p. 184, et 1839, p. 140) ;

2° Le service du poste placé auprès du conseil de discipline pour maintenir l'ordre et la tranquillité (*C.* 18 *avril* 1835, *Rec. d'arr.* ;

3° Les manœuvres et exercices des pompes à incendie (*C.* 8 *octobre* 1835 ; *Rec. d'arr.*) ;

4° Les exercices et manœuvres du canon prescrits par les règlements aux corps d'artillerie de la garde nationale (*C.* 1er *juin* et 25 *juillet* 1839 ; *J. O.* 1839, p. 164 et 189) ;

5° Le service commandé pour la garde de la prison (*C.* 28 *janvier* 1837 ; *J. O.* 1837, p. 28) ;

6° Les exercices pour la théorie et la pratique du commandement commandés aux officiers par les règlements de service légalement établis et publiés. (*C.* 21 *juillet* 1838; 5 *août* 1843 et 6 *janvier* 1844; *J. O.* 1838, p. 57; 1840 à 1844, p. 213 et 238.)

§ 3. — *Refus de service.*

6. Les mots *aura refusé* le service, employés dans le deuxième paragraphe de l'article 89 de la loi, doivent s'entendre du *manquement* au service; il n'est pas nécessaire que le garde national ait déclaré ne pas vouloir le faire.

§ 4. — *Premier manquement au service imputé à des sous-officiers, caporaux ou gardes nationaux* (1).

7. Un seul manquement à un service d'ordre et de sûreté, sans aucune circonstance aggravante, ne peut être puni de la réprimande avec mise à l'ordre. Une telle infraction n'est passible que d'une garde hors de tour à infliger par le chef de corps, ou de la réprimande simple, qu'il appartient au conseil de discipline de prononcer.(*C.* 12 *octobre* 1833; *Rec. d'arr.*).—Voir GARDE HORS DE TOUR, RÉPRIMANDE.

8. Le pouvoir qu'a le chef de corps, aux termes de l'article 83 de la loi, d'infliger une garde hors de tour pour un premier manquement à une revue d'inspection commandée, est purement facultatif, d'où il suit que le conseil de discipline, si le chef de corps juge à propos de le saisir dudit manquement, est en droit, dans l'espèce, de prononcer la réprimande, laquelle est en réalité, aux termes de l'article 85, applicable à tout manquement au service. (*C.* 23 *janvier* 1840; *J. O.* 1840 à 1844, p. 3.)

9. Le fait reproché à un garde national d'avoir manqué à un service d'ordre et de sûreté, d'avoir désobéi, en ne donnant

---

(1) Pour les manquements au service imputés à des officiers auxquels la loi impose des devoirs d'une obligation plus étroite, voir OFFICIER DE LA GARDE NATIONALE.

point avis au chef de corps qu'il ne pouvait obtempérer à la garde qui lui était commandée, n'aggrave point le manquement qu'il a commis, et ne constitue point une insubordination passible de l'application de l'article 89 de la loi du 22 mars 1831.

Dans l'espèce, il n'existe à la charge du prévenu qu'un seul et unique manquement à un service d'ordre et de sûreté ; et le conseil qui, dans ce cas, condamne à la prison, commet un excès de pouvoirs et applique faussement l'article 89 de la loi. (*C.* 21 *décembre* 1843 ; *J. O.* 1843, p. 233.)

10. Bien que le manquement à une revue et inspection d'armes doive, d'après la loi du 14 juillet 1837, être assimilé à un manquement à un service d'ordre et de sûreté, cette loi n'a pas dérogé à l'article 89 de la loi générale du 22 mars 1831 qui, pour l'application de la peine de l'emprisonnement, exige que le garde national ait, pour la seconde fois, manqué à un service d'ordre et de sûreté.

En conséquence, le conseil de discipline qui, pour un seul manquement de cette espèce, prononcerait la peine de vingt-quatre heures de prison, ferait une fausse interprétation de l'article 20 de la loi de 1837, violerait formellement l'article 89 de celle de 1831, et commettrait un excès de pouvoirs. (*C.* 19 *mars* 1847 ; *J. O.* 1848, p. 38.)

§ 5. — *Manquements réitérés au service et double refus de service d'ordre et de sûreté.*

11. Pour qu'il y ait lieu à l'application des dispositions de l'article 89 de la loi, §§ 1 et 2, il faut, aux termes mêmes de cet article, 1° *double* refus de service ; 2° que le service refusé dans ces deux occasions soit un service *d'ordre et de sûreté.* (*Jurisp. constante de la cour de cassation.*)

On ne peut appliquer la peine de la prison au cas de deuxième refus de service, lorsque, entre le premier et le deuxième refus, il s'est écoulé plus d'une année. (*C.* 25 *juillet* et 22 *août* 1834 ; *J. O.* 1834, p. 203 et 220.)—C'est l'application de l'article 640 du Code d'instruction criminelle, en conformité duquel l'action publique doit être, dans l'espèce, limitée à une année seulement. (*Même arrêt* 22 *août* 1834.)

12. Pour motiver l'application de l'article 89 pour récidive de manquement ou refus de service, le jugement doit spécifier si le manquement qui, dans le cours de la même année, a déjà donné lieu à un premier jugement, était relatif à un service d'ordre et de sûreté.

De plus, si le second manquement consiste à s'être absenté de la réunion du bataillon sans permission, sans que le jugement constate qu'il s'agissait d'un service d'ordre et de sûreté, la récidive ne peut être établie, aux termes de l'article 89, et le conseil de discipline viole la loi en condamnant à la prison. (*C.* 20 *juin* 1834; *J. O.* 1834, p. 198.)

13. Le manquement à deux gardes hors de tour est punissable de la peine de la prison, par application de l'article 89 de la loi. (*C.* 10 *novembre* 1836; *J. O.* 1836, p. 215.)

14. Pour que la peine de la prison puisse être appliquée, aux termes de l'article 89, il n'est pas indispensable qu'il y ait eu une première condamnation à raison d'un premier manquement; il suffit de deux manquements constatés à un service d'ordre et de sûreté. (*C.* 16 *mars* 1843; *J. O.* 1843, p. 196.)

15. Il faut un double refus de service d'ordre et de sûreté pour qu'un conseil de discipline puisse prononcer la peine de la prison. Il ne suffirait pas d'une double condamnation, l'une pour refus de service d'ordre et de sûreté, l'autre pour manquement à un simple service d'instruction. (*C.* 8 *juin* 1832; *Rec. d'arr.*)

16. Un second manquement à un service d'ordre et de sûreté entraîne l'application des peines portées par l'article 89, encore bien que le premier manquement n'ait été puni que de la réprimande. (*C.* 9 *mai* 1835; *Rec. d'arr.*)

17. De ce qu'un premier manquement à un service d'ordre et de sûreté a été puni de la réprimande par jugement du conseil de discipline, et d'une garde hors de tour de la part du chef de corps, laquelle a été montée, il ne résulte point que, en cas d'un second manquement de même nature, le conseil de discipline ne puisse prononcer la peine de la prison.

Dans l'espèce, la garde commandée hors de tour n'efface point le premier manquement, de telle sorte que le conseil n'en puisse faire état et le joindre au second manquement pour appliquer l'article 89, le prévenu ayant, par le fait, manqué une seconde fois au service d'ordre et de sûreté, et se trouvant passible, dès lors, de la peine portée audit article. (*C.* 13 *mars* 1841; *J. O.* 1840 à 1844, p. 118.)

18. Le garde national qui a manqué deux fois à un service d'ordre et de sûreté, peut être puni de la prison, en vertu de l'article 89 de la loi, bien qu'il n'ait pas été commandé d'une garde hors de tour pour le premier refus de service. (*C.* 2 *décembre* 1831; *J. O.* 1832, p. 38.)

19. Le garde national convaincu de ne s'être pas rendu au poste pendant la nuit, dans deux gardes successives, a commis un double manquement à un service d'ordre et de sûreté, et est passible de la prison, aux termes de l'article 89. (*C.* 29 *septembre* 1832; *Rec. d'arr.*)

20. D'après l'article 20 de la loi du 14 juillet 1837, l'absence du poste, sans autorisation, pouvant être considérée par les conseils de discipline comme refus de service d'ordre et de sûreté, il en résulte que ledit abandon du poste, s'il a été précédé, de la part du même garde national, d'un manquement à un service d'ordre et de sûreté, suffit pour entraîner l'application, contre le prévenu, de la peine de la prison, aux termes de l'article 89 de la loi du 22 mars 1831.

Il n'est point nécessaire, dès-lors, d'examiner si, dans l'espèce, et pour qu'il y ait lieu à prononcer la prison, le prévenu s'est rendu coupable de désobéissance et d'insubordination, en même temps que de l'abandon du poste. (*C.* 4 *août* 1838; *J. O.* 1838, p. 69.)

Il convient de remarquer que cette jurisprudence n'est applicable que dans le département de la Seine, la loi du 14 juillet 1837 étant spéciale à la garde nationale de Paris et de la banlieue.

21. Le jugement satisfait pleinement aux prescriptions des articles 183 et 195 du Code d'instruction criminelle, s'il est motivé sur un rapport de service et sur un manquement itératif à un service d'ordre et de sûreté, et si la citation contient cette même articulation. (*C.* 31 *décembre* 1841; *J. O.* 1840 à 1844, p. 156.)

22. Est nul le jugement qui condamne un garde national à la prison pour manquement à *des services*, s'il n'indique pas que ces services étaient *d'ordre et de sûreté*, et s'il ne se fonde, d'ailleurs, sur aucun fait de désobéissance et d'insubordination. (*C.* 15 *juillet* 1836; *Rec. d'arr.*)

23. Le conseil de discipline qui, sur quatre manquements au service imputés à un garde national, en excuse trois, et nonobstant cela, condamne, pour le seul manquement non excusé, à la prison, viole le § 1er de l'article 89 de la loi du 22 mars 1831, aux termes duquel la peine de l'emprisonnement ne peut être prononcée que pour double refus de service d'ordre et de sûreté. (*C.* 18 *octobre* 1838; *J. O.* 1838, p. 105.)

24. Un manquement à un exercice et à une garde, lorsqu'il n'existe aucun fait d'insubordination ou de désobéissance, ne peut être puni des peines de l'article 89, lequel n'est applicable qu'à un double manquement à un service d'ordre et de sûreté, ou à des faits de désobéissance et d'insubordination. (*C.* 22 *mars* 1832; *Rec. d'arr.*)

25. L'exercice préalable à la garde commandée, ne constitue pas un service d'ordre et de sûreté, et le double manquement à cet exercice n'est pas passible de la peine de la prison. (*C.* 10 *octobre* 1834; *J. O.* 1834, p. 235.)

26. Les revues et exercices (Voir REVUES ET EXERCICES) ne

constituant pas un service d'ordre et de sûreté, les conseils de discipline sont compétents pour prononcer sur un troisième manquement, bien qu'ils aient déjà prononcé antérieurement sur deux manquements pareils, attendu que les tribunaux correctionnels ne sont appelés à connaître que des refus de service d'ordre et de sûreté, et lorsqu'il existe deux condamnations pour ce même refus de service, passées en force de chose jugée. (*C.* 17 *mai* 1832; *Rec. d'arr.*, et 1ᵉʳ *mars* 1834; *J. O.* 1834, p. 179.)

27. Le moyen tiré de ce que, de deux manquements qualifiés *manquements à un service d'ordre et de sûreté*, l'un ne serait qu'un simple manquement à un service de revue, ne saurait être admis, s'il ne repose que sur une allégation dénuée de toute preuve, en opposition avec ce qui est déclaré en fait dans le jugement. (*C.* 6 *juillet* 1838; *J. O.* 1838, p. 55.)

Signature (Voir JUGEMENT, n° 3).

Signification (Voir CITATION et JUGEMENT, § 8).

1. Les significations sont faites par les mêmes agents que les citations (Voir page 95).—Toute citation doit être faite en personne, à domicile, à peine de nullité. (*C.* 1832; *J. O.* 1833, p. 92.) — La signification faite par un garde champêtre à un garde national, parlant au maire de la commune, n'est pas valable et ne fait pas courir le délai d'opposition. (*C.* 13 *mars* 1834; *J. O.* 1834, p. 183.) — Les vices reprochés à la signification d'un jugement et qui reposeraient sur ce qu'il a été signifié, non par un agent de la force publique, mais par un concierge, ne peuvent pas rejaillir sur le jugement attaqué et ne pourraient être utilement relevés qu'autant qu'on les opposerait à la validité du pourvoi en cassation. (*C.* 3 *janvier* 1834; *Rec. d'arr.*)

2. Rien n'empêche de signifier les jugemens des conseils de discipline les jours fériés, attendu que l'article 1037 du Code de procédure civile qui, en droit général, défend de faire au-

cune signification ni exécution les jours de fêtes légales, n'est point applicable en matière de justice répressive. (*C.* 19 *novembre* 1838 et 5 *juillet* 1839; *J. O.* 1838, p. 106 et 1839, p. 182.)

3. La preuve de la date de la notification d'un jugement ne peut résulter que de la mention régulière portée dans l'acte de notification du jour où le jugement a été notifié, et cette mention est absolument nécessaire pour faire courir le délai de trois jours fixé, par l'article 116 de la loi du 2 mars 1831, pour l'opposition au jugement rendu par défaut.

Il suit de là que l'omission de cette date, commise dans l'acte de signification remis par l'agent de la force publique, rend incertain le point de savoir quel jour le jugement a été notifié, et par suite frappe de nullité la notification elle-même.

Dans l'espèce, le conseil de discipline qui déclarerait non recevable l'opposition contre un jugement rendu par défaut, comme ayant été tardivement formée, en se fondant, nonobstant l'omission de la date de la notification, sur ce qu'en fait le jugement a dû être notifié en temps opportun pour que le prévenu pût former son opposition dans le délai de trois jours, et en s'étayant à cet égard, soit d'inductions plus ou moins vraisemblables, soit même des explications indécises de l'inculpé, violerait l'article 116 précité de la loi du 22 mars 1831. (*C.* 9 *mars* 1844; *J. O.* 1848, p. 84.)

4. L'opposition formée au jugement par défaut, avant que ce jugement ait été signifié, supplée au défaut de signification, et fait courir le délai du pourvoi en cassation. (*C.* 29 *septembre* 1832; *J. O.* 1832, p. 314.)

5. S'il est établi et reconnu que l'opposition à un jugement par défaut a été faite dans les trois jours, elle est régulière.

Rien n'oblige à ce que l'opposition qui n'a pas été faite sur l'original de la citation, soit signifiée par acte d'huissier; et le conseil de discipline qui déclare cette opposition non valable, viole l'article 116 de la loi du 22 mars. (*C.* 28 *décembre* 1832; *J. O.* 1833, p. 119.)

6. La signification d'un jugement par défaut ne fait pas cou-

rir le délai d'opposition, lorsqu'elle n'a pas été faite au domicile réel du condamné. (*C.* 29 *novembre* 1832; *Rec. d'arr.*)

7. On ne saurait tirer un motif de pourvoi d'une erreur contenue dans une première expédition d'un jugement signifié à
un condamné par le rapporteur, lorsque ce dernier s'est désisté
de la première signification, et en a fait faire une seconde en
rectifiant l'erreur par une nouvelle et régulière expédition.
(*C.* 6 *mars* 1825; *J. O.* 1835, p. 173.)

8. Le moyen tiré de ce que le jugement signifié n'est pas revêtu de la formule exécutoire n'invaliderait point, lorsqu'il existerait même en fait, la substance du jugement au fond.
(*C.* 5 *juillet* 1839; *J. O.* 1839, p. 182.)

9. Il n'est pas indispensable, pour se pourvoir contre un
jugement contradictoire, d'attendre que la signification de ce
jugement ait été effectuée. (*C.* 26 *décembre* 1835; *J. O.* 1836,
p. 93.)

10. Le jugement par défaut qui, sur la demande même de la
partie intéressée, a été rapporté séance tenante, doit être considéré comme non avenu, et il n'y a point lieu dès-lors de le
signifier à la partie. (*C.* 9 *mars* 1844; *J. O.* 1848, p. 83.)

11. Aucune loi ne prescrit de faire à une partie qui a obtenu
la cassation d'un jugement la signification de l'arrêt qui prononce cette cassation; et il suffit, pour la régularité du jugement du tribunal saisi par l'arrêt, que la partie ait été valablement assignée. (*C.* 18 *mai* 1839; *J. O.* 1839, p. 160.)

12. Le prévenu renvoyé de la poursuite ne peut être obligé
à faire notifier le jugement d'acquittement à l'officier rapporteur. Le motif en est que cet officier, en sa qualité de ministère
public, a nécessairement été présent au jugement. (*C.* 9 *décembre*
1842; *J. O.* 1840 à 1844, p. 188.)

Sous-officier.

1. Les infractions au service et à la discipline commises par un sous-officier le rendent passible :

1° D'une *garde hors de tour* pour un premier manquement au service (*Loi, art.* 83) VOIR GARDE HORS DE TOUR ;

2° De la *réprimande*, pour infraction même légère aux règles du service (*Loi, art.* 85 et 88) ;

3° De la *réprimande avec mise à l'ordre*, si, étant de service ou en uniforme, il tient une conduite pouvant porter atteinte à la discipline de la garde nationale ou à l'ordre public (*Loi, art.* 86 et 88) ;

4° De la *prison* pour un temps qui ne peut excéder deux jours, et, en cas de récidive, trois jours : celui qui s'est rendu coupable de désobéissance et d'insubordination ; qui a refusé pour la seconde fois un service d'ordre et de sûreté ; qui, étant de service, se met dans un état d'ivresse ; qui tient, étant de service, une conduite qui porte atteinte à la discipline de la garde nationale ou à l'ordre public ; qui abandonne ses armes ou son poste avant qu'il soit relevé ;

5° De la *privation de son grade* (*Loi, art.* 90) :

1° Si, ayant abandonné ses armes ou son poste avant qu'il ne soit relevé, la privation du grade est prononcée par le conseil de discipline, indépendamment de la peine de la prison édictée, pour ce cas, par l'article 89 ;

2° Si, moins d'un an après avoir subi une condamnation du conseil de discipline, il se rend coupable d'une faute qui entraîne l'emprisonnement.

2. Le refus ou le retard des officiers d'une compagnie à se faire reconnaître ne saurait dispenser du service les gardes nationaux de cette compagnie. A défaut d'officiers, le maire peut requérir un sous-officier et, à défaut de sous-officier, un caporal, de donner des ordres de service, lesquels sont obligatoires. (*C.* 27 *avril* 1833 ; *J. O.* 1833, p. 258.)

3. L'article 82 qui punit d'une faction hors de tour le garde national qui s'est absenté du poste sans autorisation, n'est point

applicable aux sous-officiers lorsqu'ils se rendent coupables de cette faute, mais bien le n° 3 de l'article 89.

De plus et dans l'espèce, il appartient au conseil de discipline de qualifier la nature de l'absence lorsqu'elle est trop prolongée, et de décider si cette absence a eu les caractères d'un véritable abandon. Dans ce cas, la peine de l'emprisonnement et de la privation du grade peut être légalement appliquée. (*C.* 21 *novembre* 1833; *J. O.* 1834, p. 120.)

4. L'article 87 de la loi n'est applicable qu'aux officiers, attendu que, à la différence des articles 85 et 86, les dispositions de l'article 87 n'ont pas été étendues, par l'article 88, aux sous-officiers, caporaux et gardes nationaux. (*C.* 25 *juillet* 1834; *J. O.* 1834, p. 203.)

5. Le refus obstiné, par un sous-officier ou un caporal, de prendre les galons, marque distinctive de son grade, peut légalement être caractérisé de désobéissance et d'insubordination, et motiver l'application de l'article 89 de la loi. (*C.* 14 *septembre* 1833; *J. O.* 1833, p. 391.)

6. La reconnaissance, qui doit être faite en présence du maire par la garde nationale assemblée sous les armes (*art.* 59 *de la loi du* 22 *mars* 1831), n'étant exigée que pour les officiers seulement, il s'ensuit que l'accomplissement de cette formalité n'est point obligatoire pour les adjudants sous-officiers.

L'adjudant sous-officier régulièrement nommé par le chef de corps, et dont la nomination a été dûment notifiée dans un ordre du jour de ce dernier, doit être considéré comme étant dans l'exercice de ses fonctions toutes les fois qu'il s'occupe des détails du service dans le bataillon auquel il est attaché.

Par suite, les injures qui lui sont adressées à ce sujet doivent être réputées lui avoir été faites dans l'exercice ou à l'occasion de l'exercice de ses fonctions, et comme telles sont justiciables du conseil de discipline.

De ce nombre est le fait imputé à un capitaine d'avoir injurié un adjudant sous-officier qui lui demandait pour quels motifs il avait empêché les tambours de battre la retraite à l'heure indiquée. (*C.* 21 *septembre* 1844; *J. O.* 1848-1849, p. 216.)

Suppléant de juge de paix (Voir JUGE DE PAIX).

Sursis (Voir JUGEMENT, § 7, page 192).

T.

Tableau des juges (Voir Ire Partie, Titre IV).

1. Le dépôt du tableau du conseil de discipline au lieu des séances du conseil est, pour les gardes nationaux qui font partie du tableau, une notification légale de leur inscription. (*C. 24 mai* 1834; *J. O.* 1834, p. 188.)

2. Les juges des conseils de discipline doivent être pris suivant l'ordre du tableau et selon leur rang sur le tableau sans distinction de ceux qui ont déjà siégé dans d'autres affaires. (*C. 30 janvier* 1835; *J. O.* 1835, p. 153.)

3. Il n'est point nécessaire que le tableau des membres du conseil soit *affiché* au lieu des séances. Il suffit qu'il y soit déposé et que tous les gardes nationaux en puissent prendre connaissance. (*C. 2 mars* 1832; *J. O.* 1832, p. 105.)

4. La disposition de l'article 105 de la loi du 22 mars 1831, qui prescrit de déposer au lieu des séances du conseil de discipline le tableau des membres de ce conseil, met chaque garde national en demeure d'en prendre connaissance; dès lors, c'est au moment de la comparution devant le conseil que le garde national cité doit proposer son exception tirée de ce que ce conseil n'est pas composé des membres portés au tableau; et, le cas échéant où un juge non inscrit aurait siégé, il y aurait présomption légale, si l'exception précitée n'a pas été préalablement proposée, qu'il a été régulièrement appelé à remplacer dans le conseil un juge empêché. (*C. 18 juillet* 1840; *J. O.* 1840 à 1844, p. 29.)

5. Le tableau des officiers, sous-officiers et gardes nationaux appelés à siéger au conseil de discipline devant être, aux termes de l'article 105 de la loi du 22 mars 1831, affiché au lieu des séances, l'inculpé, s'il a des griefs à opposer contre la formation régulière du conseil de discipline, doit les proposer lors de sa comparution, afin que le conseil puisse les apprécier et y faire droit s'ils sont fondés.

Dès lors le silence gardé par lui sur ce point équivaut à une présomption légale que le conseil a été régulièrement constitué, et que les membres remplacés, suivant l'ordre du tableau, étaient véritablement empêchés.

Il en résulte donc que le moyen tiré de ce qu'un caporal aurait siégé aux lieu et place d'un garde national de ce grade qui, d'après l'ordre du tableau, était appelé à faire partie du conseil de discipline, ne pourrait être, postérieurement au jugement du fond, produit et invoqué comme moyen de nullité du jugement. (*C. 16 mai* 1846; *J. O.* 1848, p. 246.)

6. L'exception tirée de l'illégalité de la composition d'un conseil de discipline, soit en ce que le tableau des citoyens appelés à en faire partie n'aurait pas été affiché, soit en ce que les juges n'auraient pas été renouvelés conformément à la loi, ne peut être présentée, comme ouverture de cassation, si elle n'a pas été proposée au conseil de discipline lui-même, et cela avant tout débat sur le fond. (*C. 16 mars* 1837 ; *Rec. d'arr.*)

7. Un garde national ne peut alléguer, sans preuve, que le tableau sur lequel le conseil de discipline doit être formé (article 105 de la loi du 22 mars 1831), n'était pas dressé au moment de la citation, lorsque ce tableau lui est représenté, sur sa demande, dans le cours du jugement. (*C. 13 février* 1847 ; *J. O.* 1848, p. 35.)

8. Le dépôt au lieu des séances du conseil, prescrit par l'article 105 de la loi, du tableau des officiers, sous-officiers et gardes nationaux appelés à siéger audit conseil, n'a pour but que de mettre les justiciables à même de s'assurer de la légalité de la composition du conseil.

Il suit de là que l'absence du tableau au lieu indiqué par la loi ne peut donner lieu qu'à une exception préalable aux débats, laquelle, du reste, doit être considérée comme couverte, dès l'instant que la partie intéressée à produire ladite exception a procédé volontairement au fond des débats. (*C.* 28 *octobre* 1840; *J. O.* 1840 à 1844, p. 102.)

9. Le prévenu qui accuse d'irrégularité la composition du conseil, en se fondant sur l'inobservation de l'ordre d'inscription du tableau, a droit de demander la représentation dudit tableau, et le conseil ne peut lui refuser le moyen d'établir la preuve de son exception. Autrement, s'il rejette l'exception proposée sans avoir fait procéder à la vérification du fait allégué, il viole la loi et porte atteinte aux droits de la défense. (*C.* 6 *septembre* 1833; *J. O.* 1833, p. 367.)

10. Lorsqu'un capitaine faisant partie d'un conseil de discipline remplace le président qui s'est récusé, il n'est pas nécessaire, à peine de nullité, qu'il soit fait mention que ce capitaine a été appelé dans l'ordre du tableau. Il y a présomption légale qu'il a été appelé dans cet ordre et conformément à la loi. (*C.* 18 *février* 1832; *Rec. d'arr.*)

11. La nullité tirée de ce que les membres du conseil n'auraient pas été appelés à en faire partie d'après l'ordre d'ancienneté fixé par le tableau, le fait fût-il reconnu constant, est couverte par le silence du prévenu, s'il n'a pas fait valoir cette exception devant le conseil.

Cette interversion, dans l'espèce, ne suffit pas d'ailleurs pour invalider la présomption que les gardes nationaux ou officiers plus anciens ont été empêchés. (*C.* 29 *août* 1834; *J. O.* 1834, p. 215.)

12. Dans le cas de l'article 105 qui veut que le tableau pour la formation du conseil de discipline soit dressé par grade et par rang d'âge, l'âge ne détermine la préférence qu'entre personnes du même grade et non entre tous les citoyens portés sur le tableau. En conséquence un conseil est régulièrement com-

posé quoiqu'on y ait appelé un lieutenant moins âgé qu'un sous-lieutenant. (*C.* 11 *janvier* 1833; *Rec. d'arr.*)

13. La circonstance que le tableau sur lequel doivent être pris les membres du conseil, ne présenterait pas les membres dans l'ordre des grades, n'est point une cause de nullité pour les jugements que viendrait à rendre un conseil composé d'après ce tableau, dont la formation, du reste, n'aurait donné lieu à aucune réclamation. (*C.* 30 *mai* 1835; *J. O.* 1835, p. 232.)

14. Le tableau pour la formation du conseil de discipline fait par le chef de bataillon est néanmoins valable, lorsqu'il est affiché à la mairie et que, de la contiguïté-existant entre la mairie et le lieu des séances du conseil, on doit induire l'adhésion du maire au tableau formé par le chef de bataillon. (*C.* 18 *mai* 1839; *Rec. d'arr.*)

15. Dans le cas où des inscriptions ou des radiations n'auraient pas été, lors de la révision annuelle des contrôles, effectuées sur le tableau des membres du conseil, c'est à l'autorité municipale, seule compétente pour effectuer ces inscriptions ou radiations, que doivent être adressées les réclamations à cet égard, afin qu'il y soit fait droit.

Les conseils n'ont point à s'immiscer dans cette partie des attributions municipales; d'où il suit que le conseil qui aurait été renouvelé sans qu'il eût été procédé à la révision du tableau général, doit être provisoirement considéré comme légalement composé par les choix faits, en conformité de l'article 105 de la loi, sur le tableau non revisé, s'il est constant, d'ailleurs, que son renouvellement a eu lieu régulièrement à l'expiration des quatre mois.

Dans ce cas, dès lors, on ne serait point admis à attaquer la composition de ce conseil, comme violant l'article 104 de la loi. (*C.* 21 *novembre* 1840; *J. O.* 1840 à 1844, p. 107.)

16. Les conseils ne sont pas compétents pour connaître si tel ou tel officier est ou non valablement inscrit sur les contrôles de la garde nationale et sur le tableau des citoyens ap-

pelés à composer le conseil de discipline. (*C.* 18 *mai* 1832 ; *Rec d'arr.*)

17. Lorsqu'un officier, sous-officier, caporal ou garde national, le dernier ou l'un des derniers inscrits sur le tableau, est au nombre des membres d'un conseil de discipline en remplacement d'un juge du même grade, il y a présomption, le moyen n'ayant pas été proposé devant le conseil, que les officiers, sous-officiers, caporaux ou gardes nationaux intermédiaires étaient empêchés. (*C.* 14 *juillet* 1832 ; *Rec. d'arr.*)

Tambour.

Un tambour de la garde nationale n'est pas un homme de service aux gages de la commune dans le sens de l'article 86, n° 3, du Code pénal.

Il est un simple détenteur d'effets à lui remis à titre de dépôt pour un travail salarié, à la charge de les rendre ou de les représenter, ou d'en faire un usage déterminé.

Le détournement desdits effets constitue le délit prévu par l'article 408 du Code pénal. (*Cour d'appel de Paris*, 2 *décembre* 1831 ; *J. O.* 1831, p. 387.)

Télégraphe.

Les inspecteurs du service des télégraphes, comme tous les agents de ce service, peuvent, nonobstant leur inscription, se dispenser du service de la garde nationale, aux termes de l'article 28 de la loi du 22 mars, attendu que cette disposition est conçue en termes généraux.

Ils ont le droit de proposer cette exception pour la première fois devant le conseil de discipline, alors même qu'ils ne l'auraient pas fait valoir dans le conseil de recensement.

Cette faculté, étant un droit, ne doit pas être confondue avec les dispenses temporaires, prévues par l'article 29 de la même loi.

Il suit de là qu'un conseil de discipline qui repousserait une exception basée sur la faculté conférée par l'article 28, par le motif que le demandeur n'aurait point été dispensé par le conseil de recensement conformément à l'article 29, méconnaîtrait sa propre compétence, et violerait l'article 28 précité. (*C.* 12 *janvier* 1837; *J. O.* 1837, p. 23.)

Témoin (Voir CITATION, § 6).

1. Le rapporteur et le prévenu ont le droit de faire entendre des témoins. (*Loi, art.* 118.)

Le conseil qui refuserait l'audition de ces témoins et passerait outre au jugement du fond, violerait l'article 7 de la loi du 20 avril 1810 et l'article 118 de la loi du 22 mars 1831. (*C.* 20 *septembre* 1833 et 30 *août* 1838; *J. O.* 1833, p. 393, et 1838, p. 75.)

Il y aurait également violation de l'article 118, si le conseil, créant contre des témoins une incapacité qui n'est pas écrite dans la loi, refusait de les entendre par le motif qu'ils auraient participé à l'infraction reprochée au prévenu. (*C.* 20 *septembre* 1833; *J. O.* 1833, p. 393.)

2. Tout témoin doit, à peine de nullité du jugement, prêter, avant d'être entendu, le serment prescrit par l'article 155 du Code d'instruction criminelle de dire *toute la vérité et rien que la vérité.* (*Plusieurs arrêts de cassation et notamment celui du* 22 *octobre* 1831; *J. O.* 1832, p. 11.)

3. Il ne suffit pas que le témoin prête serment de dire *la vérité, toute la vérité,* ou *la vérité* seulement; il faut que le serment soit exactement conçu dans les termes prescrits par l'article 155 du Code d'instruction criminelle. (*C.* 17 *février* et 18 *octobre* 1832, 11 *juin* 1836; *J. O.* 1832, p. 79 et 335; 1836, p. 160.)

4. Le jugement doit, à peine de nullité, contenir la mention que les témoins entendus ont prêté *le serment prescrit par la loi.* (*C.* 17 *février* 1832 et 13 *décembre* 1833; *J. O.* 1832, p. 79, et 1834, p. 144.)

De cette mention du jugement on doit induire que le serment a été prêté conformément à l'article 155 du Code d'instruction criminelle. (*C.* 11 *juin* 1836; *J. O.* 1836, p. 162.)

5. L'exception établie par l'article 269 (1) du Code d'instruction criminelle à l'obligation générale de la prestation de serment par les témoins, est nécessairement limitative et ne concerne que les présidents des cours d'assises.

Il suit de là que le conseil de discipline qui ordonnerait que la déposition des témoins appelés par l'officier rapporteur et par le prévenu serait reçue sans prestation de serment et seulement à titre de simples *renseignements*, violerait l'article 118 de la loi du 22 mars 1831 et l'article 155 du Code d'instruction criminelle. (*C.* 25 *février* 1837 et 26 *décembre* 1840; *J. O.* 1837, p. 46, et 1840, p. 111.)

6. Cette limitation du pouvoir discrétionnaire des présidents des conseils de discipline ne s'oppose pas cependant à ce que, dans certains cas, ils fassent entendre, à titre de renseignement et sans prestation de serment, des personnes non citées comme témoins.

Ainsi :

Le sergent-major de la compagnie de l'inculpé peut être entendu à titre de renseignements et n'est point, dans ce cas, tenu de prêter préalablement le serment. (*Plusieurs arrêts de cass., notamment du* 22 *octobre* 1831; *J. O.* 1832, p. 11.)

Celui qui a rédigé le rapport, base de la poursuite, ne peut être entendu qu'à titre de renseignements et non comme témoin assermenté. (*C.* 6 *juillet* 1833; *J. O.* 1833, p. 269.)

L'individu appelé devant le conseil, non comme témoin, mais pour compléter les renseignements que, comme auteur d'un

---

(1) Il (le président) pourra, dans le cours des débats, appeler, même par mandat d'amener, et entendre toutes personnes, ou se faire apporter toutes nouvelles pièces qui lui paraîtraient, d'après les nouveaux développements donnés à l'audience, soit par les accusés, soit par les témoins, pouvoir répandre un jour utile sur le fait contesté.—Les témoins ainsi appelés ne prêteront pas serment, et leurs déclarations ne seront considérées que comme renseignements.

rapport, il a constatés dans l'affaire, n'est pas tenu à la prestation de serment imposée aux témoins. (*C. 4 juillet* 1835; *Rec. d'arr.*)

7. Nul ne peut être témoin et juge dans la même affaire. La défense cesserait d'être possible si ce juge pouvait, sur des faits qui se sont passés hors de l'enceinte de son prétoire, s'en porter témoin, et asseoir son jugement sur la réalité de ces faits. Ce principe essentiel de l'administration de la justice résulte des articles 153, 189, 319 et 392 du Code d'instruction criminelle; 378, n° 8, du Code de procédure civile, et de l'article 118 de la loi du 22 mars 1831, combinés. (*C.* 15 *novembre* 1838; *J. O.* 1838, p. 100.)

8. Le conseil de discipline qui condamne un garde national, ne peut prendre pour base de sa décision la connaissance que les membres du conseil auraient personnellement de l'existence du fait imputé au prévenu, en le faisant et en invoquant sa propre attestation, le conseil réunirait les fonctions de témoins à celles de juges, ce qui constituerait un excès de pouvoirs et entraînerait la cassation du jugement. (*C.* 26 *juillet* 1833; *J. O.* 1833, p. 392.)

9. Le membre du conseil de discipline, qui dépose devant le conseil à titre de témoin, doit se récuser; sa présence aux délibérations du conseil vicie de plein droit le jugement dans son essence. (*C.* 28 *décembre* 1832; *J. O.* 1833, p. 120.)

10. Il y a nullité du jugement, lorsqu'il est constant que le président a fourni au conseil des observations sur des faits qui s'étaient passés entre lui et le prévenu hors de l'audience et avant la citation. (*C.* 17 *juin* 1836; *J. O.* 1836, p. 177.)

11. Le chef de bataillon, président du conseil de discipline, qui a rédigé le rapport par suite duquel le garde national qui en est l'objet a été cité devant le conseil de discipline, s'est rendu garant des faits énoncés dans le rapport.

Il se trouve dès-lors dans le cas d'être récusé comme juge, il peut même être appelé pour rendre témoignage des faits imputés à l'inculpé. (*C.* 11 *octobre* 1839; *J. O.* 1839, p. 184.)

12. Le chef de corps, qui ne se borne point à renvoyer au conseil de discipline le rapport qui lui a été adressé, en sa qualité, à la charge d'un de ses subordonnés, mais qui dénonce par écrit au conseil plusieurs des faits dont celui-ci a été saisi comme s'étant passés en sa présence, devient garant de ce qu'il dénonce, et peut être cité pour en rendre témoignage.

Il en est de même si c'est sur ce rapport que l'officier-rapporteur a fondé sa citation, et s'il n'a pas renoncé à l'invoquer ni offert la preuve testimoniale des faits objet de la prévention. (*C.* 21 *janvier* 1837 et 14 *juin* 1839; *J. O.* 1837, p. 26, et 1839, p. 165.) Voir Récusation.

13. Les rapports ou plaintes d'un officier portant sur des faits à lui personnels ne peuvent faire foi seuls; ils doivent être appuyés de témoignages. (*C.* 16 *mars* 1833; *J. O.* 1833, p. 179.)

14. Les conseils de discipline peuvent, comme les tribunaux correctionnels et ceux de simple police, prononcer leurs jugements dans la séance où l'instruction a été terminée, ou dans l'audience suivante. Ils peuvent encore, avant d'être entrés en délibération, et après la défense des prévenus, ordonner, pour éclairer leur religion, que de nouveaux témoins seront entendus. (*C.* 7 *septembre* 1833; *J. O.* 1833, p. 367.)

15. Le conseil peut déterminer discrétionnairement les limites dans lesquelles doit être renfermée la preuve testimoniale en matière disciplinaire. (*C.* 26 *janvier* 1833; *J. O.* 1833, p. 252.)

16. Le président du conseil de discipline a le droit et fait bien de se refuser à interpeller les témoins, et à les laisser déposer sur des faits étrangers à la poursuite. (*C.* 23 *novembre* 1833; *J. O.* 1834, p. 143.)

17. Un conseil de discipline peut annuler une citation en témoignage adressée à un de ses membres, lorsqu'il a la certitude que cette citation n'est qu'un moyen indirect de récusation. (*C.* 30 *mai* 1846; *J. O.* 1848, p. 248.)

18. Le conseil de discipline qui, bien que l'inculpé lui ait demandé par des conclusions formelles une remise pour faire entendre des témoins, passe outre au jugement de l'affaire sans motiver le rejet des conclusions présentées, viole l'article 7 de la loi du 20 avril 1810 sur l'organisation de l'ordre judiciaire et de l'administration de la justice, en même temps que le droit de la défense. (*C.* 17 *août* 1838; *J. O.* 1838, p. 89.)

19. Il y a présomption légale qu'il n'a été exercé aucune récusation relativement aux noms et qualités des témoins entendus, lorsque le jugement ne mentionne point ce fait. (*C.* 13 *décembre* 1833; *J. O.* 1834, p. 144.)

20. La loi du 22 mars, en gardant le silence sur les formes à suivre pour l'audition des témoins, est censée se référer à celles qui sont établies dans l'espèce par le Code d'instruction criminelle, pour les tribunaux de simple police. (*C.* 8 *février* 1833; *J. O.* 1833, p. 174.)

21. L'article 118 de la loi du 22 mars, non plus que le Code d'instruction criminelle, ne disposent que les dépositions des témoins entendus devront être transcrites ou résumées dans le jugement ni qu'il en sera tenu note. (*C.* 21 *février* 1839; *J. O.* 1839, p. 139.)

22. Bien que la loi du 22 mars 1831 ne prononce aucune peine contre les témoins qui font défaut, il ne s'ensuit pas que le refus de comparaître doive rester impuni. Il est juste de suppléer au silence de la loi par les dispositions du droit commun; mais le conseil de discipline est toujours en droit d'apprécier les excuses proposées. (*C.* 24 *mai* 1834; *J. O.* 1834, p. 189.)

23. Les gardes nationaux peuvent être régulièrement con-

damnés à des dépens, toutes les fois que ces dépens ne sont pas des droits de timbre, d'enregistrement et de greffe, ou de vacations et salaires d'agents, lorsque par exemple ce sont des indemnités accordées à des témoins entendus dans l'instance, tant à la requête du prévenu qu'à celle du ministère public. (*C.* 19 *janvier* 1833; *Rec. d'arr.*)

Texte de loi (Voir JUGEMENT, n° 8, et LECTURE).

Théorie (Exercice de) (Voir OFFICIER, n° 10).

Tour de garde (Echange d'un).

Les gardes nationaux de la même compagnie, qui ne sont ni parents ni alliés aux degrés désignés au § 1er de l'article 27 de la loi, ne peuvent se faire remplacer les uns par les autres. Ils peuvent seulement échanger leur tour de service. (*Loi, art.* 27.)

Pour faire valoir un échange de tour de garde comme motif d'un manquement au service, il faut en justifier. Le témoignage du sergent-major peut être invoqué, l'échange ne pouvant avoir lieu que par son intermédiaire. (*C.* 9 *février* 1833; *J. O.* 1833, p. 176.)

Tribunal de police correctionnelle (Voir POLICE CORREC-TIONNELLE).

U.

Uniforme.

1. Dans le département de la Seine, l'uniforme et l'équipement sont obligatoires pour tout garde national qui n'en est pas dispensé par le conseil de recensement, dont les décisions peuvent d'ailleurs être déférées, par la voie d'appel, au jury de révision.

L'infraction à l'obligation de se munir de l'uniforme et de l'équipement est considérée comme refus de service d'ordre et de sûreté et punie des mêmes peines.

Il est interdit à tout chef de légion, officier supérieur ou commandant quelconque, d'autoriser aucune modification à l'uniforme et à l'équipement réglés par ordonnance (*Loi du 14 juillet 1837, art. 19.*)

2. Dans les départements autres que le département de la Seine, l'uniforme et l'équipement sont obligatoires à l'égard :

1° Des officiers, dans les deux mois de leur reconnaissance et de leur prestation de serment (*Art. 55 de la loi*);

2° Des sous-officiers, caporaux et gardes nationaux incorporés, de leur consentement, dans les compagnies d'artillerie, de pompiers, de cavalerie, de marins et d'ouvriers marins, lorsqu'un règlement local dispose qu'on ne sera admis dans lesdites compagnies qu'à la condition de se procurer l'uniforme et l'équipement.

3. L'officier qui ne s'est pas procuré l'uniforme dans le délai fixé par l'article 55 de la loi exerce légalement ses fonctions tant qu'il n'a pas été pourvu à son remplacement. (*C. 8 juin 1832 ; J. O. 1832, p. 185.*)

4. Tout garde national appartenant à une compagnie dont on ne peut faire partie qu'à la condition de s'habiller, et qui, à plusieurs reprises, se présente pour faire le service sans uniforme et sans armes, peut être, suivant les circonstances, puni comme coupable de désobéissance et insubordination, aux termes de l'article 89 de la loi du 22 mars. (*C. 19 novembre 1838 ; J. O. 1838, p. 106.*)

5. Le refus d'un garde national de se présenter en uniforme et en tenue, conformément à l'ordre de service, peut être qualifié de désobéissance et d'insubordination, et puni de la prison lorsqu'il est établi que le prévenu a consenti à entrer dans une compagnie où l'uniforme était exigé; qu'il s'est soumis à cette condition ; qu'il n'a pas demandé sa radiation du contrôle de

ladite compagnie; enfin qu'il n'a point fourni d'excuse sur ce que son uniforme était hors d'état de servir. (*C.* 21 *février* 1833 et 17 *janvier* 1834; *J. O.* 1833, p. 178, et 1834, p. 177.)

6. Le garde national qui, après s'être pourvu devant le conseil de recensement pour obtenir sa radiation d'une compagnie spéciale où il a été incorporé et où l'uniforme est obligatoire, a négligé ensuite de faire statuer sur sa réclamation, doit subir toutes les conséquences de son incorporation, laquelle n'a pas cessé de subsister, et, par suite, son refus de paraître à une revue, avec l'uniforme de ladite compagnie, a pu être considéré comme une désobéissance accompagnée d'insubordination et punissable de la prison. (*C.* 2 *juin* 1838; *Rec. d'arr.*)

7. Lorsque le règlement établi en vertu de l'article 73 de la loi enjoint aux gardes nationaux habillés et armés de se revêtir de leur uniforme les jours de revue, le fait par un garde national, connu pour avoir un uniforme et des armes, de s'être présenté sans uniforme et sans armes peut être considéré comme constituant la désobéissance et l'insubordination. (*C.* 30 *mai* 1833; *Rec. d'arr.*; et 29 *mai* 1845; *J. O.* 1848, p. 242.)

8. Le refus d'un garde national de faire son service en uniforme, fondé sur ce que son uniforme n'était plus à sa disposition, peut être considéré comme une atteinte à la discipline, si le conseil n'admet pas le fait allégué pour excuse. (*C.* 6 *septembre* 1833; *J. O.* 1834, p. 60.)

9. Le refus fait par un chef de poste de revêtir son uniforme, après en avoir reçu l'ordre de son supérieur, peut être considéré comme un acte de désobéissance et d'insubordination. (*C.* 20 *juin* 1834; *J. O.* 1834, p. 190.)

10. Dans toutes les circonstances où la prévention a pour objet le fait de s'être présenté sans uniforme pour l'accomplissement d'un service, il appartient au conseil d'apprécier l'excuse tirée de ce que l'uniforme était hors d'usage. (*C.* 20 *juin* 1834; *J. O.* 1834, p. 190.)

11. Le garde national non pourvu de l'uniforme, et à qui la commune a seulement délivré un fusil, ne peut se refuser, aux termes de l'article 78 de la loi, lorsqu'il en est requis par le chef de poste, en vertu d'un ordre du jour de l'état-major général de la garde nationale locale, de joindre à cette arme, pendant la durée du service, le sabre-briquet mis par le gouvernement à la disposition de la municipalité, ainsi que la giberne tirée des magasins de la mairie, sous peine de désobéissance et d'insubordination. (*C.* 29 *décembre* 1832; *J. O.* 1833, p. 148.)

12. Le refus par un garde national, non habillé, de conserver pendant toute la durée de son service le fourniment qui lui a été fourni à cet effet, constitue bien une désobéissance; mais s'il ne s'y joint aucune circonstance qui lui donne, en même temps, le caractère de l'insubordination, il ne peut être puni de la prison. (*C.* 27 *décembre* 1834; *Rec. d'arr.*)

13. Le garde national habillé à ses frais et qui, par le motif qu'il possède un uniforme, refuserait de se revêtir de celui qui lui serait offert par la commune, ne se rendrait coupable d'insubordination qu'autant qu'une ordonnance aurait déterminé, dans cette commune, l'uniforme de la garde nationale. (*C.* 11 *novembre* 1836; *J. O.* 1836, p. 211.)

14. Tout règlement relatif au service ordinaire, aux revues et exercices de la garde nationale, est obligatoire dès qu'il a été légalement fait par le maire sur la proposition du commandant de la garde communale et approuvé par l'autorité administrative, en conformité des prescriptions de l'article 73 de la loi du 22 mars 1831.

En vertu de ce principe, il suffit que le règlement de service spécial à une compagnie d'artillerie de la garde nationale ait reçu l'approbation du préfet, sous la condition expresse que les simples artilleurs ne seraient tenus de revêtir leur uniforme que pour les manœuvres et exercices à feu, pour que cette restriction soit légale et doive produire son effet jusqu'à ce qu'il y ait été, s'il est besoin, dérogé. (*C.* 5 *septembre* 1840; *J. O.* 1840, p. 69.)

15. Les gardes nationaux appelés à procéder à l'élection de leurs officiers, sous-officiers et caporaux, se réunissent à cet effet sans armes et sans *uniforme*. (*Loi*, *art.* 5o.)

V.

Voies de fait.

1. Les conseils de discipline ont le pouvoir de considérer et de qualifier, comme conduite propre à porter atteinte à la discipline, des voies de fait commises par un garde national étant sous les armes, et d'appliquer dans l'espèce, la peine de la prison. (*C.* 15 *juillet* 1836; *J. O.* 1836, p. 184.)

2. Lorsque des propos outrageants et des voies de fait, déclarés constants par un jugement, ne s'y trouvent pas précisés et spécifiés de manière à être considérés comme ne rentrant pas dans la généralité des faits prévus par le n° 2 de l'article 89, il n'y a pas lieu à cassation dudit jugement pour incompétence du conseil de discipline. (*C.* 27 *décembre* 1834 ; *Rec. d'arr.*)

3. Le garde national prévenu d'avoir, étant de service, porté des coups et fait de légères blessures à son capitaine qui était dans l'exercice de ses fonctions, n'est pas justiciable du conseil de discipline. Un tel fait constitue un délit qui rentre dans la juridiction des tribunaux ordinaires. (*C.* 25 *mai* 1837; *Rec. d'arr.*)

4. Les voies de fait exercées par un garde national envers son chef de poste ne caractérisent pas seulement la désobéissance et l'insubordination, mais un délit plus grave dont la désobéissance et l'insubordination ne sont plus que des circontances accessoires, et qui n'étant pas prévu par la loi sur la garde nationale, rentre dans le droit commun pour la répression et est de la compétence des tribunaux de police correctionnelle. (*C.* 9 *septembre* 1831 ; *J. O.* 1831, p. 381.)

5. Un chef de poste dans la garde nationale est, pendant la durée de son service, un agent de la force publique. Dès-lors, les violences exercées contre lui, pendant ledit temps et de l'espèce exprimée par l'article 228 du Code pénal, et qui sont du ressort de la police correctionnelle, doivent, en cas de conviction, être punies d'après les dispositions de l'article 230 du même Code. (*C. 9 septembre* 1831; *J. O.* 1832, p. 382.)

TABLE DES MATIÈRES.

Iʳᵉ PARTIE.

CONSEILS DE DISCIPLINE.

IIᵉ PARTIE.

JURISPRUDENCE.

A.

B.

C.

D.

H.

I.

J.

L.

M.

N.

O.

P.

Q.

R.

S.

GARDE NATIONALE

—

1er décembre 1849

—

Les frais de transport sont à la charge des demandeurs.

IMPRIMERIE DE PAUL DUPONT,

RUE DE GRENELLE-SAINT-HONORÉ, N° 55.

BORDEREAU des Imprimés des GARDES NATIONALES demandés par

(*) M.

à   départ. d

(*) Désigner ici les noms et qualités.

Les lettres doivent être affranchies, et indiquer la voie d'expédition; si elle a lieu par la poste, il faut ajouter au prix fixé 5 cent. par feuille.

le   18   ).

NUMÉROS D'ORDRE		LES DEMANDES DEVRONT ÊTRE ACCOMPAGNÉES D'UN EFFET SUR LE TRÉSOR, OU D'UN MANDAT SUR LA POSTE.	FEUILLES DEMANDÉES.		PRIX.	
nouv.	anciens		Têtes.	Intercal	Fr.	c.
		GARDE NATIONALE. fr c				
		JOURNAL OFFICIEL DES GARDES NATIONALES.				
		Abonnement pour une année............................ 12 »				
		Collection de 1834 à 1849, 11 vol. in-8°................ 70 »				
		ÉCOLE DU SOLDAT ET DE PELOTON, 1 v. orné de 14 pl.				
		gravées.. 1 25				
		MANUEL DES CONSEILS DE DISCIPLINE, 1re et 2e livr.				
		2e édition, 1 v. in-8°.............................. 5 »				
		MANUEL DES JURYS DE RÉVISION, 1 vol. in-8°...... 2 25				
		MANUEL D'ARMEMENT avec carte grav., l'ex.......... 1 »				
		Organisation et Élections.				
1	1	Feuille de recensement................................ » 10				
2	2	Bulletins individuels.....................in-4°, le cent 2 »				
3	5	Contrôle général du service ordinaire par mairie..........jésus. » 18				
4	6	Id. de la réserve par mairie..................jésus. » 18				
5	7	Contrôle-matricule, 1re partie, service ordinaire...........jésus. » 18				
6	8	Id. 2e partie, id. réserve...............id... » 18				
7	86	Contrôle-matricule de compagnie..............1 feuille écu... » 10				
8	—	Liste des gardes nationaux appelés à voter............la feuille » 10				
9	—	Affiche pour annoncer les élections....................l'exempl. » 15				
10	—	Billets de convocation................................le mille 6 »				
		Bulletin de vote, le cent 60 centimes.				
		Indiquer la quantité pour chaque grade.				
11	—	Pour colonel, — lieutenant-colonel, — chef de bataillon en premier, — chef de bataillon en 2e, — porte-drapeau, — capitaine en 1er et en 2e, — lieutenant, — sous-lieutenant, — sergent-major, fourrier, — sergent, — caporaux.				
		Procès-verbaux d'Élection.				
12	—	Pour colonel et lieutenant-colonel.....................l'exempl. » 10				
13	—	— chef de bataillon et porte-drapeau..................id.... » 10				
14	—	— capitaine, lieutenant, sous-lieutenant............l'exempl. » 10				
15	—	— sous-officiers..id.... » 10				
16	—	Procès-verbal de reconnaissance des offic., sous-offic. et capor. id... » 10				
17	—	Brevet d'officier...................le cent, 10 fr. l'exempl. » 10				
18	—	Instruction relative aux élections......................id... » 10				
		Jurys de Révision.				
19	27	Liste nominative des 12 membres composant le jury (n. 4).......... » 10				
20	28	Liste des 48 noms du jury de révision (n. 2) 1 f. rég. à 50 l....... » 10				
21	29	Bulletin pour inscrire les noms des candidats (n. 1) in-16, le m. 4 f., le c. 1 »				
22	30	Procès-verbal de désignation (n. 3)................1 feuille cour. » 12				
23	31	Id. d'installation (n. 5)....................id...... » 12				
24	32	Lettre de convocation des membres du jury.............le cent. 3 »				
25	33	Registre des recours avec répertoire et case, relié, dos en basane.... 4 50				
		Service.				
26	50	Billets de garde pour garde national.....le mille 5 fr........le cent. 1 »				
27	50b	Id. pour offic., f. double....id. ..8...........id.. 2 »				
28	51	Id. p. sapeurs-pomp. et artill...id....6..........id.. 1 »				
29	52	Id. pour cavaliers..........id. ..6...........id.. 1 »				

| NUMÉROS D'ORDRE | | DÉSIGNATION DES MODÈLES. | FEUILLES DEMANDÉES | | PRIX. |
nouv.	anciens		Têtes.	Intercal.	
					Fr.

nouv.	anciens	Désignation des modèles.	Fr.	c.
30	52b	Billets de garde p. garde mont. hors tour.... le mille 6 fr., le cent.	1	»
31	52l	Id. pour revue....................id...5 fr....id..	1	»
32	53	Lettre d'avis pour communication relative au service.......le cent.	2	»
33	64	Contrôle des tours de service pendant toute l'année................	»	14
34	55	État homin. des gardes comm. p. monter la garde au poste, in-f. rég.	»	5
35	56	Feuille de rapport du poste........demi-feuille écu.......le cent.	4	»
36	58	Situation de compagnie............................demi-feuille.	»	5
37	59	Id. de bataillon.................................id....	»	5
38	60	Id. de légion ....id.....	»	5
39	65	Service de la compagnie pendant le mois d..........demi-feuille.	»	5
40	67	Rapport de ronde.........................écu....id.....	»	5
41	68	Livrets pour sous-officiers................................	»	50
42	83	Registre des délibérations du conseil de famille, de 100 pages......	5	»
43	84	Id. d'ordre.....................................id..........	5	»

Discipline.

nouv.	anciens	Désignation des modèles.	Fr.	c.
44	70	Ordre de détention pour tambour ou trompette. Le mille 6 f., le cent.	1	»
45	74	État des gardes nationaux qui doivent monter une garde hors de tour, demi-feuille..............	»	5
46		Registre des gardes hors de tour, de 100 pages................	5	»
47	74b	État des gardes nationaux qui doivent être cités au conseil de discipline, demi-feuille............	»	5

Conseils de discipline.

nouv.	anciens	Désignation des modèles.	Fr.	c.
48	101	Tableau des membres appelés au conseil de discipline réglé à 22 lignes.	»	10
49	103	Lettre de notification.............id............le cent.	3	»
50	102	Lettre de convocation aux membres des conseils de discipline in-8 le c.	3	»
51	104	Citations au conseil de discipline (original)...........in-4....id..	2	»
52	105	Id. (copie).................id..	2	»
53	106	Citations à témoins (original)...............id..	2	»
54	107	Id. (copie)................id..	2	»
55	108	Jugement par défaut.............4 pages in-4.....l'exemplaire.	»	10
56	109	Id. contradictoire....................id.......	»	10
57	110	Signification du jugement par défaut. 4 pages in-4......l'exemplaire.	»	10
58	111	Id. contradictoire...................id....	»	10
59	114	Signification de jugement contradictoire ou par défaut (original).....	»	5
60	115	Extrait de jugement pour être remis aux recev. de l'enregist. in-4...	»	5
61	116	Relevés des jugem. rendus par les cons. de discip., 1/2 f. cour., rég..	»	5
62	118	Registre-Journal à tenir par le secrétaire du conseil, relié..........	5	»
63	119	Registre-Répertoire pour inscrire les jugemens, rég..id..........	5	»
64		Id. de 50 feuilles......	9	»
65	122	Feuille d'audience..................couronne.le cent.	7	»
66	123	Relevé des jugements prononcés pend. la séance, 1 feuille régl. id..	»	7
67	124	Chemises de dossier.................le cent, 3 fr. l'exempl.	»	5
68	76	Registre d'écrou p. la mais. de détention, sur gr.-rais.; relié, de 50 f.	10	»
69	72	Certificats d'écrou, Entrée.....................le cent	2	»
70	73	Id. Sortie.......................id..	2	»

Armement.

nouv.	anciens	Désignation des modèles.	Fr.	c.
71	152b	État nominatif des gardes qui ont reçu des armes.....la feuille..	»	10
72	157	Situation de l'armement, 1/2 feuille écu.....................	»	5
73	160	Contrôle nominatif, ou feuille d'appel pour l'inspection des armes.	»	10
74	161	Contrôle de l'armement pour la compagnie, circ. du 29 déc. 1834..	»	15
75	162	Contrôle-matricule pour les communes, 1re partie................	»	15
76		Id. Id. 2e partie..............	»	15

Têtes de lettres.

Désignation	le 100	500	1000
In-8°,...	3 f.	12 f.	22 f.
In-4°, feuille double	4	18	30
In-4°, feuille simple.................................	3	12	20
In-fol...	6	»	»

(Au-dessous de 500 exemplaires, le prix des têtes de lettres sera augmenté de 2 fr. si on exige la désignation des qualités, commune et département.)